동양문화총서19

호설과 시장
號說 諡狀

이름을 공경한 옛 선비들

신용호 저

전통문화연구회

동양문화총서 19
호설號說과 시장諡狀 정가 20,000원

2020년 10월 10일 초판 인쇄
2020년 10월 20일 초판 발행

저 자 신용호
편 집 전병수
교 정 박병훈
출 판 최다정
관 리 이화춘
보 급 서원영

발행인 박홍식
발행처 (사)전통문화연구회
서울시 종로구 삼일대로 428 낙원빌딩 411호
전화 : (02)762-8401 전송 : (02)747-0083
전자우편 : juntong@juntong.or.kr
홈페이지 : juntong.or.kr
사이버書堂 : cyberseodang.or.kr
온라인서점 : book.cyberseodang.or.kr
등 록 : 1989. 7. 3. 제1-936호

인쇄처 : 한국법령정보주식회사(02-462-3860)
총 판 : 한국출판협동조합(070-7119-1750)

ISBN 979-11-5794-270-1
978-89-85395-50-2(세트)

간행사

일반적으로 문화文化라 하면 좁은 의미의 문예文藝만을 생각하기 쉽지만 문화란 인간의 인지認知가 깨면서 자연상태에서 벗어나 일정한 목적目的이나 이상理想을 실현하려는 과정過程 및 그 과정에서 이룩해 낸 물질적·정신적 소득, 특히 학문·종교·예술·도덕 등 인간의 내적內的 정신활동精神活動의 소산所産이 바로 문화의 범주 속에 들어간다.

오늘날 세계를 주도하고 있는 서구문화西歐文化는 고대 그리스의 예지叡智와 기독교 정신의 소산이라 할 수 있다. 또한 이와 더불어 한 축軸을 이루는 동양문화東洋文化를 형성하는 본원本源은 바로 유교·도교·불교 등이다. 우리나라는 이러한 동양문화권의 테두리 속에 있으면서도 우리의 독자적인 문화전통을 생성·발전시켜 왔다. 그러나 독자적이라는 말이 배타적임을 뜻하는 것은 아니니, 어느 나라에 있어서나 문화의 전통이란 외래문화外來文化와의 상호작용相互作用 속에서 서로 영향을 주고받으며 취사선택하는 과정에서 형성되기 마련이기 때문이다.

오늘날의 국제화시대國際化時代 속에서 서구문화와 동양문화는 이것을 양분兩分하여 인식하는 고정관점에서 벗어나 오히려 통합統合되고 조화調和되어야 하는 요소로서 파악할 필요성이 있으며, 실제로 그러한 추세에 있다.

그러므로 우선 우리의 역사·문화를 올바로 이해하기 위하여는 상호 관련된 동양문화東洋文化를 총체적總體的으로 탐구探究하여야 하고 나아가 동서문화를 비교연구比較硏究하여야 한다. 또한 문화를 일부 전문가나 소수 계층만이 향유享有하던 시대는 지났다. 일반 국민 모두가 문화를 향유하고 인식하는 수준이 높아져야 문화민족文化民族·문화국가文化國家가 될 수 있는 것이다.

우리가 높은 수준의 문화를 꽃피우기 위해서는 보편성普遍性과 특수성特殊性을 높여야 하지만 아울러 이러한 문화가 폭넓게 뿌리내릴 수 있는 넓고 기름진 토양土壤이 우선되어야 한다.

이러한 뜻에서 본회에서는 그간 동양고전국역총서東洋古典國譯叢書를 이미 다수 간행하였으며, 앞으로도 계속 착실히 진행할 계획으로 있다. 또한 이번에 우리는 우선 동양문화 각분야에 대하여 전문가의 연구서硏究書와 한편으로는 그를 바탕으로 하는 교양서敎養書 간행의 필요성을 절실히 느껴 동양문화총서東洋文化叢書를 기획 간행하기에 이르렀다.

앞으로 우리는 세계문화世界文化 속의 한국문화韓國文化를 계승繼承·발전發展시키기 위한 밑거름이 되고자 하며, 새 시대의 가치관價値觀을 정립하고 도덕道德과 윤리倫理의 새 장章을 여는 계기契機가 되기를 바라마지 않는 바이다. 강호제현江湖諸賢의 편달鞭撻이 있기를 바란다.

1994년 10월 10일

사단법인 전통문화연구회 회장 이계황

머리말

사람은 태어나면 누구나 이름〔名〕을 지니게 된다. 그 이름이 바로 그를 상징하는 칭호이므로, 사람마다 지니고 있는 이름이 바로 그 사람의 인격, 지위, 학식, 기예를 비롯하여 그가 지닌 용모와 건강 등 모두를 상징하게 되었다.

그러므로 어느 특정인에 대하여 말할 때에는 반드시 그의 이름을 드러내게 된다. 그런데 인간 사회에는 어른도 있고 아이도 있고, 존경하거나 찬양할 사람도 있고, 멸시하거나 비판할 사람도 있고, 높일 사람도 있고 낮출 사람도 있게 되는데, 그렇게 되다보니 옛날에는 이런 것들을 그의 이름을 어떻게 부르는가로 구별하게 되었다.

이에 어른이 된 사람을 어른으로 높이 받들고자 할 때에는 그를 상징하는 이름도 높여서 함부로 부르지 못하게 되었으니, 즉 어른의 이름을 휘諱하게 된 것이다. 성년이 된 사람은 그를 상징하는 이름을 함부로 부르지 못하고 휘하게 되자, 그를 지칭할 때에 이름 대신 호칭할 새로운 칭호가 필요하게 되어, 이에 성년식(남자는 관례冠禮, 여자는 계례笄禮) 때에 누구나 거리낌 없이 부를 새로운 칭호로 자字를 짓게 된 것이다.

그러나 후대에 이르면 어른의 자字도 높여서, 아랫사람이 함부로 부를 수 없도록 휘하게 되었고, 그렇게 되자 이름과 자 이외에 누구나 휘할 필요가 없이 스스럼없이 부를 수 있는 새로운 칭호가 다시 필요하게 되었다. 이렇게 되어서 새로이 그 사람을 상징하는 칭호로 쓰이게 된 것이 바로 호號이다. 즉 호는 휘할 필요가 없이 누구나 거리낌 없이 부를 수 있는 새로운 칭호가 된 것이다.

고대에 호를 처음 지어 이름 대신 썼을 때에는, 반드시 휘할 필요가 없는 칭호를 짓고자 했기 때문은 아니었다. 자신의 이름이 세상에 알려지는 것을 꺼리며 은둔해 살고자 했던 사람들이 이름을 감추고 지내게 되자, 사람들이 그런 사람을 그 사람의 행실이나 특징에 맞추어 부르기도 하고, 그런 사람 자신이 직접 새로운 칭호를 지어 쓰는 경우도 있어서, 이렇게 불리어진 칭호가 호의 효시가 되었던 것이다.

그러나 호를 짓는 일이 널리 보편화된 것은 상술한 바와 같이 이름과 자를 휘하게 되면서 부터였으며, 그렇게 되자 바로 개개인이 지니게 된 호가 그 사람의 단순한 칭호로 그치지 않고, 그 사람의 인격과 인생목표와 그가 처한 처지를 상징하게 되었다.

옛 사람들은 자신의 칭호인 이름과 자와 호가 지니고 있는 뜻을 돌이켜보며, 그 뜻에 맞게 살았는가를 반성하는 것을 '고명사의顧名思義'라 하여, 이를 수양의 중요한 방편으로 삼았다.

필자는 선현先賢들이 지니고 있던 이름과 자와 호 가운데 이름과 자에 대하여는 ≪명설名說과 자설字說-이름과 자, 인생행로의 길잡이-≫를 간행하여 고구考究한 바가 있고, 호의 이론적 배경과 역사적 추이推移에 대해서는 ≪선현先賢들의 자字와 호號≫에서 고찰한

바 있으므로, 그 속본續本이라 할 수 있는 본서에서는 선대의 사류士類들이 자신의 호를 통하여 드러내거나 도달하고자 했던 뜻을 밝힌 호설號說과, 업적을 남기고 사망한 인물에게 수여하는 명예로운 시호를 내려주기를 바라면서 올린 시장諡狀을 번역하여 수록하고 이를 고찰하면서, 이를 통하여 현대인들이 세상을 살아가는 데 어떤 지혜를 얻을 수 있는가를 밝혀보고자 한 것이다.

본서의 오류를 성실히 교정하고 미비점을 보완해 준 박병훈 연구원에게 고마움을 표하면서, 사계의 질정을 기대하는 바이다.

2020년 6월

저자 신용호申用浩 근지謹識

목 차

제2부 시장諡狀

〔부록〕

제1부

호설
號說

어떤 사람이 호를 지었을 때에, 왜 호를 그렇게 지었으며, 그 호에는 어떤 뜻이 함축되어 있으며, 그 뜻에 맞게 살려면 어떻게 해야 하는가 등을 밝힌 문장이 호설號說이다. 호설은 남이 지어주는 경우도 있고 자신이 짓는 경우도 있다. 선현들이 지은 호설을 보면 인생관과 가치관이 그 속에 함축되어 있으며, 그 호를 언제나 돌이켜보며 그 호가 지닌 뜻에 맞게 살고 있는가를 스스로 반성하는 고명사의顧名思義가 수양의 중요한 방편의 하나가 되었다. 이러한 호설을 통하여 선현들이 지키고 실천하고자 했던 도덕규범을 확인하고 이를 이어받고자 노력한다면, 자신의 수양은 물론이고 어지러워진 사회를 바로잡는데도 크게 기여하게 되리라고 보아, 선현들의 문집 속에 수록된 호설들 가운데 일부를 골라 국역한 것이 이 1부 호설號說이다.

1) 별호유래別號由來 이름 외에 별도로 호를 지어쓴 유래

장유張維

옛 사람들은 질박함을 숭상해서 그 사람을 상징하는 이름도 매우 질박하였다. 어렸을 때에 이름(名)을 짓고, 관례를 행할 때에 자를 짓고, 50대에 이르고부터는 백伯(큰 어른)・중仲(둘째 어른) 등으로 불렀다.

그 이후에 차츰차츰 더욱 문식을 가하게 되었지만, 주周나라가 쇠약해진 춘추전국시대春秋戰國時代 이후에도 귀곡선생鬼谷先生(전국시대 왕후王詡)・동원공東園公(진말秦末 한초漢初 상산사호商山四皓의 한 사람, 성명미상)・녹리선생甪里先生(상산사호의 한 사람, 성명미상)・하상공河上公(전한대前漢代의 도사, 성명미상) 같은 칭호는 곧 같은 시대에 살았던 사람들이 서로 불러주었던 칭호에 불과했을 뿐이요, 반드시 그들 스스로가 자신의 이름으로 삼았던 것은 아니다. 도홍경陶弘景[1]이 스스로 화양은거華陽隱居라 칭하면서 상주서上奏書나 서찰을 주고받을 때에 성명을 쓰지 않고 이 호를 썼으니, 후세 사람들이 별도로 지은 호로 명과 자를 대신한 것이 이에서 비롯된 것이다.

당唐나라 사람들은 배항排行(8촌 이내 형제들의 나이순서)의 차서를 중시하여, 비록 벼슬이 높은 지위에 이르렀어도 반드시 형제중에

1) 도홍경陶弘景 : 남조 양梁의 도사로 호를 화양은거華陽隱居・화양진일華陽眞逸이라 하였으며, 구곡산에 은거하였고, 박학다식하였으며, 유불도의 융합을 주장하였다. 그가 처음으로 상주서나 서찰에 명을 쓰지 않고 자신의 호를 썼다는 것이다.

몇째인가를 아울러 칭하였다. 이태백李太白의 청련青蓮이나 두보杜甫의 두릉杜陵 등의 호도 그들이 지은 시어詩語에 우연히 끼워 넣은 것일 뿐이요, 이 호를 항상 자칭하는 용어로 썼던 것은 아니다.

오직 왕무공王無功(당唐 왕적王績)이 자호인 동고東皐를, 육로망陸魯望(당唐 육귀몽陸龜蒙)이 자호인 천수자天隨子를 일상생활에 자신의 칭호로 쓴 것 같은 사례만이 도은陶隱(도홍경陶弘景)의 처신과 매우 흡사하였다 하겠다.

그 후 송宋나라 사람들이 비로소 호를 자신의 칭호로 본격적으로 사용하기 시작하였다. 남송南宋시대 이후로는 사대부들 가운데 호가 없는 이가 없게 되어, 근대에 이르러서는 비록 무관이나 상인을 비롯하여 아래로 하인 같은 천민에 이르기까지 호를 갖는 경우도 있게 되었으니, 분수에 어긋나고 잡됨이 극도에 달한 것이다. 왕원미王元美[2]는 뜻을 같이하는 여러 사람들과 함께 하는 일마다 옛것을 숭상하였고, 비록 모두가 각기 호를 가지고 있었으나, 편지나 시를 주고받을 때에, 모두 자로 부르고 호를 쓰지 않았으니, 이는 옛 법도를 매우 바르게 깨달은 것이었지만, 다른 사람들에 대해서는 호로 쓰기를 전과 같이 그대로 하였다.

우리나라 사람들이 별호를 잡되게 함부로 쓰는 일이 근래에 이르러 더욱 심해졌으므로, 나는 이를 매우 좋지 않게 여기면서 전에 왕원미를 비롯한 여러 사람들이 했던 것을 본받아 따르고자 하였지만, 세속적 풍조에 얽매여서 이를 그대로 따르고 있는데, 우연히

---

2) 왕원미王元美 : 명 왕세정王世貞의 자가 원미元美이다. 왕세정은 시와 고문에 능하여 이반룡李攀龍과 함께 고문사파古文辭派 후칠자後七子의 지도자가 되어, 이왕李王이라 병칭되었다.

도화양陶華陽(도홍경)이 행했던 일을 보게 되었으므로 두서없이 이렇게 기록해 놓는다.

≪谿谷集·谿谷漫筆≫〈別號由來〉

2) 백운거사어록白雲居士語錄

이규보李奎報

이씨 성을 가진 남자(이규보 자신을 말함)가 그 이름을 감추고자 하여, 무엇으로 그 이름을 대신할까를 생각하며,

"옛 사람들 가운데 호를 지어서 이름을 대신한 사람이 않았다. 그가 거처하는 곳을 호로 삼기도 하고, 자기가 간직하고 있는 것을 근거로 호를 짓기도 하고, 어떤 사람은 자신이 목표로 삼아 도달했거나 도달하고자 하는 경지로 호를 짓는 사람도 있었다. 왕적王績(당의 시인)의 호 동고자東皐子나 두자미杜子美(두보, 당의 시인)의 초당선생草堂先生, 하지장賀知章(당의 시인)의 사명광객四明狂客, 백락천白樂天(백거이白居易, 당의 시인)의 향산거사香山居士 등 이런 호들은 그가 거처하는 곳을 호로 삼은 것이다. 도잠陶潛(진晉의 시인)의 오류선생五柳先生, 정훈鄭熏(당의 시인)의 칠송처사七松處士, 구양수歐陽脩(송의 학자·문신·시인)의 육일거사六一居士 등은 그들이 지니고 있던 것을 근거로 하여 지은 호들이다. 장지화張志和(당의 시인)의 현진자玄眞子나 원결元結(당의 시인)의 만랑수漫浪叟는 목표로 삼아 얻었거나 얻고자 하는 실상을 호로 삼은 것이다.

이씨 성을 가진 남자는 이들과는 달라서 부평초나 잘린 쑥대처럼 정처 없이 사방을 떠돌며 고정된 거처가 없고, 한 가지 물건도 간직해 지니고 있는 것이 없이 텅텅 비었고, 목표로 삼아 얻게 된 실상이 없어서, 이 세 가지가 모두 옛 사람에 미칠만한 것이 없으

니, 자호를 어떻게 지어야 할까.

어떤 사람은 나를 초당선생으로 지목하기도 하지만, 이 호는 두자미가 이미 쓴 호이기 때문에 사양하고 받아들이지 않았다. 더구나 내가 살고 있는 초당은 잠시 몸을 의탁한 곳일 뿐 장구하게 거처할 곳이 아닌데, 잠시 붙여 사는 곳을 호로 삼는다면 그 호가 또한 너무 많아지지 않겠는가?

일생동안 몹시 좋아한 것이 거문고와 술과 시 세 가지뿐이어서 그 때문에 처음에는 자호를 삼혹호선생三酷好先生이라 하기도 하였으나, 거문고 타는 솜씨는 정교하지 못하고, 시 짓기도 세련되지 못하며, 술 또한 많이 마시지 못하니, 그런데도 이런 호를 누린다면 세상 사람들이 이를 듣고 크게 비웃지 않겠는가?"

이에 마음을 바꾸어서 백운거사白雲居士로 호를 바꾸니, 어떤 사람이,

"그대는 청산에 들어가 백운 속으로 은둔하려 하는 것인가? 어찌하여 자호를 이와 같이 지었는가?"

하였다. 이에 내가,

"아니다. 백운은 내가 우러러 받드는 것이다. 우러러 받들어서 그것을 배운다면 비록 그것이 도달한 실상에 미칠 수 없다 해도 그에 근접하기는 할 수 있게 될 것이다. 대저 구름이라는 물건은 일렁일렁 흔들흔들 움직이며 산에도 얽매이지 않고 하늘에도 묶여있지 않고 동으로 서로 훨훨 날아다니며 형적이 얽매이는 바가 없다. 삽시간에 변화해서 그 시작과 끝을 잡도리할 수가 없다. 느릿느릿 펼쳐지는 것은 군자가 세상에 등장하는 것 같고, 오므라들듯 걷히

는 것은 고상한 선비가 은둔하는 듯하다. 비로 변해 내려서 말랐던 만물을 소생시켜줌은 어진 인덕을 베풀어주는 것이고, 오면서도 집착함이 없고 떠나면서도 아쉬워하는 미련이 없는 것은 달통한 경지이다. 색깔이 파랬다 노랬다 붉었다 검었다 하는 것은 구름의 바른 모습이 아니고, 오직 꾸밈없는 백색만이 구름이 기본적으로 지니고 있는 본색이다. 그 구름이 지닌 덕이 이미 저와 같고 색깔 또한 이와 같으니, 만약 이를 높이 받들어 배워서, 세상에 나아가 벼슬을 하게 되면 만물에 은택을 입히고, 물러나 은둔하게 된다면 마음을 비우고 그 본성을 지키며, 그 변함없는 법도에 머물고, 고요하고 현묘한 무하유향無何有鄕으로 돌아가서, 구름이 나인지 내가 구름인지 따질 수가 없는 경지에 이르러 구름과 내가 하나가 된다면, 옛 사람이 목표로 삼고 실천해서 도달했던 것을 호로 삼았던 것과 거의 접근하게 된 것이 아니겠는가?"

하니, 그 사람이,

"거사라는 칭호는 무엇 때문에 붙였는가?"

하기에 이렇게 대답하였다.

"혹 산에 살게 되든, 혹 집에 살게 되든, 오직 도를 즐길 수 있게 된 이후에야 호에 거사라는 칭호를 붙일 수 있는 것이다. 나는 집에 머물면서 도를 즐기고 있는 사람이다."

하니, 그 사람이,

"그대의 말이 이와 같음을 살펴보니, 그대의 말은 통달한 경지에 이른 것이다. 그러하니 이를 문장으로 기록해두는 것이 좋겠다."

하기에, 이렇게 기록해놓게 되었다.

3) 와도헌기臥陶軒記 나의 호를 와도헌이라 짓노라

이인로李仁老

해설 | 본 〈와도헌기臥陶軒記〉는 이인로가 자호를 와도헌으로 짓고 도연명처럼 명리를 초탈하여 은일을 즐기고자 하는 뜻을 밝힌 것이다. 사마견자司馬犬子가 조趙나라 인상여藺相如를 존경하여 견자라는 아명을 버리고 그의 명을 따서 자신의 명을 상여로 개명하였고, 공자의 수제자였던 안회가 순임금을 존모하여 순처럼 되기를 목표로 삼았듯이, 자신은 전야에 은둔했던 도잠을 존모하며 그처럼 은둔해 지내기를(臥하기를) 목표로 삼고 노력하겠다는 뜻으로 자호를 와도헌이라 지었다는 것이다.

그가 지은 책을 읽어보고 그가 살아온 일생을 고찰해보며 그 사람의 됨됨이를 상상해보면, 그가 벼슬했을 때나 은거했을 때에 눈으로 분명하게 직접 그를 보고 서로 함께 노니는 것과 같이 그를 알게 된다. 이런 경지가 바로 맹자孟子께서 말씀하신 '상우尙友(옛 현인과 사귐)'의 경지인 것이니, 이렇게 되는 것이 바로 옛날 살았던 사람과 현재 사는 사람 사이가 멀리 떨어져 있지 않게 되는 경지이다. 옛날 안자顔子(안회)는 말하기를 "순舜은 어떤 사람이고 나는 어떤 사람인가." 하였으니, 목표를 세우고 하고자 함이 있는 사람은 곧 이와 같다. 또한 순은 필부의 신분이었다가 요 임금의 선양을 받아서 50년 동안 옷깃을 바로하고 무위이치無爲以治로 천하를 다스려서, 현재에 이르기까지 사람들이 그를 일월日月처럼 우러러보고 있고, 안자는 누추한 골목에 살던 가난한 선비였는데도 스스로 생각하기를 '새벽닭이 울 때에 일어나서 부지런히 선을 행했던 것이, 바로 순이 마음을 쓴 대로 따라한 것이니, 나와 그 사이에 무슨 큰 차이가 있겠는가?' 하였으니, 이는 비록 표방한 목표는 같지 않았다 해도 마음으로 그를 존경했던 것이다.

사마장경司馬長卿은 인상여藺相如의 사람됨을 사모하여 스스로 이로써 이름을 삼아 자신의 이름을 상여로 바꿨는데,(이는 아명 견자를 상여로 바꾼 것을 말한다.) 그 인상여는 조나라의 용맹한 장수이었고, 진왕이 탐했던 벽옥碧玉을 온전하게 조나라로 가져오면서 진秦나라 사람들이 손을 쓸 수 없게 하였으며, 진왕으로 하여금 부缶를 치도록 꾸짖어 조왕이 모욕을 당하지 않도록 하고 조나라 사관에게 이를 기록해 놓도록 하였으니, 그 의연한 모습과 대담한 담력은 아직도 굳건하게 생동하고 있는 듯하다. 그런데 사마장경은 일개 백면서생에 지나지 않았으니 어찌 비슷하게나마 그를 닮을 수 있었겠는가. 그렇기는 하나 그가 지은 두 편의 부를 보면 매우 웅장하고 씩씩하여, 그 기상이 인상여처럼 함양 땅을 모두 흉중에 삼키기에 족하고, 진시황을 보기를 상 위에 놓여있는 고깃덩이만도 못하게 보았음을 알 수 있다.

이는 두 사람이 이룬 업적은 같지 않았으나, 그가 지녔던 기상을 존모한 결과로 그렇게 될 수 있었던 것이다.

도잠陶潛은 진晉나라 때 사람이고, 나는 그보다 일천여 년이나 지난 후에 태어나서, 대화를 서로 나누거나 얼굴을 서로 마주 볼 수는 없었지만, 다만 서적을 통하여 때때로 그와 마주할 수 있게 되어, 그 사람됨을 익히 알 수 있게 되었을 뿐이다.

도연명陶淵明
(≪만소당죽장화전晩笑堂竹庄畵傳≫)

그리고 도잠이 시를 지을 때에는 아름답게 수식함을 숭상하지 않았는데도 저절로 자연스럽고 빼어난 운치가 있어서, 메마른듯하면서도 사실은 윤기가 흐르고, 산만한듯하면서도 사실은 치밀하여, 시인들이 우러러보기를 마치 유가들이 백이伯夷를 우러러보는 듯이 하고 있다. 그런데 나는 웅얼거리며 지은 시가 수천 편에 이르지만, 시어는 껄끄러운 것이 많아서, 지었다 하면 흉 자국을 남기게 되니, 이것이 내가 그에 미치지 못하는 첫 번째이다.

도잠은 팽택령으로 80일을 재직했다가 곧 〈귀거래사歸去來辭〉를 짓고 물러나면서 "내가 쌀 닷 말을 받는 녹봉 때문에 시골의 젊은 소인에게 허리를 굽힐 수는 없다." 하면서 관인을 풀어놓고 즉시 떠났는데, 나는 30년간 관직에 종사하면서 하찮은 하위직을 떠도느라 머리와 수염이 모두 하얗게 세었는데도, 아직도 아등바등 새장 속에 갇힌 새처럼 벼슬살이에 얽매임을 면하지 못하고 있으니, 이것이 그에 미치지 못하는 두 번째이다.

도잠의 고상한 풍모와 빼어난 행적은 한 시대 사람들이 높이 받들던 바여서, 자사 왕홍王弘처럼 위엄과 명망이 있는 사람도 몸소 그를 맞이하려 멀리까지 갔고, 여산에 은거하고 있던 혜원慧遠처럼 득도했던 시인도 오히려 그 분을 백련사白蓮社에 맞아들여 모셨는데, 나는 가까이 사귀던 벗들이 모두 나를 버리고 떠나서 외톨이가 되었고, 그래서 늘 종일토록 홀로 지내면서 함께 대화를 나눌 사람조차 없으니, 이것이 그에 미치지 못하는 세 번째이다.

그러나 어려서부터 한가하게 고요히 지내기를 좋아하고, 이사람 저사람 찾아다니며 참견하는 일에는 게을러서, 북창 아래 높이 누워 저절로 불어오는 맑은 바람을 즐겼으니, 이런 점은 도잠과 어깨를 나란히 할 수 있다 하겠다. 이에 거처하는 곳의 북쪽 행랑채를 넓혀서 이곳을 유유자적하는 장소로 삼고, 이어 ≪황산곡집黃山谷集≫에 쓰인 '와도헌臥陶軒'을 따다가 그 건물의 당호로 삼았다. 이에 어떤 사람이 의혹을 제기하기를

"그대는 도잠과 같은 점은 거의 없고, 그 사람에게 미치지 못하는 점은 많은데, 그런데도 오히려 자신을 그 사람과 나란히 놓는 것이 합당한 일인가?" 하기에, 내가 응답하기를

"대저 천리마의 준족은 하루에 천 리를 달리지만, 노둔한 말도 그 열 배를 노력한다면 또한 언젠가는 천 리에 이를 수 있고, 개천에 흐르는 물이 수많은 장애를 만난다 해도, 끊임없이 동으로 흘러서 기어이 바다에 이르고야 말듯이, 내가 비록 도잠의 고상한 아취에 털끝 하나만큼도 미치지 못 하지만, 진실로 그를 존경하며 그처럼 되기 위한 노력을 그치지 않는다면 또한 도잠처럼 될 수 있으리

니, 목표를 순舜을 사모함에 두거나 기상을 인상여에 두는 것보다는 오히려 쉽지 않겠는가?"

하였다. 이태백李太白의 시에,

팽택령彭澤令이었던 도잠은 날마다 취해 지내며 陶令日日醉
집 앞 다섯 그루 버드나무에 봄기운이 어린 것도 모르네. 不知五柳春
북창아래 누워서 맑은 바람 즐기며 淸風北窓下
희황씨羲皇氏가 다스리던 옛적 사람이라 생각하네. 因謂羲皇人

하였으니, 이 경지를 비록 나에게 적용한다 해도 또한 괜찮다고 여긴다. 그리하여 이렇게 〈와도헌기〉를 짓는다.

≪東文選≫ 권65

4) 쌍명재기雙明齋記　　쌍명재 어르신의 빼어나심

이인로李仁老

해설 | 본 기記는 최당崔讜이 고위관직을 역임했다가 노퇴한 후에 경치 좋은 곳에 건물을 짓고, 그곳에서 노퇴한 고관들과 기로회를 맺어 함께 노닐 때에, 장자목張自牧이 최당의 당호를 쌍명재雙明齋라 짓고, 이인로로 하여금 그 경위를 기록하도록 한 것이다. 이로 보아 쌍명재는 최당의 호임이 틀림없는데, 안타깝게도 각종 인명사전이나 역사사전에 이인로의 호로 오기되어 전해지고 있다.

세상 사람들이 모두 오래 사는 방법은 배우면 이룰 수 있다고 여기는데, 그렇지 않다. 대저 신선들은 바람을 호흡하고 이슬을 마시며 팔방 끝까지를 마음대로 거침없이 다녀서, 밖에서 질환이 침범할 수가 없다. 그러므로 그 수명이 천지와 더불어 그 시작과 끝을 함께하게 된다.

이것이 어찌 몸이 마르도록 굶주림을 참고 장수하고자 지초芝草와 삽주를 캐 먹는 자(인위적으로 장수하고자 노력하는 자)가 도달할 수 있는 경지이겠는가. 신선이 된 왕교王喬·적송자赤松子처럼 늙음이 이르기 어려운 풍골風骨과 신선들이 사는 봉래蓬萊·영주瀛洲처럼 속세에 없는 영기靈氣가 있는 곳은 모두 천연으로 얻은 것이어서, 장수를 기약하지 않아도 장수하게 된 것이니, 이는 곧 저절로 이르게 된 것이다.

왕자교王子喬(≪삼재도회三才圖會≫)

적송자赤松子(≪삼재도회≫)

또한 물건을 기준으로 하여 살펴본다면, 세상에 이른바 오래 되어도 썩지 않는 것으로는 금과 옥이 으뜸이어서, 진흙 속에 있어도 문드러지지 않고 불속에 던져도 타지 않으며, 그 굳건함을 유지하고 그 바탕을 바꾸지 않나니, 이를 어찌 산화하는 구리나 녹쓰는 쇠와 동렬에 놓고 볼 수 있겠는가.

식물 가운데 장수하는 것으로는 소나무나 잣나무만한 것이 없다. 우로雨露를 흡수하고 자라는 점과 낮이나 밤이나 성장하는 점은 다른 초목과 다를 것이 없으나, 얼음과 서리가 땅을 갈라놓을 때에 이르러서는 홀로 그 푸르름을 유지하며 한결같이 그 색깔을 변치 않나니, 이것이 어찌 썩은 흙속에서 돋아난 버섯 따위가 엇비슷하게나마 흉내낼 수 있는 것이겠는가.

또한 비늘달린 동물이나 깃털달린 동물로 장수하는 것으로는 거북과 학이 이런 것들로, 거북은 모태에서 변화해 출생하고 태양을 향해 호흡하며, 학은 그 울음이 하늘에서도 들을 수 있을 정도로 멀리 전해지고 그 골격의 가벼움은 연잎 위에도 둥지를 틀 수 있을 정도이니, 이런 점은 보통 물고기나 새들이 같게 되기를 겨룰 수도 없고 흉내 낼 수도 없다.

그렇다면 만물 가운데 그 무리에서 우뚝하게 빼어나서 특별히 세상에서 장수한다는 명성을 얻게 된 것들은 모두 이를 자연에서 얻은 것이라 할 수 있으니, 본시 사람의 작용이 그 사이에 끼어들 수 없는 것이다. 어찌 외물만 그러하겠는가, 사람도 또한 그러하다.

지금 태위太尉 창원공昌原公(최당)께서는 네 군주의 조정에서 벼슬하면서 평온할 때나 험난할 때나 한결같이 절의를 지켰고, 재상으로 등용됨에 이르러 어질고 유능한 인물들을 추천해 임용하도록 하여, 종묘사직을 평안하게 하였다. 연세가 70도 되기 전에 노퇴를 청하는 글을 올려, 드디어 은퇴를 허락받는 예우를 입게 되었다.

지난번에 숭문관의 남쪽 깎아지른 절벽 위에 있는 아름다운 나무 한 그루를 사랑하여, 그 곁에 건물을 세우고, 당시의 사대부들 가운데 나이가 많고 덕행이 널리 알려진 8인과 기로회를 결성하고, 그 가운데서 노닐면서 날마다 거문고와 바둑 및 시와 술을 즐기며 지내고 계시다. 이 기로회의 모든 규약은 온공溫公(사마광司馬光)이 세웠던 진솔회眞率會[1]의 옛 법식을 그대로 따랐고, 당시에 학사 장자발張自拔(보문각직학사寶文閣直學士로 치사致仕한 장자목張自牧을 장자

1) 진솔회眞率會 : 송 사마광이 벼슬에서 물러나 낙양에 있을 때에, 덕망 있는 인사들과 가졌던 소박한 모임을 말한다.

발張自拔로 오기한 것이다) 공이 좌석에 있던 빈객들에게 이르기를

"옛적 한퇴지韓退之는 스스로 일찍 노쇠해졌음을 한스러워 하며, 이에 '일상생활을 하면서 사람들의 안색도 알아볼 수 없게 되었다.' 하였고, 노두老杜(두보杜甫)도 또한 '꽃을 보아도 안개에 가려져 있는 듯이 보인다.' 라고 시력이 약화되었음을 탄식하였는데, 우리 공(최당)께서는 검푸른 두 눈동자가 각이 진 듯이 분명하고 반짝반짝 번갯불처럼 빛나며, 구름과 노을에 가려졌다 드러났다 하는 먼 산봉우리를 마치 손바닥위에 있는 물건처럼 또렷하게 보실 수 있으시니, 어찌 이 건물의 편액 이름을 쌍명雙明으로 지어 달지 않을 수 있겠는가."

하니, 사람들이 모두 딱 알맞은 명칭이라고 하였다. 얼마 지나지 않아 공의 아우님이신 대사공大師公(최선崔詵, 수태부守太傅를 지냈으므로 대사공이라 한 것이다.) 또한 재상의 지위에서 물러나 세속을 벗어난 이 노닒에 참여하셨다. 이곳에서 연회를 열 때마다 아들과 조카들이 모두 황금빛 인끈에 주황빛 관복을 입고 당 아래에서 부지런히 뜻을 받들고 있어서, 이를 바라보면 마치 난새와 봉황이 날개를 나란히 하고 있는 듯, 춘대나무와 명사나무가 서로 그늘을 드리운 듯, 네 신선이 막고야 산에 계신 듯, 다섯 노인이 분하汾河에서 노니는 듯하여, 진실로 세상 사람들이 흔히 목도할 수 있는 정경이 아니다. 이에 화공에게 명하여 해동기로회도海東耆老會圖를 그리게 하고 이 사실을 빗돌에 새겨 세상에 전하도록 하니, 비록 지극히 먼 만리 밖 깊숙한 방 속에 은둔하고 있는 사람이라 해도, 한 번 그 그림을 보게 되면 맑고 시원한 기운에 젖게 된다.

대저 유후留侯(장량張良)를 한나라 때의 걸출한 인물이라 일컫는데, 그가 세 치 혀를 놀려서 만호萬戶를 다스리는 후侯가 되었다가, 스스로 평민으로서 최고의 지위에 올랐음을 깨닫고, 벼슬을 버리고 물러나 적송자를 따라 노닐고자 하였지만, 끝내 그 뜻을 실현할 수가 없었다. 사안謝安은 강좌江左의 명신으로서 바둑을 두고 있으면서 침입한 진군秦軍을 무찔러서 진晉나라의 기틀을 태산처럼 안정되게는 하였지만, 그 후 얼마 되지 않아 백계白鷄의 꿈(상서롭지 않은 꿈)을 꾸어서, 다시는 동산東山에 올라 달빛 아래에서 노닐 수가 없게 되었다.

그런데 지금의 우리 공께서는 조정에서 벼슬하며 빛나게 다스리신 공로가 이미 저와 같았고, 머리가 희어지도록 산수를 즐기고 계심이 또한 이와 같으니, 진실로 이른바 두 가지(벼슬의 영달과 은퇴 후의 신선놀음)를 다 누리고 계시다 할 수 있으니, 이는 고금에 드문 일이다. 그분의 선풍도골은 천연으로 타고난 것인 듯, 안색은 어린이와 같고 목소리는 종이나 석경을 치는 듯하여, 아직도 털끝만큼도 노쇠해 피곤해하는 기색이 없으시다. 이는 외물이 그분의 참된 정신을 교란시킬 수 없어서이니, 이에 수명이 한없이 이어지게 될 것이다. 그래서 상전이 벽해로 변하는 장구한 세월을 오히려 아침이 저녁으로 변하는 것처럼 보게 될 것임을 알 수 있다. 장주莊周가 한 말에 '인위적으로 뜻을 굳게 갖고 노력하지 않아도 자연히 고원해지고, 장수하는 양생법을 실행하지 않아도 자연히 장수하게 된다.' 한 것이 바로 이를 말하는 것이다.

그러하니 공께서 어쩌면 후일에 천지에서 벗어나 훨훨 날아 속세를 하직하고 금동金童 옥녀玉女와 함께 낭풍閬風 현포玄圃 위에서 노닐다가(선계仙界에서 노닐다가), 학을 타고 고향에 돌아와 세상 사람들에게 손을 저으며 인사를 하게 되지 않을지를 어찌 알겠는가. 그렇게 된다면 나는 무릎걸음으로 앞으로 나아가 〈그 분처럼 신선이 되는 방도를 기록한〉 황로黃老의 책 한 권을 받게 되는 일을 체험하게 될 것이다. 이에 삼가 이렇게 기記를 짓노라.

≪東文選≫ 권65

5) 내옹설乃翁說* 내옹 배윤견 님에게 지어주다

이곡李穀

해설 | 본 호설은, 배윤견裵允堅의 체형이 곱사등이처럼 구부정한 것이 '내乃'라는 글자모양과 유사하여, 주변 사람들이 별호로 내옹乃翁이라 부르자, 본인이 이를 그대로 받아들여 자신의 호로 쓰면서, 이곡에게 호설을 지어주기를 부탁하여 받은 것으로, 내옹의 겸손한 인품과 진솔한 처신을 찬양하고 있다.

내가 내옹을 알고 지낸지 오래 되었다. 내가 전에 과거에 급제하여 관례대로 지방으로 나아가 사록참군으로 있다가 임무를 마치고 돌아와 보니 내옹은 여전히 태학의 학생으로 있었다. 내옹은 여러 학생들 가운데 나이도 약간 많고 재능도 또한 우수해서, 여러 학생들이 모두 받들고 따랐으며, 성품이 술을 좋아하여 하루라도 술을 마시지 못하면 마치 무엇을 잃은 듯이 하니, 여러 학생들이 그를 따라 놀기를 좋아했고, 나도 또한 때때로 그와 왕래하면서, 그가 신의가 있음을 알게 되었다.

그 후 나는 원나라 향공시에 급제하였고, 그 때문에 중국에서 벼슬살이를 하게 되어, 오랫동안 서로 만날 수가 없었다. 내가 지원至元 정축년에 지방관으로 나가 정동성征東省의 막료로 있을 때에, 내옹이 고려의 과거에 급제하여 명성이 더욱 높아졌지만, 그 처신이

* "배윤견 군의 귀국을 전송하며〔送裵君允堅東歸〕"라 되어 있다.

태학의 학생일 때와 조금도 다르지 않았으므로, 그의 진솔함을 더욱 잘 알게 되었다.

지금 내가 다시 수도(연경)에 있게 되었고, 본국에서 천수절天壽節(천자의 생일)을 축하하는 사신을 파견했는데, 내옹이 문장을 잘 짓는 인물로 선발되어 국서를 받들고 대궐로 왔으나, 그때 마침 황제께서는 지방으로 순수巡狩를 떠나셔서 이미 관문을 벗어나 계셨다. 내옹과 그 사절들은 그 사이에 관북으로 올라와 장전帳殿에서 대기하고 있다가, 황제의 뒤를 따라 난경灤京(상도上都가 난하灤河 가까이 있으므로 별칭으로 난경이라 부름)에 이르러 몇 개월을 머물렀고, 연도燕都로 돌아온 후에도 또 몇 개월을 머물렀으므로, 그 때에 내가 다시 그와 노닐 수 있었는데, 내옹의 처신은 본래 그대로였다. 사신과 보좌관들이 귀국한 후에도 내옹은 홀로 머물러 있으면서 마치 할 일이 남아있는 듯이 수개월을 지내다가, 엊그제 나를 찾아와 말하기를,

"어젯밤 꿈에 부모님이 내가 오기를 문에 기대어 기다리고 계셨다. 또한 내가 이렇게 오랫동안 외유를 할 것이라고 아뢰지 않았었으니, 이제 돌아가서 부모님의 명을 따를 생각이다. 이곳에 다시 올 수 있으리라고는 장담할 수가 없는데, 그대가 어찌하여 한마디 전송하는 글을 지어주지 않는 것인가. 또한 내가 태어날 때부터 키가 크고 구부정하므로, 사람들이 별명을 내옹으로 지었고(내乃자의 자형字形이 늙은 곱사등이처럼 구부정하므로 내옹으로 불렀다는 것이다), 나도 그대로 받아들여 내옹으로 자칭하고 있다. '내乃'자는 어조사이므로 사람들이 잘 모르고 의미가 없는 글자로 여기는데, 그대가 마땅히 이에 대한 설(호설 즉 〈내옹설〉)을 지어주어야겠다."

하였다. 내가 본시 내옹과 오랫동안 알고 지낸 사이이므로 즉시 응답하기를

"그러겠다. 대체로 호를 짓는 경우에 혹 남이 지어주기도 하고 혹 자신이 짓기도 하는데, 다른 사람이 지어줄 때에는 본시 아름다운 칭호로 지어주게 되지만, 만약 스스로 호를 짓게 되면 겸손한 뜻을 붙이게 된다. 겸손하게 표현하기 때문에 '어리석을 우愚'자를 쓰지 않으면 '둔할 로魯'자를 쓰거나, '졸렬할 졸拙'자를 쓰지 않으면 '우활할 우迂'자를 쓰게 된다. 그리고 이름은 실상에 맞추어 붙이는 것이니, 진실로 그 명칭이 실상에 맞는다면 비록 나쁜 명칭을 얻게 되었다 해도 어찌 이를 거부할 수 있겠는가. 이것이 이른바 '덮어 두려 해도 드러나게 마련이다.' 라고 하는 것이다.

옛적 제齊나라의 어떤 노인이 소를 길렀는데 소가 송아지를 낳자 송아지를 팔고 망아지를 사왔다. 그러자 어떤 소년이 '소는 망아지를 낳지 못한다.' 하면서 그 망아지를 가져가버렸다. 이에 주변사람들이 그 노인을 어리석은 사람이라 하여 '우공愚公'이라 불렀는데, 이 노인은 이에 대하여 변명할 수 없는 것도 아니었으나, 이 이름을 받아들이기를 마다하지 않았다. 그대가 내옹이라는 칭호를 받아들인 것도 그대 또한 생각이 있기 때문이었다.

더구나 애초에 글자를 만든 사람은 글자를 어떻게 만들었던 것인가. 가령 '한 일一'자와 '큰 대大'자를 합쳐 '하늘 천天'자를 만들고, '흙 토土'자와 '어조사 야也'자로 '땅 지地'자를 만들었으며, '사람 인人'자와 '말씀 언言'자가 합쳐진 자를 '믿을 신信'이라 하고, '종 노奴'자와 '마음 심心'자가 합쳐진 자를 '성낼 노怒'라 하는 것으로, 이와 유

사한 글자들은 모두 미루어 알 수 있게 된다. 그러나 애초부터 진실로 지어진 내력을 알 수 없는 글자도 있으니, 대체로 글자를 사물에 맞추어 짓는 것이지 사물이 글자에 맞추어 존재하는 것이 아니다. 그 때문에 사물 가운데 그를 표시하는 글자와 모양이 유사한 것은 매우 드물고, 사물 가운데 문자가 생긴 이후에 생긴 것은 그 사물을 나타내는 글자가 없기도 하다. 그러니 더구나 사람이나 사물의 형체를 글자의 점이나 획에 맞추려 한다면, 어찌 현실과 동떨어지지 않을 수 있겠는가.

비록 그러하기는 하나 물〔水〕이 구불구불 흐르는 그림으로 표현한 듯한 강을 '파강巴江'이라 하고, 사람이 '내乃'자처럼 구부정하게 생겼으면 '내옹'이라 부른다 한들 어찌 나쁠 것이 있겠는가. 또한 그 글자가 어조사라 하여 쓸모가 없는 것은 아니니, 대저 문장을 지으면서 어조사를 쓰지 않는다면 문장을 이룰 수 없게 되나니, 이는 '날줄 경經'만 있고 '씨줄 위緯'가 없다면 아름답게 수놓은 옷감을 짤 수 없는 것과 같다. 또한 그 글자의 뜻에 맞게 말하기 어려운 글자로 '너 이爾'자와 '너 여汝'자(2인칭 대명사 비칭卑稱) 같은 것이 있는데, 비칭卑稱이므로 말하기가 어려워 함부로 쓰지 않지만, 어떤 사람이 자기를 '이爾'나 '여汝'로 불러도 이를 그대로 받아들일 수 있다면, 이 또한 스스로 겸손하게 처신하는 태도가 될 것이다. 오吳나라와 촉蜀나라에서 온 사신이 나라의 명칭을 가지고 서로 욕하는 것과, 사씨謝氏와 석씨石氏 집안사람들이 성을 가지고 서로 헐뜯는 것과 같은 것에 이르러서는, 이는 글자를 가지고 서로 우스개소리를 하는 것일 뿐이니, 나는 내옹에 대하여 이런 말은 감히 하지 않겠노라." ≪稼亭集≫ 권7

6) 가정기稼亭記 　'가嫁'의 뜻에 맞게 농민을 사랑하시라

왕기王沂

해설｜본 호설은 이곡이 자신의 정호亭號를 가정稼亭으로 지은 후에 원나라의 관원이었던 왕기에게 호설을 부탁하여 받은 것이다. 이곡은 명에도 곡식을 뜻하는 '곡穀'자를 쓰고, 호에도 '곡식심다, 농사짓다' 라는 뜻을 지닌 '가稼'자를 넣었으므로, 이 호설에서도 농업이 천하의 대본大本임을 밝히고, 농민을 사랑하고 보호하며, 농사를 잘 짓도록 뒷받침해주는 것이 치자治者의 의무임을 강조한 것이다.

본 호설 외에도 원나라의 관원으로 이곡의 호 가정을 찬양한 글로, 사단謝端의 〈가정사稼亭詞〉, 황진黃溍의 〈집연명구集淵明句 봉제가정奉題稼亭〉, 왕사성王思誠을 비롯한 10인의 〈절모시구節毛詩句 제가정題稼亭〉 등이 있다.

이군李君 중보中甫(이곡의 자)의 집안은 대대로 삼한三韓 산양山陽(충청도 한산)에 거주하였다. 사는 곳은 뽕과 삼과 메벼와 찰벼가 풍족하여, 손님접대하고 혼사 치르고 잔치하고 제사지내는 쓰임새를 모두 갖출 만한데, 그의 정자亭子에 가정稼亭이라 편액을 달고, 나에게 기記를 지어 달라 청하였다. 삼한은 수도에서 수천리 떨어져 있고, 겹겹이 강과 관새關塞로 막혀 있으며, 바다 모퉁이 변방의 요새가 집중되어 있는데, 펼쳐진 비옥한 들에서 도롱이입고 김매고 밭

갈며 새벽부터 일어나 추위와 더위를 살펴서 일하고 거두어들임에, 풍우가 계절에 맞추어 순조로우면 농토의 소출은 배로 늘어나고, 관리들의 외쳐대는 소리도 들리지 않아서, 가정을 이루고 사는 즐거움이 느긋하니, 그렇게 된 근원을 몰라서야 되겠는가. 더구나 농기구를 손에서 내려놓고 벼슬살이하고 있는 사람이 또한 그렇게 된 근원을 몰라서야 되겠는가. 성스러운 왕조의 조정에서 바다에 이르기까지의 내외 모든 땅에 사는 사람 가운데 군주의 신하 아닌 사람이 없고, 군주의 덕이 이들을 모두 포용하고 두루 펼쳐져서, 이런 은혜를 흠씬 입어 생양生養을 누리며, 군주의 덕화를 오래도록 입어서, 농사지어 곡식 먹고 우물 파서 물 마시는 사람들이 진실로 초목 곤충과 더불어 평화로운 태평성세에서 노닐면서도 그렇게 된 원인을 알지 못해도 되지만, 선비로서 벼슬길에 오른 사람이야 이에 보답할 바를 몰라서야 되겠는가.

대저 군주가 해야 할 일은 오직 농사가 잘 되도록 힘쓰는 것이다. 제사지낼 곡물이 이에서 나오고, 공급이 이에 달려있으며, 이로부터 조화와 화목의 기풍이 일어나고, 돈후하고 순수함이 이루어진다. 그러니 조정을 의에 맞게 받듦이 이에서 나오는 것이라 말하지 않아서야 되겠는가.

광주리에 담아 가져오고 전대에 넣어 지고 오며 배로 실어오고 밧줄로 끌고 와서, 이로써 공물을 바치는 것은 군주를 받드는 일상적인 법도이다. 쇠로는 호미와 낫과 괭이를 만들기에 힘쓰고 병기를 만드는 데에는 힘쓰지 않으며, 백성들은 농업을 숭상하고 상업에 종사함을 부끄럽게 여기며, 선비가 벼슬하지 않았을 때에는 농사일에 정성을 다하고, 벼슬을 하게 되면 백성들의 노동력 동원을 아끼고 반드시 백성들의 농사철을 신중히 보장해주며, 녹봉으로 곡식을 받게 되면 농사짓느라 부지런히 힘쓴 농민의 노고를 생각하고, 사람들에게 정령政令을 행할 때에는 농사에 이익이 될까 해가 될까 고려하기를 소홀히 하지 않으며, 엄격한 법도로 자신을 제어하며 백성을 사랑하고 이롭게 하는 행동을 한다면, 거의 옳은 행실에 맞게 될 것이다.

중보中甫는 처음에 그 고장에서 녹명시鹿鳴詩를 노래하며(향시鄕試에 급제하였음을 말한다.) 개경으로 와서 예부에서 행하는 과시에서 재주를 겨루어 급제하였으며, 원나라 천자가 행하는 정시庭試에 대책으로 을과로 급제하여, 승사랑한림국사원검열관에 제수되었다가 휘정원의 장고로 옮겼고, 얼마 지나지 않아 정동행승상부원외랑으로 발탁되었다. 태평성세를 만나 바야흐로 그가 배운 학문을 시행하고자 궁중으로 들어갔다가 변방으로 나가게 되었으니, 이 또한 영예스러운 일이라 하겠다. 그가 정호亭號를 가정稼亭이라 붙인 것을 보면, 마치 장차 농사꾼 나무꾼과 시골에서 함께 지내려 하는 듯하니, 어찌 백성들의 노고를 잊지 않고 보답해야 할 근원을 알고 있는 것이 아니라 할 수 있겠는가.

지원至元 3년 가을 9월 보름에 승직랑 국자박사 왕기가 중국의 관사에서 쓰다.

≪稼亭集≫〈雜錄〉

7) 동재설動齋說 백공白公의 호에 쓰인 '동動'자의 의의

이달충李達衷

해설 | 본 호설은 백문보白文寶가 자호自號를 동재動齋로 짓고 호설을 청하자 이에 응하여 지어준 것이다. 동動과 정靜의 원리를 밝히면서, 예에 맞게 동動하고, 바르게 동動하여, 군주를 성군이 되게 하고 백성을 요순시대의 백성처럼 되게 동動할 것을 권면한 것이다.

상시常侍 백문보白文寶 공께서 호를 동재動齋로 지으시고 '동動'에 관한 설을 짓노록 명하셨지만, 나는 문재가 부족하여 감히 지어드릴 수가 없다고 오래 전에 말씀드린 일이 있다. 이제 공께서 관동의 관찰사로 나가시게 되자, 군자들이 모두 전별시餞別詩를 지어드렸으나, 나는 우환을 겪었고 시 또한 졸렬하여 그분을 위해 시를 지어 읊을 수가 없었으므로, 우선 〈동재설動齋說〉을 지어드리는 것으로 작별인사를 대신하여 하룻저녁 이야깃거리로 삼고자 하는데, 읽어보는 분들이 꾸짖지나 않는다면 다행이겠다.(백공白公의 호는 담암淡庵이고 시호는 충간공忠簡公이다.)

움직임〔動〕이라는 것이 길과 흉 및 뉘우침과 부끄러움이 생기는 근원이 되므로, 비록 성인이라 해도 이점에 지극하게 유의하지 않을 수가 없다. 그러므로 예에 맞지 않으면 동動하지 않고, 선한 생각을 지니게 되면 이에 동動하였으며, 바야흐로 그 고요히〔靜〕 있을 때에 성誠과 경敬을 함양하지 않으면, 동動하여 드러낼 때에 혹 조급하거나 도리에 어긋나게 되나니, 동動하기를 시의에 맞게 해야 함이 중대하다.

≪주역≫ 건괘의 상사象辭에 "천도의 운행〔動〕이 엄정하니 군자가 이를 바탕으로 하여 스스로 노력하기를 중단하지 않는다〔天行健 君子以 自强不息〕" 하였으니, 행할 때에 엄정해야 동動함이 지극해 지며, 군자가 이에 합당하게 하려면 열심히 하면서 또한 중단함이 없어야 한다. 그렇게 하면서도 오히려 고요히 있으면서 활동하지 않아야 할 때가 있고(乾卦 初九의 勿用之潛), 끝까지 활동하려하면 뉘우칠 일이 생기기도 하므로(上九의 有悔之亢), 혹 나타나기는 하되 밭에 머물러〔見而田〕 있거나, 혹 도약하기는 하되 못에 머물러〔躍而淵〕 있으면서, 또한 두려워하고 또한 고난을 조심한 연후에야 이로써 동動하여 성과를 낼 수가 있게 된다. 진실로 시의적절한 때가 아닌데 동動하게 되면 반드시 위태롭게 되므로, 동動하기를 잘하는 사람은 반드시 그 때를 기다리고 반드시 적절한 때를 따른다. 때라는 것이 조짐을 드러내는 것이니, 조짐을 살펴보고 동動하는 사람이라야 오직 군자라 할 수 있다.

직산稷山 백상시白尙侍께서 그 거처하는 건물에 동재動齋라 편액을 걸어 놓으셨으니, 그 스스로 마음을 쓰시는 소이所以가 이미 성대하다 하지 않을 수 있겠는가. 내기 듣건대 동動과 정靜의 원리는 서로 순환하기를 끝없이 하고, 정靜이 극에 달하면 동動하게 되고 동動이 극에 달하면 정靜하게 되어, 서로 상대의 바탕이 되면서 한 순간도 중단함이 없어서, 한결같이 정靜하기만 함도 불가능하고 한결같이 동動하기만 함도 불가능하다 한다. 그러니 공께서 재호齋號에 동動을 취하신 소이所以가 어디에 있겠는가? 내가 생각해봐도 알 수 없어서, 이에 동動자를 벽에 써놓고 그 의의를 살펴보기로 하여, 혹 어떤 사람이 물으면,

"모공某公의 편액 이름이요."

하니, 어떤 사람은 말하기를

"공은 인후함에 뛰어나면서도 이를 과감하게 행하심이 부족하다고 여기셔서, 장차 이에 힘쓰고자 하시는 것인가?"

하였고, 어떤 사람은

"저분이 인덕을 행할 때에, 반드시 이 동動자를 근거로 하려 하는 것이니, 또한 이치에 맞다. 공의 명성이 날로 널리 퍼져서 이를 가릴 수가 없으므로, 장차 동動을 바탕으로 하여 정靜을 추구하려는 것이다."

하기도 하기에, 내가

"아니다. 가만히 있어라. 내가 그대들에게 말해주겠다. 한 번 음陰이 됐다 한번 양陽이 됐다 하는 것을 도道라 이르는데, 이것이 동動과 정靜을 뜻하는 것이다. 성인은 양을 귀하게 여기고 음을 천하게 여기나니, 장차 성인을 따르는 무리가 되려 하는 사람이라면, 그 힘써야 할 바를 몰라서야 되겠는가. 공의 동動은 안으로는 우리 군주를 요임금처럼 성군이 되게 하고, 밖으로는 우리 백성을 요임금의 백성처럼 되게 하며, 큰 법도를 펼쳐서 태평성세에 넉넉하게 노닐며 최상의 경지에 이르지 않으면 중단하지 않으려는 것이니, 그 동動함이 어떠하겠는가. 그러나 이것만으로는 공의 동動을 설명

하기에 부족하다. 공께서 이 건물에 거처하면서 옷깃을 바로하고 엄정한 모습으로 고요히 생각이 없는 듯 조용히 앉아 계시니, 사람들은 그분이 정靜하게 계시는 것만 알 뿐이요, 동動하지 않는 듯 하면서도 사실은 동動하고 계심〔不動之動〕은 알지 못한다. 공께서는 일찍이 정靜하게 지내며 안정을 누리는 경지를 바탕으로 하여, 큰 교화가 이루어진 성스럽고 신묘한 군주가 다스리는 나라에서 노닐면서, 지선至善의 경지를 누리게 하는 주재자가 되어, 그 뜻을 행하기를 추구하시는 것이다."

하였다.

어느 날 국왕께서 명광전明光殿에 납시어 공을 불러 천하의 일에 대하여 물으셨을 때에, 그 대답이 왕의 뜻과 일치하니, 왕께서 매우 기뻐하시며 말씀하시기를

"짐이 장차 크게 요직에 임용하겠다."

하시고, 중화지주中和之酒(2월 1일에 국왕이 신하에게 내리는 술)를 하사하시니, 공이 단숨에 다 마시고 취하여 거처하는 재齋로 들어와 쉬었는데, 어떤 사람은 그 때문에(국가를 위해 크게 활동할 것이기 때문에) 동재라 명명하게 되었다고 말하기도 한다.

≪齋亭集≫ 권3

8) 척약재설惕若齋說 척약惕若의 뜻에 맞게 처신하시라

백문보白文寶

해설 | 본 호설은 김구용金九容의 호 척약재惕若齋의 척약惕若(두려운 듯이 조심함)이 《주역》에서 따온 것임을 밝히면서, 학문과 도를 닦을 때에 '척약'의 뜻에 맞게 하면 유시유종有始有終이 이루어질 것이고, 그것이 치국평천하의 기초가 될 것임을 강조하면서, 척약에 힘쓰기를 면려한 것이다.

성균관의 직강直講으로 있는 김백은金伯誾(김구용, 자가 백은임) 군은 《주역》 건괘의 구삼효사九三爻辭에서 '척약惕若' 두 자를 따서 그의 서재에 척약재惕若齋라 편액을 달고, 나에게 호설을 지어달라 하였는데, 학식이 부족한 내가 어찌 《주역》이 함유한 오묘한 뜻을 충분히 드러내어 김군이 서재의 이름으로 삼은 의도에 부합되게 할 수 있겠는가. 대체로 서재에 이름을 붙일 때에는 혹 놀고 쉬는 뜻을 붙이거나 혹 즐기고 좋아하는 뜻을 붙이거나 바라보이는 경치를 높이 받드는 뜻을 붙이기도 하여, 모두가 이렇게 재호齋號를 짓는데, 김군은 홀로 '척약惕若(두려워하며 조심함)'으로 재호를 지어 경계하는 뜻을 드러내었으니, 어찌 깊이 생각하지 않은 것이라 할 수 있겠는가.

내가 세상을 살아가며 체험해보니, 남이 근심하는 것을 보면 자기의 근심처럼 여기고, 남이 두려워하는 것을 들으면 자기의 두려움처럼 여기며, 근심할 일과 두려워할 일을 경계하게 되면, 마음이 평안하지 않게 된다. 이런 생각이 일어나자마자 나의 기분은 찜찜하게 움츠러들게 되는데, 내가 떨쳐 일어나 이를 잊고 그 마음을 평안히 하고 그 기분을 전환하고자 노력한 연후에야 나의 기氣가 호연해지고 움츠러듦이 사라진다. 이렇게 하는 것이 바로 맹자께서 기를 길러 해악을 제거하는 것이 바로 마음을 동요하지 않게 하는 근본이라 한 것이다.

이제 '척약'의 뜻을 살펴 그에 맞게 처신하고 있다면, 또한 이미 그 마음이 동요하지 않게 된 것이다. 대저 사람의 마음이 편벽되어 항상 중정中正을 지킬 수 없게 되는 것은, 두려워함과 공경함과 오만함과 게으름 등으로 인하여 마음이 한쪽으로 치우치게 되었기 때문이다. 나는 김군의 마음은 이렇게 치우친 바가 없음을 아는데, 내 어찌 이런 믿음에 동요가 있겠는가. 그러한 김군이 국학의 직강이 되었으므로 여러 학생들은 틀림없이 도를 지닌 이 분을 통하여 치우침이 없는 중정한 도로 나아가게 될 것이다.

도를 지니고자 하는 사람은 반드시 학문을 잘 닦고 반드시 덕을 향상시키고자 하여, 학업을 닦음이 지극하지 않으면 반드시 두려운 듯 조심〔惕若〕하고, 덕을 진전시킴이 지극하지 않으면 반드시 두려운 듯 조심하게 될 것이다. 날이 다하도록 열심히 노력하여 저녁에 이르고, 저녁에 이르러서도 두려운 듯 조심하여 이로써 험난한 일이 닥쳐도 허물이 없게 한다면, 마음에 두려움을 지녀서 그 중정함을 잃은 사람과는 다르게 될 것이며, 이렇게 되기를 생각한다면 지난날 동요되었던 내 마음이 도리어 동요되지 않게 될 것이다.

대저 '척惕'이라는 글자는 '심心'자와 '역易'자를 합친 것이다. 마음〔心〕은 항상 보통 때에는 아무렇게나 지니게 되는데, 그런 마음이 반드시 바르게 바뀌게〔易〕 되는 것은, 경계하고 조심하고 공경하고 두려워할 일을 만나서인 것이다.

경계하고 삼가고 공경하고 두려워함은 어떻게 하는 것인가. 만약 학문이 닦여지지 않음과 덕이 향상되지 않음을 두려워한다면, 이로써 학문을 닦음이 반드시 광범해지고 덕을 진전시킴이 반드시 높은 경지에 이르게 될 것이고, 덕이 높은 경지에 이르면 원대해지고 학문이 광범한 경지에 이르면 장구하게 될 것이다. 두려운 듯 조심하는 척약에서 시작하여 지극한 경지를 알게 되어 장구하고 원대함에 이르고, 종당에는 허물이 없게 되며, 종당에는 허물이 없게 될 것임을 알아서 태연하게 이에 머물러있는 경지에 이른다면, 이런 경지를 천하를 평안히 하고 국가를 잘 다스리는 일에 적용해도 또한 어려움이 없게 될 것이다.

건괘乾卦의 구삼효는 이중으로 강剛함을 나타낸 것이어서, 지니고 있는 어진 덕이 이미 드러나서, 사람들이 그에게로 몰리는 상이므로 〈이렇게 되면 악인들의 질시와 모함을 받기가 쉬우므로〉, 이곳에 처하기가 평안하지 않은 것이다. 그러므로 나아가고 물러남과 움직이고 정지함을 반드시 그 도에 맞게 하면서, 날마다 두려운 듯 조심하고 힘쓰고(척약하고) "남을 위해 일을 하면서 충심을 다하지 않았는가, 남과 사귀면서 신의를 다하지 않았는가."를 살펴보아야 할 것이다. 충심과 신의는 덕을 향상시키는 기초이니, 충심과 신의가 마음을 주재하게 하여, 한 가지 생각도 진실하지 않음이 없게 하는 것이 학업을 닦는 기초인 것이다.

이처럼 애초부터 두려운 듯 조심하지 않음이 없는 사람은 좋은 끝맺음이 있게 되나니, 시작을 잘 해서 끝맺음까지 잘함이 있는 사람이라야 오직 군자라 할 수 있다. 나는 척약재에 대하여 이렇게 호설을 지어주나니, 김군은 그에 맞게 노력하도록 하시라!

≪淡庵逸集≫ 권2

9) 훤정기萱庭記 훤萱의 뜻대로 천하가 망우忘憂하게 하라

이색李穡

해설 | 본 기記는 염정수廉廷秀가 과거에 급제한 후에 자호를 훤정萱庭으로 짓고 기를 부탁하자 이에 응하여 지어준 것이다. 호에 쓰인 '훤萱'자가 근심을 잊는다는 망우忘憂의 뜻을 지녔으니, 천지의 이치와 통치의 근원을 탐구하고 이에 맞추어 행동하여, 부모도 근심을 잊게 하고 군주도 근심을 잊게 하기에 힘쓰라고 면려한 것이다.

≪시경≫에 이르기를, "어찌하면 훤초萱草를 얻어서 집 뒤에 심을 수 있을까.〔焉得萱草 言樹之背〕"[1] 하였는데, 이를 풀이하는 사람이 말하기를, "훤초는 근심을 잊게 하는 풀〔忘憂草〕이다." 하였고, 자전에도 '훤萱'자를 풀이하기를 역시 "망우초이다." 하였다. 원추리(훤諼과 '훤萱'은 똑같이 원추리를 뜻함)에 '잊을 망忘'자의 뜻을 붙여 말한 것은 그 근심을 잊는다는 것이고, '훤萱'자의 구성에 '선宣'자가 들어 있는데(艹와 宣이 합쳐져 '훤萱'자가 이루어졌다.) 선宣자의 뜻은 '답답함을 푼다'는 것이다.

마음속에 막힌 것이 있을 때에 이를 풀게 되면 가슴이 트이게 되고, 마음속에 근심이 있을 때에 이를 잊을 수 있으면 즐겁게 된다.

---

1) 어찌하면……있을까. : 이 말은 ≪시경≫ 〈위풍衛風·백혜伯兮〉편의 말장末章을 인용한 것이다.

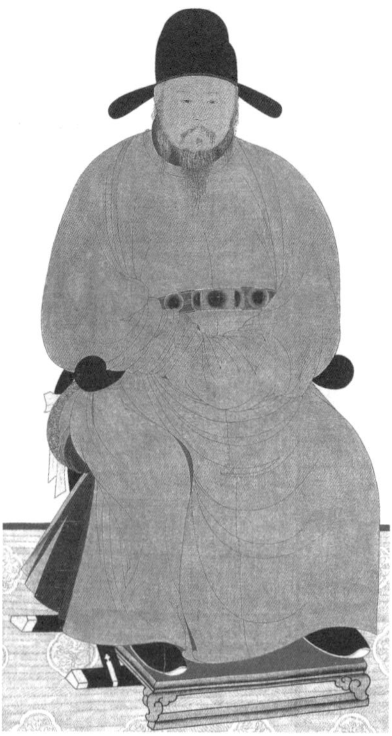

이색李穡

즐겁게 되면 부모에게 순종하게 되어 부모 또한 즐거워지고, 트이게 되면 천지의 운행도 형통하게 되어 천지가 이로써 평온해지게 된다. 천지가 평온해지고 부모가 즐거워지는 세상은 요순이 태평하게 다스리던 시대라 해도 이에는 미칠 수 없다. 그런 이치가 존재하는 곳을 추구해보면 상象으로 드러나고 그 상이 존재하는 곳을 찾아보면 훤萱이라는 글자에 드러나니, 훤萱(원추리)이 하나의 물건으로는 하찮은 것이고 훤萱자가 하나의 글자로는 지엽적인 것이지만, 그 속에 천리天理와 인정人情이 밝게 드러나므로 정치의 본질 및 국가 기풍과 이 글자의 관계를 내가 일찍이 읽고 완상해 본 일이 있고, 뜻을 같이하는 사람들과 함께 이에 대해 생각해보고 토론해본지가 오래되었다.

나의 문생[2)]인 염정수廉廷秀는 자가 민망民望인데, 나를 찾아와 말하기를,

"저의 백형伯兄은 거처하는 지명으로 호를 정하여 국파菊坡라 하

2) 문생 : 제자 또는 그가 주관한 과거에 합격한 사람을 이른다.

고, 중형仲兄도 거처하는 지명으로 호를 정하여 동정東亭이라 하였습니다. 저도 못난 몸으로 요행히 과거에 급제하여, 세 아들이 모두 과거에 급제했기 때문에 관례에 의하여 어머니에게 국가에서 양식을 하사했습니다.

저희 형제 세 사람은 기氣를 같이 품부 받고 마음을 같이 하고 있어서, 무릇 거처하고 행동하는 것을 서로 관찰하고 서로 면려하며 지선으로 돌아가 그에 머물고자 하고 있는데, 삼가 자신의 역량도 헤아리지 않고 장차 훤정萱庭이라는 호로 제가 머물 곳을 삼고자 하고 있습니다. 그러니 바라옵건대 선생님께서 그 의의에 대하여 간략하게나마 기술해주시기 바랍니다."

하였다. 내가 이런 청을 들었기 때문에 ≪시경≫을 인용하여 그 '훤萱'자의 뜻을 간략하게 풀이해 주었던 것이다. 이에 다시 이렇게 알려주었다.

"천지는 기氣로 이루어져 있다. 사람과 만물이 그 기를 받아 태어나서 무리가 나누어지고 동류끼리 모이게 되어, 습한 곳으로 나아가기도 하고 건조한 곳으로 나아가기도 하여, 외면을 보면 서로 어지럽게 뒤엉켜 있는듯하지만 그 내면을 살펴보면 실로 질서정연하여 찬연하게 윤리가 있으며 일찍이 문란해진 일이 없었다.

사군자가 젊어서 독서를 하면서 사물의 이치를 궁구하게 되면 천하의 사리를 밝게 깨닫는 경지에 이르게 된다. 그렇게 된 후 장년이 되어 군왕을 섬기며 백성을 다스리면 천하의 일과 이치가 평온한 데로 귀착됨이 광대하게 이루어질 것이니, 내가 지니고 있는 기에 어찌 누累가 될 일이 있겠는가. 평안하고 즐거울 것이니 내 마음을 어찌 상하게 할 수 있겠는가. 느긋하게 이치를 따르고 얽힌 일이 시원하게 얼음이 녹듯이 풀릴 것이니, 어찌 그 사이에 터럭 하나만큼이라도 어긋나는 일이 있겠는가.

민망은 나이는 매우 젊지만 학식은 매우 풍부한데다 또한 이 시대의 뛰어난 문사들과 교유하고 있으니, 습감習坎의 대상大象이 드러난 것이다.[3] 이로써 뜻이 독실하여 자신을 다잡지 못하는 지경으로 들어가지 않고, 행하기에 노력하되 공허함으로 내닫지 않으면서, 반성해서 그 마음이 방탕으로 흐름을 구하고, 근심하는 바도 없고 답답해하는 바도 없이 오직 이로써 천지를 섬기고 부모를 섬기며, 이런 마음을 군주를 섬기는 데로 옮겨서, 곧바로 가화嘉禾와 주초朱草[4]가 밭과 들에 두루 퍼지게 하고자 하였으니, 그 마음가짐이 원대하다 할 수 있다.

수장首章에서, '이 분이시여, 이 분이시여! 나라의 뛰어난 인물이도다!〔伯兮伯兮 邦之桀兮〕'[5] 라고 말하지 않았던가? 나라의 뛰어난 인물이란 남다른 재능과 덕을 가진 사람이 아니고, 부모에게 순종하고 천지의 이치에 통달해서 몸소 요순의 다스림을 아는 사람

---

3) 습감習坎의……것이다 : 《주역》 〈감괘〉의 괘사에 "감괘가 겹쳐진 것은 정도에 대한 확신이 있어서 오직 마음이 성일誠一하여 형통하게 된 상이니, 행하는 일이 있으면 가상하게 된다.〔習坎有孚 維心亨 行有尙〕" 하여 굳은 의지로 바른 일을 하고 있으니 형통하게 될 것임을 말한 것이다.

4) 가화嘉禾와 주초朱草 : 가화는 옛사람들이 길조로 여기던 특이한 형태의 벼이고, 주초는 상서로운 풀로 여겼던 붉은 색을 띤 풀이다.

5) 수장首章에서……이시도다! : 이 말은《시경》 〈위풍·백혜〉편의 수장인 '伯兮屹兮 邦之桀兮'라 한 말을 인용하면서, '흘혜屹兮'를 '백혜伯兮'로 오기한 것으로, 시의 편명을 말하지 않고 '수장首章에서'라 한 것은 이미 모두冒頭에서 이 시의 수장을 인용했기 때문이며, 시의 전체 내용은 남편이 임금의 선구자로 큰 공훈을 세웠음을 말한 것이다.

일 뿐이니, 민망民望이여, 이렇게 되도록 노력하시라!"

≪牧隱藁≫ 文藁 권2

10) 양촌기陽村記 양陽의 도道가 널리 이루어지도록 하라

이색李穡

해설 | 본 기記는, 권근權近이 명名에 근近자를 썼으므로, 성인의 도를 닦는 일을 근近에서 시작하여 원遠에 이르겠다는 뜻으로 자를 가원可遠이라 짓고, 선善과 군자를 상징하면서 아울러 성인의 도를 발현하는 기가 양기陽氣이므로 호에는 양陽자를 넣어 자호를 양촌陽村이라 지은 후에, 호설을 청하자 이에 응하여 지어 준 것이다. 즉 양陽의 도를 원대하게 이루고 천자를 도와 천하를 대일통하는 위업을 이루려면 반드시 자신의 내면을 천도의 성誠에 맞게 하는 데서부터 출발해야 함을 밝히면서, 성에 힘쓰기를 면려한 것이다.

양촌은 나의 제자 영가永嘉(안동安東) 권근權近이 스스로 지은 호이다. 권근이 말하기를,

"제가 선생님의 문하에 있을 때에 나이는 가장 어렸고 학문도 가장 뒤떨어졌었습니다. 그러나 존경해서 그에 미치려 하는 것은 가까운 데〔近〕서 시작하여 먼 데〔遠〕에 이르는 것이므로, 자를 가원可遠이라 지었습니다."

하였다.

천하에 근近에서 시작하여 원遠의 경지에 이르는 것으로, 이를 내면에서 찾는다면 성誠에 있다 할 수 있고, 외면에서 찾는다면 양陽

에 있다 할 수 있다. 성은 오직 군자가 된 연후에야 이를 실천할 수 있는 것이지만, 양이라는 것은 어리석은 남자나 어리석은 여인도 모두 알 수 있는 것으로, 봄이 되면 따뜻해지고 여름이 되면 매우 무더워지며 가을에는 건조해지고 겨울이 되었다가 다시 따뜻한 봄으로 돌아와서, 한 해 계절의 운행 순서가 이로써 완성되고, 백성의 생활도 이에 맞추어 이루어진다.

내 제자 권근은 성인聖人이 인재를 도야하는 것도 또한 이와 같다고 여기고 있다. 성인이 창제한 시서와 예악의 가르침도 모두 이 천시天時에 순응하는 것이어서, 공자께서 일찍이 제자들에게 말씀하시기를, "내가 숨기는 것이 있다고 생각하느냐? 나는 너희들에게 숨기는 것이 없다."[1] 하셨는데, 공자께서는 천지와 같고 일월과 같아서, 광대하심이 포괄하지 않는 것이 없고, 일월을 대신해 밝히심이 비춰주지 않는 것이 없어서, 그 사이에 있는 만물 가운데 형형색색으로 생명력을 발현하며 이에서 제외되는 것이 없다. 그러므로, "솔개는 하늘에서 날고 물고기는 연못에서 뛴다." 한 것은, 그 작용을 위에서도 아래에서도 두루 살필 수 있음을 말한 것이니, 이를 어디에 숨길 수 있겠는가. 비록 그 음험하고 간사한 무리라 해도 또한 모두가 그 속셈을 숨길 수가 없고, 공자께서 모르는 바가 없고 교화시키지 못하는 것이 없어서, 환하게 이를 밝히고 넓게 이를 확대시킨 것이다.

기수沂水에서 목욕하고 바람 쐬고 시를 읊조리며 노닐겠다는 무

1) 공자께서……없다 : 이 말은 ≪논어≫ 〈술이〉편에 수록된 공자의 말씀을 인용한 것으로, 숨김은 음에 속하고 모두 드러냈음은 양에 속하는 것으로, 공자께서 양에 맞게 처신했음을 밝힌 것이다.

리들도[2)] 이로써 봄날의 온화한 양기陽氣가 운행됨을 알기에 족하여, 요순 같은 성인의 기상과 다를 바가 없으니, 그렇다면 그 때맞추어 내린 비가 만물을 길러서 무성하게 번창하도록 해 주는 것에 대해서야 다시 무슨 말을 덧붙일 것이 있겠는가.

아아! 공자께서 천지처럼 되시고 일월처럼 되셔서, 따르던 제자 삼천과 빠르게 공자의 도에 접근한 칠십 제자들이 모두 양도陽道를 밝고 환하게 드러내었는데도, 후세에는 이를 보고 이 원리를 알게 된 사람이 매우 적었다. 증자曾子와 자사子思가 다행히 이를 글로 밝혀놓아서 오늘날까지 전해지게 되었고, 염락濂洛의 학설[3)]이 전파되어 행해진 연후에 학자들이 그 글을 읽게 되자, 마치 공자님의 정신세계에서 노니는 듯하고, 마치 일월 같은 공자님을 뵙는듯하게 되었다. 이는 진한秦漢 이래로 음陰에 가리어지고 막혀서, 물속에 잠긴 듯이 깜깜해져서 거의 땅 귀신이나 물귀신이 사는 곳처럼 되었다가, 마치 맑은 바람이 일어나 이런 못된 것들을 자취도 남기지 않고 쓸어내듯이 하게 된 것이니, 얼마나 상쾌하게 된 것인가.

10월은 양기가 없는 달인데 그런데도 10월을 양월陽月이라 부르는 것에는 성인의 뜻이 들어있는 것이니, "나무 꼭대기에 달려 있는 과실은 따 먹어서는 안 된다.〔碩果不食〕" 한 가르침을 통하여 성

2) 기수沂水에서……무리들도 : ≪논어≫ 〈선진〉편에 공자의 물음에 증점이 대답하기를, "늦은 봄 봄옷으로 갈아입고, 관자 5·6인과 동자 6·7인과 함께 기수에서 목욕하고 무우의 나무그늘에서 바람을 쐬고서 시를 읊으며 돌아오고 싶습니다." 한 말을 인용하여, 증점의 이런 생각을 살펴보면, 봄날 온화한 양기가 운행함을 알기에 충분하다고 한 것이다.

3) 염락濂洛의 학설 : 염계濂溪에 있던 주돈이, 낙양洛陽에 있던 정호와 정이, 관중關中에 있던 장재, 민중閩中에 있던 주희의 학설 즉 염락관민지학濂洛關閩之學을 요약해 표현한 것으로, 송의 성리학을 말한 것이다.

인이 양陽을 받들어 일으키려 하심이 지극하였음을 살필 수 있게 된다. ≪춘추春秋≫는 성인의 뜻이 실려 있는 글이고, 기린麒麟은 양을 상징하는 동물인데도, 무지한 사람에게 잡히게 되자, 성인께서 매우 마음이 아프셔서 그 때문에 ≪춘추≫를 지으시면서 '춘왕정월春王正月'이라 쓰셨는데, 이를 풀이하는 사람이 말하기를 '천하의 문물제도를 하나로 통일함〔大一統〕'이라 하였다.

아아! 선비가 이 시대에 태어나 살아가면서 임용되는 때를 만나지 못했으면 그만이지만, 임용되는 때를 만났다면, 천자를 보필해 대일통을 이루어, 온 천하에 양춘이 펼쳐지게 해야 한다. 나 같은 사람은 이미 늙었으니 다시 무엇을 바라겠는가. 그러나 가원은 스스로 호를 양촌이라 한 연유를 생각하면서 더욱 이에 힘써야 할 것이다. 힘쓰기를 마땅히 어떻게 해야 할까. 반드시 성誠에서부터 출발해야 할 것이다.

기미년 봄 3월 계유일에 기記를 짓다.

≪牧隱藁≫ 文藁 권3

11) 양촌부陽村賦* 양촌을 노래하다

정도전鄭道傳

해설 | 본 부賦는 권근權近(자 가원可遠)이 자호를 양촌陽村이라 지은 데 대하여, 호에 쓰인 '양陽'자의 의의를 설명하면서, 모든 선의 근원이 양기이니, 이 양기를 잘 기르고 보존하기 위하여 부단히 노력할 것을 축원한 사언고시체로 지은 운문이다.

아, 아름답도다! 양陽의 기氣여!	於穆惟陽
반드시 맨 먼저 발현됨이 있도다.	有開必先
드높음이 하늘같지 않음이 없고,	莫高匪天
종횡으로 드러남이 모두 이에 걸려 있도다.	象緯斯懸
땅처럼 깊지 않음이 없고,	莫深匪地
물속처럼 깊이 잠겨있지 않음이 없도다.	潛于重淵
만물이 이 양기에 무리지어 모여 있기를,	萬物林林
어디를 가나 그렇지 않음이 없도다.	無適不然
양기가 발현하는 시기는 봄과 여름인데,	時焉春夏
그 계절에는 생생지의生生之意가 성盛하게 발현되도다.	生意發榮
사람 가운데는 오직 군자만이 이 기를 지녀서,	人惟君子

* "고찰해보건대 권근이 고려말에 사건에 연루되어 충주로 유배된 일이 있는데, 그곳 양촌에 머물면서 그 거처하는 곳을 그대로 호로 삼았고, 이색이 지은 〈양촌기陽村記〉도 또한 이 〈양촌부陽村賦〉에서 밝힌 의의를 취하여 지은 것이다.〔按權近麗季 坐事流于忠州 居陽村因爲號 李穡陽村記 亦取此賦之義〕"라 되어 있다.

마음을 꿋꿋하고 밝게 잡고 있도다. 秉心剛明
하나의 생각이 은미하게 작동하여, 一念之微
측은지심이 그에서 싹트게 되면, 惻然其萌
드넓은 온 천하의, 四海之廣
백성들이 모두 화락하고 기뻐하도다. 熙熙者氓
지극히 미세한 곳까지 스며들어, 細入毫芒
형체 있는 모든 것을 포괄하고, 包乎有形
빈틈없는 곳까지 스며들어 섞여서, 混兮無間
무궁하도록 열어주도다. 闢兮無窮
앞을 보아도 그 시작을 알 수 없고, 前無其始
뒤를 보아도 그 끝남이 없는데, 後無其終
이의 주재자가 누구인가, 孰主張是
바로 도가 그 주재자로다. 道爲之宗
그 오묘한 이치를 터득한 자가 누구인가, 孰得其妙
양촌 권공이로다. 陽村權公
각기 다른 만물을 널리 관찰하여, 博觀萬殊
하나의 中으로 축약함에 이르렀으며, 約至一中
조심조심 이를 잘 지키고자, 謹而守之
내 몸을 깨끗이 하고 경계하도다. 齋戒吾身
이렇게 하여 양기가 머지않아 회복되면, 不遠而復
그 새싹이 끊임없이 이어질 것이고, 其端綿綿
이를 확충하여 끊임없이 퍼지게 하면, 擴而充之
물의 근원과 불의 근원 등 오행이 정상적으로 운행되리라. 泉達火燃

온 천하의 양기가 어느 날 갑자기,	一日天下
사람으로 말미암아 이루어 진 것이 아니니,	而不由人
이를 체화하려면 어떻게 해야 할까,	體之如何
오직 중단없이 부지런히 노력해야 할 뿐이로다.	惟乾乾兮

≪三峯集≫ 권1

12) 규헌기葵軒記 규헌葵軒이여, 지智와 충忠으로 왕국을 빛나게 하라

이색李穡

해설 | 본 기記는 권주權鑄가 자호를 규헌葵軒으로 짓고 기를 청하자 지어준 것이다. '해바라기 규葵'가 지혜와 충성을 상징하는 식물임을 강조하면서, 조상들의 호까지 그 의의를 밝히고, 선비들 사이에서 명성을 드러내고 왕국을 빛나게 하기에 힘쓸 것을 면려한 것이다.

영가永嘉(안동)사람 권희안權希顔(권주權鑄이다. 희안은 그의 자이다.)은 내가 이끼고 존경하는 사람이다. 인품이 맑으면서도 다른 사람보다 뛰어남을 드러내려 하지 않고, 남과 잘 어울리면서도 부화뇌동하지는 않는데, 조정에서 벼슬한 지 오래 되었으나 그 뜻을 펼칠 기회를 얻지 못하고 있다. 이에 해바라기가 태양을 향한다는 '규화향일葵花向日'이라는 말에서 따서 그 당호를 규헌이라 짓고 나에게 기를 지어달라고 청하기에, 내가 의리상 거절할 수 없어서 이를 허락하고, 전에 들은 바를 더듬어서 아래와 같이 말해주었다.

대저 이치는 형체가 없다가, 그 이치가 사물에 붙게 되면 사물의 형상으로 드러나게 된다. 이러하기 때문에 용도龍圖(하도河圖)와 귀서龜書(낙서洛書)로 드러난 것을 성인이 사물의 이치의 근본으로 삼았고, 시초蓍草를 통해 나타난 것이 음양과 기수奇數, 우수耦數의 변화를 지극하게 드러내게 되자(이것이 ≪주역≫이 된 것이다), 이것이 영원토록 만물을 생성하게 하고 일을 이루게 하는 원리가 되었으니, 비록 보잘 것 없는 물건이라 해도 어찌 이를 하찮게 여길 수 있겠는가. 근세에 행해지는 관매지학觀梅之學[1] 같은 것도 또한 이런 이치에 근거하면서 한 사물에 대한 지식을 다른 사물에까지 넓혀나간 것이니, 어찌 이런 일을 멈출 수 있겠는가.

이러하기 때문에 희안의 증조부이신 문정공文正公(권부權溥)께서는 도덕과 문장이 여러 사대부들의 본보기가 되셨던 분으로, 거처하시는 곳의 당호를 국재菊齋라 하셨고, 조부이신 창화공昌和公(권준權準)께서는 공명과 부귀가 여러 군君들 가운데 으뜸이셨는데(길창부원군으로 봉해졌으므로 군이라 칭한 것이다.), 거처하시는 곳의 당호를 송재松齋라 하셨으며, 엄친(권렴權廉)께서는 만호의 인수를 허리에 차시고(원 황제로부터 선무장군 합포진변만호부만호로 임명되었음을 말한 것이다.) 왕실의 외척이라는 권세를 누리시며(딸이 충숙왕비가 되었다.) 숭교리 연지 가에 누樓를 세우고 운금루雲錦樓라 편액을 달아서 어버이를 즐겁게 해 드리고 그 즐거움이 종족에까지 미치게 하였으며, 익재益齋 문충공文忠公(이제현李齊賢)께서 그 기(〈운금루기〉)를 지으셨으니, 아아, 조상 대대로 성대하였도다!

이제 희안이 당호를 지으면서 '해바라기 규葵'자를 취한 것은 집안의 법도를 따른 것이다. 해바라기라는 식물은 ≪춘추≫에도 기록되어 전해지고 있고, 속수涑水선생(송 사마광司馬光)도 이를 취하여 시로 드러내었으니, 해바라기의 본성을 중대하게 받든 것이다. 물과

---

1) 관매지학觀梅之學 : 송나라 소옹이 창안한 점법으로, 어느 글자를 택하고 그 총획을 가감하여 ≪주역≫의 괘와 효로 삼아 길흉을 판단하는 점법이다. 이를 매화수라고도 한다.

육지에서 생장하는 초목의 꽃이 매우 많은데, 오직 해바라기만이 스스로 자신을 지킬 수 있으니(해바라기가 태양을 잎으로 가려 그 뿌리를 보호할 수 있음을 말한 것으로, 이를 위족衛足이라 한다.) 이는 지혜가 있음이요, 태양을 향하는 능력이 있으니 이는 충성을 상징하는 것이어서, 군자가 이를 취하게 되는데, 이렇게 하는 것이 어찌 부질없는 일이겠는가.

서리와 이슬을 맞아야 국화는 노랗게 꽃을 피우고, 얼음과 서리가 성盛하게 내려야 소나무의 변함없이 푸르름이 드러나며, 바람과 비가 흩어져야 연꽃의 향기가 더욱 멀리까지 맑게 퍼지고, 햇볕이 비치면 해바라기의 꽃이 기필코 태양을 향해 기울어지는데, 이는 보통의 초목과 현격하게 다른 것이니, 그 누구인들 사랑하고 공경하지 않을 수 있겠는가. 국화는 은일을 상징하고, 소나무는 절의를 상징하며, 연꽃은 군자를 상징하고, 해바라기는 지혜와 충성을 상징하는데, 어찌하여 한 집안에 이런 상징들이 모두 모여 있게 되었는가.(증조부의 호 국재菊齋, 조부의 호 송재松齋, 부친이 연지蓮池가에 세운 운금루雲錦樓, 희안의 호 규헌葵軒 속에, 은일, 절의, 군자, 지혜, 충성이 모두 들어있음을 말한 것이다.)

조부와 그분의 아들과 손자가 서로 계승하여 세상에 혁혁하게 드날리면서, 취取해서 자호로 드러낸 것이 이와 같아서, 권씨 집안이 보통의 일반적인 초목들처럼 함께 썩어서 없어지는 일이 없을 것임이 또한 분명하니, 선비들 사이에서 빛을 드리우고 왕국을 빛나게 할 것임을 기다릴 만하다. 청컨대 이에 목표를 두도록 하라!

정사년 섣달에 기記를 짓다. ≪牧隱藁≫ 文藁 권3

13) 도은재기陶隱齋記　도은陶隱이여, 도야陶冶한 학덕으로 태평성세를 이끌 그릇이 되라

이색李穡

해설｜본 호설은 이숭인李崇仁이 호를 도은재陶隱齋로 지은 데 대하여 그 의의를 설명해주고 격려한 것이다. 호에 쓰인 '은隱'자의 의의를 풀이하면서 역대로 중국에서 은둔했던 사람들의 사례와 아울러 고려에서 그 시대에 호에 '은'자를 넣은 사람들을 들고, 또한 '도陶'자의 의의를 풀이하면서 도기를 굽다가 발탁되어 천하를 다스리는 군주가 되었던 순임금과, 세상이 아무리 바뀌어도 하늘에 제사지낼 때에 제물을 담는 그릇은 변함없이 도기陶器임을 강조하면서, 더욱 학덕을 닦기에 힘써서 태평한 시대에 군주를 보필할 훌륭한 그릇이 되라고 면려한 것이다.

옛날 조정에서 은둔했던 사람으로는 ≪시경≫에 나오는 영관伶官[1]과 한漢나라 때의 골계滑稽[2]들을 들 수 있고, 시장에서 은둔했던 사람으로는 연燕나라에서 개잡는 백정들 속에 숨었던 사람과[3]

---

1) ≪시경≫에……영관伶官 : ≪시경≫ 〈진풍秦風 · 거린車隣〉편에, "군자를 만나지 못하여 환관의 심부름꾼 노릇을 할 뿐이네.〔未見君子 寺人之伶〕" 라고 한 것을 인용하여 궁중의 심부름꾼으로 자신의 몸을 숨겨 은둔했음을 말한 것이다.

2) 한漢나라 때의 골계滑稽 : 한나라 사마천이 편한 ≪사기≫ 〈열전 · 골계전〉에 수록된 순우곤淳于髡 · 우맹優孟 · 동방삭東方朔 등을 말한 것으로, 이들이 모두 언변에 능하면서 은둔했던 인물들이다.

3) 시장에서……사람과 : ≪사기≫ 〈자객刺客 · 형가전荊軻傳〉에 "형가가 연나

촉蜀땅에서 점쟁이노릇 했던 사람[4)]을 들 수 있다. 진晉나라 때에 술꾼들 속에 몸을 숨겼던 사람들이 죽림칠현竹林七賢이고, 송宋나라 말년에 어촌에 은둔했던 사람이 초계苕溪(유일지劉一止, 호가 초계임)이다. 그 밖에 '은隱'자를 자신의 명으로 삼은 사람으로는 당나라의 이은李隱과 나은羅隱이 있다.

우리나라에는 학문을 닦고 고상하게 사는 사람이 많아서 예부터 선비가 많다고 일컬어져 왔고, 높은 풍도와 뛰어난 재능을 드러낸 인물들이 대대로 적지 않았으되, '은'자를 넣어 자호를 지은 사람이 드물었으니, 세상에 나와 벼슬하는 것이 그들의 뜻이어서, 이 때문에 은자隱者라 일컫는 것을 부끄럽게 여겼던 것인가. 은거가 일상적으로 행해지고 있어서, 이 때문에 굳이 은자임을 스스로 드러낼 필요가 없었던 것인가. 어찌 그다지도 이처럼 은자라는 칭호를 들을 수 없었던 것인가.

근세에 계림鷄林 최졸옹崔拙翁(최해崔瀣, 호가 졸옹임)이 자호를 농은農隱이라 했고, 성산星山 이시중李侍中(이인복李仁復, 검교시중檢校侍中 역임)이 자호를 초은樵隱이라 하였으며, 담양潭陽 전정당田政堂(전록생田祿生, 정당문학 역임)이 자호를 야은野隱이라 했고, 나는 가축을 기르는 무리 속에 은둔하겠다는 뜻으로 목은牧隱이라는 호를 쓰고 있다.

이제 또 '은'자를 자호에 넣은 사람으로 시중侍中(이인복)의 조카인 자안子安(이숭인李崇仁, 자가 자안임)님을 얻게 되었으니, 아마도 도

라에 이르러 개 잡는 백정들 및 축筑을 잘 타는 고점리高漸離와 사귀면서, 그들 속에 묻혀 살았다." 한 말을 인용한 것이다.

4) 촉蜀땅에서……사람 : 한나라 때에 엄군평嚴君平이 촉땅 성도成都에 은거하며 점쟁이노릇을 했던 것을 말한다.

이숭인李崇仁

기를 굽는 옹기쟁이들 속에 은둔하려는 뜻으로 도은陶隱이라 한 듯하다. 도기를 굽는 사람이었던 순이 요임금에게 알려져 발탁되었고, 주나라가 흥기하려 할 때에 도기 굽던 곳을 근거지로 삼았던 일은 서책에 기록되어 있어서 지금도 알 수 있다.

자안 님은 나이 열여섯에 시부詩賦로 임인년 과시에 급제하였는데, 문장을 짓는 솜씨가 노련하였으나, 아직 나이가 어렸으므로 동렬들이 그다지 높이 받들지 않았었다. 그러나 얼마 아니 되어 학문과 문장이 날로 진보하였으되, 연마하기를 조금도 멈추지 않으니, 깊은 물처럼 심오해졌고, 별처럼 광채가 나게 되었으며, 주공과 공자의 뜻과 학문을 겹겹이 드러내고 거듭거듭 발현하였다. 이에 전에 노성했다고 자부하던 사람들도 모두 모여 자안 님을 따르면서 배운 바를 질정해주기를 청하게 되었다.

자안 님은 문체가 주나라 말기(전국시대)처럼 폐단이 생긴 것을 알고, 더욱 옛날로 거슬러 올라가 고대의 질박한 문풍을 회복하고자 하면서,[5)] 크게 한숨을 쉬며 탄식하기를,

"공자께서 '주나라가 2대(하夏와 은殷)를 거울로 삼아서 그 문文이 빛났도다.' 하셨는데, 대저 누가 그 처음에 이와 같게 될 줄을 알았겠는가. 상고시대의 질박한 기풍은 시대가 너무 멀어서 따를 수가 없으나, 지금의 제도 가운데 옛날의 질박함을 숭상하기에 매우 근접한 것으로는 오직 옹기그릇 굽는 일만이 그러할 뿐이다. 초가지붕과 흙 계단으로 지었던 건물이 드높은 누대樓臺와 옥으로 장식하는 방으로 변하였고, 토기 술잔이나 손으로 움켜마시던 것이 변하여 옥으로 만든 잔과 상아로 만든 젓가락을 쓰게 되었지만, 도기를 쓰는 일이 바뀌었다는 말은 들어본 적이 없고, 비록 바뀌었다 해도 그 질박함을 유지하고 있는 것으로는 바로 동작대銅雀臺의 기와를 이런 사례로 들 수 있다."

하였다.

온 우주에서 가장 큰 것이 하늘이고, 가장 존귀한 존재가 황제이다. 황제가 되었다면 하늘을 섬기는 일이 세상에서 가장 중대한 일이다. 하늘을 받드는 일에 천하의 만물이 모두 갖추어져 있어서 그 성대함이 지극하지만, 그 제물을 담는 그릇은 오직 도기만이 쓰일 뿐인데, 이런 예법을 제정한 사람이 어찌 헛되이 이렇게 제정했겠는가. 반드시 본받아야 할 것이 있어서였으니, 이는 또한 질박함을 숭상할 뿐이었던 것이니, 질박을 숭상하는 도는 천하의 큰 근본이 되는 것이로다! ≪예기≫에 있는 "곡례曲禮 삼천과 경례經禮 삼백이

5) 더욱……하면서 : 본문에 '소이구기도泝而求其陶 복도혈지지復陶穴之地'라 하였는데, 이는 주왕실의 먼 조상인 고공단보가 옹기 굽는 가마처럼 땅굴을 파고 소박하게 살았던 시대로 되돌아간다는 뜻으로, 문장이 도를 함축하지 못하고 아름답게 수식하는 데 치우친 폐단을 바로잡아, 옛 문장처럼 질박하면서도 도가 함유되도록 하겠다는 것이다.

아름답고 성대하도다" 한 말이 바로 이 질박을 숭상함을 근거로 삼은 것이로다!

자안 님은 인仁을 숭상한다는 뜻으로 그 이름을 숭인崇仁으로 지었으니 그가 행하는 한 가지 일도 인에 어긋남이 없을 것이고, 자를 자안으로 지은 것은 그 인에 거함을 안택安宅으로 삼는다는 뜻을 드러낸 것인데, 또다시 그 거처하는 건물 이름에 '도陶'자를 넣었으니 그가 예禮의 근본으로 돌아갈 것임이 틀림없다. 그러나 이렇게 하는 것은 현달하는 것이지 은둔하는 것이 아니다. ≪주역≫에 이르기를 "천지의 운행이 어긋나니 현인이 은둔한다." 하였는데, 지금은 현명한 군주와 충량한 신하가 서로 만나 "예. 예. 아니요. 아니요" 하면서 옳은 일은 옳다 하고 그른 일은 그르다고 주장하여 천하가 태평해졌고, 그 감화로 고기도 냇물에서 마음껏 헤엄치고 새들도 하늘에서 마음껏 날게 되었다. 그 감화가 작록을 두루 내려주고 소금을 판매한 이익을 백성에게 나누어줌에까지 이르니, 이를 만족스럽게 여겨, 산림에 숨어있던 인재들도 모두 세상에 나와 벼슬을 하고 있다. 그리고 나는 늙었으므로 가축을 기르는 무리 속에 은둔함〔牧隱〕이 오히려 가하지만, 자안 님은 우뚝하게 일어나 용맹하게 나아가야 할 때인데, '은'자를 넣어 자신의 호로 삼음이 가하겠는가.

나와 자안 님은 함께 남양공南陽公(백분화白賁華, 호가 남양임)의 문인이었고, 성균관에서 동료로 지내며 서로 가까이 사귄지가 또한 오래 되어서, 그 때문에 호에 대하여 묻기에 이렇게 대답해주는 것이니, 자안 님은 더욱 이에 힘쓰도록 하시라! ≪牧隱藁≫ 文藁 권4

14) 박자허 정재기朴子虛 貞齋記 정재貞齋여, ≪주역≫에서 밝힌 정貞의 뜻에 충실하라

이색李穡

해설 | 본 호설은 이색李穡이 자신의 제자인 박의중朴宜中(자 자허子虛)이 자호를 정재貞齋라 짓고 기記를 청하자, 이에 응하여 '정貞'자의 의의를 설명하며 면려한 것이다. 모두冒頭에 자신이 원나라의 유명한 학자 우문공량宇文公諒에게 ≪주역≫을 배웠고, 주역에 일관하는 원리가 바로 '정'임을 밝힌 후에, 이 정의 원리가 오경과 사서에 관류하고 있으며, 그 핵심이 성誠과 신信인데, 자허가 이 '정'을 간직하고 있으니, 앞으로 위대한 인물로 사서史書에 입전되어 명성이 영원히 전해질 것이라고 찬양한 것이다.

나는 관례를 치른 이듬해에 태학(원나라의 태학)에 입학하였다. 그동안 집안에서 ≪주역≫을 배우고자 하였으나 가르쳐주는 스승을 얻지 못했었는데, 때마침 내 선친과 동년급제하신 우문자정宇文子貞(우문공량宇文公諒, 자가 자정이다. 원나라 사람으로 원사元史에 입전된 인물임) 선생께서 학관으로 오셨다. 나는 즉시 찾아뵙고 앞으로 나아가 자청하기를,

"저 이색은 고려 이가정李稼亭(이곡李穀)의 불초자입니다. 선생님의 제자가 되어 역을 배우고 싶습니다."

하니, 선생께서 말씀하시기를,

"중보中甫(이곡의 자)는 역에 밝았던 분이고, 내가 존경했던 분이다. 네가 아직 나이가 어렸으므로 너의 부친께서 아직 가르쳐주지 않았던 것이다. 동년의 아들은 내 아들과 같으니, 내가 너에게 가르쳐주지 않으리라고 근심하지 않아도 된다."

하셨다. 며칠 있다가 ≪주역≫에 대한 나의 견해를 바로잡아주기를 청하니, 선생께서

"그만하면 가르칠 수 있겠다. 그러나 ≪주역≫은 어린 사람이 배워서는 안 되는 것이니, 내가 너에게 우선 구두를 떼어 읽는 것까지만 가르쳐주겠다."

하셨다. 그 후 약간의 시일이 지나서 내가 지은 〈역의易義〉[1] 한 편을 바치니, 선생께서 기뻐하시며,

"≪주역≫의 뜻과 이치에는 거의 접근한듯하나 어휘의 구사에 그 차서를 잃었구나."

하시고 이어서 붓을 잡고 글을 써서 바로잡아주시는데, 마치 구름이 날고 물이 흐르듯이 조금도 산만함이 없으셨다. 내가 두 손을 맞잡고 책상 앞에 서서 기뻐하는 낯빛을 드러내니, 선생께서,

"문장은 이미 이루어지지 않았느냐? 그러나 이는 ≪주역≫의 겉껍데기에 지나지 않는다. 네가 수년 후에는 마땅히 그 정미한 부분을 스스로 터득하게 될 것이다."

하셨다. 그 후 요행히 과거에 급제하고 벼슬자리에 종사하면서

1) 역의易義 : 주역의 원리를 탐구하는 학문을 상수학과 의리학으로 크게 나누는데, 이색은 주역을 의리 위주로 탐구하고 상수 위주로 탐구하는 것을 반대하였으므로, 이 〈역의〉도 주역을 의리 위주로 탐구하여 자신의 견해를 밝힌 것인 듯하나, 현재 전해오지 않아서 자세한 면모는 알 수가 없다.

직무의 처리에 바빠서 앞서 공부했던 것이 모두 허사가 되었는데, 더구나 학문을 새로이 터득하기 위하여 세월을 보낼 수 있었겠는가. 이렇게 되어 드디어 ≪주역≫을 배우지 않은 사람과 조금도 다를 것이 없게 되었으니 안타까운 일이다!

임인년 과거에 장원급제한 박자허朴子虛(박의중朴宜中, 자가 자허임)가 그가 거처하는 곳의 당호를 정재貞齋라 하였으니, 아마도 ≪주역≫에서 그 뜻을 취한 듯하다. 어느 날 나에게 이르기를,

"선생께서 일찍이 역易의 이치를 배우셨으니, 저에게 '정貞'자의 의의를 풀이해주시면 행운으로 여기겠습니다."

하였다. 이에 내가 이렇게 대답해주었다.

"건괘乾卦와 곤괘坤卦는 역의 관문과 같으므로, 건괘와 곤괘에 달통하지 못하고 막혀버리면 역을 알 수 없게 되고, ≪주역周易≫의 육십사괘는 모두 그 정貞(성신誠信 정성精誠)을 드러낸 것이니, 이를 다 말한다면 너무 길어질 것이다. 또한 건괘와 곤괘를 근거로 하여 말한다면, 건괘에서의 정貞은 원대한 것이고, 곤괘에 이르러서는 '빈마牝馬의 정貞'이 되는데[2] 지극히 존귀한 것은 둘이 있을 수 없다는 것이다. ≪시경≫의 〈주남周南〉과 〈소남召南〉은 천하의 교화가 후비后妃의 '정貞'에 달려 있음을 밝힌 것이므로, 이 때문에 건과 곤의 중괘와 짝지어 놓은 것이다. ≪예기≫에서 첫 번째 으뜸가는 사람(태자)을 원량元良이라 한 것은 만국의 '정貞'을 드러낸 것이다. 이 때

2) 곤괘에……되는데 : 곤괘 괘사에, '빈마지정牝馬之貞'이라 하였는데, 이는 곤괘는 유순함을 상징하는 괘이고, 빈마는 유순하면서도 자신이 행할 일을 꿋꿋하게 행할 수 있으므로, 그 상을 취하여 빈마지정이라 한 것이다.

문에 건과 곤이 서로 화통하여 태평해지는 것[3]은 건과 곤 두 괘가 '정'을 드러내기에 족함을 가르쳐주는 것이다. 더구나 〈우서虞書〉·〈하서夏書〉·〈상서商書〉·〈주서周書〉(모두 ≪서경≫의 편명임)가 모두 이 '정'을 기록한 것이므로, 그 가르치고 교화함이 천지의 진실한 관점 즉 '정관貞觀'과 같은 것이다. ≪논어≫·≪대학≫·≪중용≫·≪맹자≫의 학문은 이 '정'을 전하는 것이기 때문에 그 도학이 마치 일월이 정명貞明한 것과 같아진 것이니, '정'의 쓰임이 진실로 크다 하겠다.

자허子虛 님은 명석하고 민첩한 자품資稟과 독실한 학문의 경지가, 움직였다 하면 모두 '정'과 하나가 된다. 그러므로 그가 지닌 확고한 신조와 행실을 흔들 수 없음이, 마치 송백이 절개를 지키는 마음을 가지고 네 계절 일관되게 가지와 잎을 바꾸지 않고 비와 이슬에 적셔져도 그 번성함을 더하지 않으며 바람과 서리가 꺾고 무너뜨리려 해도 시들게 할 수 없는 것과 같다. 이러하기 때문에 화려한 관복으로 문채 있게 해준다 해도 자허는 이를 즐기지 않고, 부월斧鉞의 형구를 갖춰놓고 위협한다 해도 자허는 두려워하지 않는다. 그러므로 선비의 무리들과 교유할 때도 화합을 도모하기는 하되 구차하게 부화뇌동하지는 않고, 청렴하기는 하되 구차하게 남보다 뛰어남을 과시하려 하지는 않으며, 늠름하게 남이 함부로 범할 수 없는 기상을 지녔으므로, 사람들이 진실로 '정'한 사람이라고 지목하고 있다.

---

3) 건과……것 : 이 말은 위의 삼효가 곤, 아래의 삼효가 건으로 이루어진 태괘泰卦의 의의를 해설한 것으로, 천지가 조화를 이루고 운행하여 태화泰和를 이룬 것을 말한 것이다.

나는 《주역》을 배우기는 했지만 끝까지 마치지는 못했으므로 '정'하고자 해도 '정'할 수가 없는 사람이다. 그래서 자허님에 대하여 깊이 기대하는 것이니, 자허님이 그 '정'을 잘 보존할 수 있게 되면, 내가 그 혜택을 많이 입게 될 것이다. 그러하니 후일에 천하의 문집을 편찬하게 된 사람이 자허의 전에, "이 남자는 '정'한 사람이었고, 그의 '정'함을 알아보고 면려한 사람이 한산인韓山人 이색이었다." 라고 써놓게 된다면 어찌 나의 행운이 아니겠는가."

하니,

"선생님, 과찬이십니다. 이제 그만 하십시오. 이 말씀으로 제 서재 정재貞齋의 기記로 삼기에 충분합니다."

하였다. 이에 그 제목을 〈박자허정재기朴子虛貞齋記〉라 한 것이다. 어떤 사람이 묻기를,

"선생께서 이 기記를 쓰면서 《주역》을 위주로 기술하였고, 《서경》·《시경》·《예기》를 인용하여 뜻을 통창하게 하면서, 유독 오경 가운데 다른 하나인 《춘추》에는 이르지 않은 것이 무엇 때문입니까?"

하기에, 내가 대답하기를,

"내가 이곳에 서술한 뜻이 모두 《춘추》에 있는 것인데, 읽는 사람이 이를 살피지 않았을 뿐이다. 우로와 풍상이 바로 천시天時의 《춘추》요, 화려한 곤포袞袍와 부월斧鉞은 왕법王法의 《춘추》이다. 《춘추》는 천시를 받들고 왕법을 밝힌 것으로 한결같이 '정'을 드러낸 것일 뿐이니, 내가 한 말 모두가 《춘추》의 핵심이 아니고 무엇이겠는가."

하였다. 이에 이 호설에 이를 아울러 기록해 놓는다.

정사년 중동(11월) 하한에 쓰다.

≪牧隱藁≫ 文藁 권4

15) 포은재기圃隱齋記　포圃에 은隱함에 그치지 말고 경세제국에 힘쓰라

이색李穡

해설 | 본 기記는 정몽주鄭夢周가 자호自號를 포은재圃隱齋로 짓고, 그 의의를 설명하는 기記를 청하자, 이에 응하여 지어준 것이다. 각종 경전에 '포圃'자와 '은隱'자가 쓰여진 사례를 들어 설명하고, 채소 밭을 뜻하는 '포'자를 넣어 포은圃隱이라 한 것은, 진실로 채소를 기르며 은둔圃隱)하려는 것이 아니고, 목은牧隱(이색 자신) 및 도은陶隱(이숭인李崇仁) 등 '은'자 호를 지닌 사람들과 어울려 지내며 경세제국에 힘쓰려 하는 것이라고 풀이해준 것이다.

내가 ≪논어≫를 읽다가, 번지樊遲가 채소 기르는 법 배우기〔學圃〕를 청하자 공자께서 말씀하시기를, '내가 오래도록 채소를 기른 노포老圃만큼 알지 못한다.'[1] 하신 데 이르러, 나는 번지가 성인을 따라 배운 지 오래 되었는데도 인의예악에 대하여 묻지 않고 이런 질문을 하기에 급급했던 것은 과연 무슨 생각을 했기 때문인가 하고 의심했다. 성인의 뜻이 일찍이 천하에 대한 관심을 놓은 때가 없었는데, 번지는 앎이 이에 미치지 못했던 것인가?

성인께서 비록 스스로 말씀하시기를, "내가 젊었을 때 미천했으

1) 번지樊遲가……못한다 : ≪논어≫ 〈자로子路〉에, "번지가 농사일을 배울 것을 청하자, 공자께서, '나는 늙은 농부만 못하다.' 하셨고, 채소 가꾸는(圃하는) 일을 배울 것을 청하자, '나는 늙은 원예사만 못하다.' 하셨고, 번지가 나가자 공자께서, '소인이로다, 번수여!'〔樊遲請學稼 子曰 吾不如老農 請學爲圃 曰 吾不如老圃 樊遲出 子曰 小人哉 樊須也〕" 하신 말을 인용한 것이다.

므로 여러 가지 천한 일에 능숙하게 되었다." 하셨지만, 그러나 그 분께서 하셨던 천한 일들인 위리委吏(창고의 출납을 담당한 관리)와 승전乘田(가축 사육을 담당한 관리)은 모두 관직에 속했던 일이다. 그 관직을 맡았으면 그 직책을 극진하게 처리해야 하는데, 그 직책을 극진하게 처리하는 것은 유독 성인만이 그렇게 하는 것이 아니라 무릇 군자가 된 사람이라면 모두 이를 본보기로 삼아 따라야 하는 것이다.

장저長沮와 걸익桀溺이 함께 밭을 갈 때에 질문에 대한 답변이 공손하지 않자, 공자께서 꾸짖으시기를, "〈사람은 사람들 속에서 살아야지〉 새나 짐승과 무리지어 살 수는 없다." 하셨으니,[2] 성인의 뜻이 천하의 사람들을 제도함에 있었음이 지극했다고 이를 만하다.

공자께서 노후에도 때를 만나지 못하여 시·서·예·악의 자구를 수정하고 편수하여 교훈을 만세에 전하셨으니, 농업과 원예〔圃〕에 대해서도 전할 수 있었을 것 같은데도, 그러나 오히려 들어본 일이 없다 하셨으니, 그렇다면 번지의 질문이 다만 자신의 상스러

---

2) 장저長沮와……하셨으니 : ≪논어≫ 〈미자微子〉에, "장저와 걸익이 함께 밭을 갈고 있었는데, 공자께서 지나가실 적에 자로를 시켜 나루가 어디 있는지 묻게 하셨다. 장저가 말하기를 '저 수레 고삐를 잡고 있는 사람이 누구인가?' 자로가 대답하기를, '공구라 하는 분입니다.' 하니, '이분이 노나라 공구인가?' '그렇습니다.' 하니, '이 사람이 나루를 알 것이다.'……자로가 돌아와 아뢰니, 부자께서 무연히 계시다가 말씀하시기를, '조수와는 함께 무리지어 살 수 없으니, 내가 이 사람의 무리와 함께하지 않고 누구와 함께 하겠는가. 천하에 도가 행해지고 있다면 내가 변역시키는 일에 관여하지 않을 것이다.'〔長沮桀溺耦而耕 孔子過之 使子路問津焉 長沮曰 夫執輿者爲誰 子路曰 爲孔丘 曰 是魯孔丘與 曰 是也 曰 是知津矣……子路行以告 夫子憮然曰 鳥獸不可與同群 吾非斯人之徒與 而誰與 天下有道 丘不與易也〕" 한 말을 인용한 것이다.

움만 드러낸 것일 뿐이 아니고 또한 성인의 뜻을 알기에 부족했음이 분명하다.

비록 그러하기는 하나 성인은 희천希天(천도와 일치하기를 희구함)을 자신의 임무로 자처하면서, 천하에 뜻있는 일을 할 수 없는 때는 없다고 생각해서, 그 때문에 공산公山이 불렀을 때도 곧바로 배척하지 않으셨고,[3] 양화陽貨가 보낸 예물도 곧바로 거절하지는 않으셨던 것이니,[4] 오랜 세월이 지난 후에도 그 마음을 쓰신 고충을 오히려 상상해 볼 수 있으며, 번지의 질문을 상스럽게 여기신 것이 당연하다 하겠다.

번지가 도달한 경지에 이르러서는 그 자처함이 틀림없이 안자顔子(안회)가 이르렀던 경지에 도달하기를 감히 바라지 못 했을 것인데, 안자는 오히려 빈천한 사람들이 사는 곳에 살면서도 벼슬하기를 추구하는 학문은 배우지 않았으니, 채소 기르는 일〔圃〕을 배웠다 한들 무어 잘못될 것이 있었겠는가.

중유仲由(자 자로子路)와 염구冉求(자 자유子有)도 공자께 꾸지람을 받아서, 북을 치면서 비난하려 하신 데까지 이르렀는데, 번지는 공자

---

3) 공산公山이……않으셨고 : ≪논어≫ 〈양화陽貨〉에, “공산불요公山弗擾가 비읍을 가지고 군주를 배반한 후에 초청하자 공자께서 가려고 하셨다. 자로가 기뻐하지 않으며 말하기를, ‘가실 곳이 없다 해도 하필이면 공산씨에게 가시려 하십니까?’ 하니, 공자께서 말씀하시기를, “나를 부르는 것이 어찌 할 일이 없어서겠느냐? 나를 써주는 사람이 있으면 나는 그곳을 동쪽의 주나라로 만들 것이다.〔公山弗擾以費畔 召 子欲往 子路不說曰 末之也已 何必公山氏之之也 子曰 大召我者 而豈徒哉 如有用我者 吾其爲東周乎〕”라 한 말을 압축하여 인용한 것이다.

4) 양화陽貨가……것이니 : ≪논어≫ 〈양화〉에 “양화가 공자를 만나고자 하였으나 공자께서 만나주지 않자 양화가 공자께 삶은 돼지를 선물로 보냈는데……〔陽貨欲見孔子 孔子不見 歸孔子豚 云云〕”라 한 말을 인용한 것이다.

께서 노여움을 안색에 드러내심을 직접 목도하고 마음속으로 스스로 말하기를,

'중유와 염구는 우리 동학들 가운데 뛰어난 사람인데도 오히려 이와 같은 일을 당했는데, 하물며 나 같은 사람이야 더 말할 것이 있겠는가. 벼슬하지 않는다면 은둔해야 하고, 은둔하지 않으려면 벼슬해야 하는데, 은퇴하여 내가 몸을 마칠 곳을 찾는다면 채소밭〔圃〕보다 더 좋은 곳이 없다.'

하면서, 이에 채소 기르는 방법을 설명해 주시기를 질문한 것이니, 마음속에 진심이 쌓여서 밖으로 드러난 것이라 할 수 있다. 그가 스승께 예를 표하며 자신의 못남을 한탄하고 고개를 숙이고 머뭇거리다가 마지못하여 질문을 했던 모습을 이로써 상상해 볼 수 있다.

≪시경≫에, "위의를 갖춘 많은 인재들이여! 문왕께서 이들을 통해서 나라를 안정시켰도다." 하였으니,[5] 주나라의 다스림에 미칠 수 없음이 이러하기 때문이다. 성인의 문하에 가르침을 재빠르게 이해한 우수한 제자가 70명이었고, 따르며 배운 사람이 3천 명이나 되었는데도, 채소 기르는 일을 배우고 싶다는 질문이 그 사이에서 나왔으니, 어찌 더욱 슬퍼하지 않을 수 있겠는가.

오천烏川(연일)사람 정달가鄭達可(정몽주鄭夢周, 자가 달가임)가 ≪시경≫ 〈녹명鹿鳴〉편을 노래하니 고향 사람들이 주는 예물이 크게 이르렀고,[6] 과거 시험에 장원으로 급제하여 문단의 영광을 독차

---

5) ≪시경≫에……하였으니 : 이 말은 ≪시경≫ 〈대아大雅·문왕文王〉편을 인용한 것이다.

6) 〈녹명鹿鳴〉편을……이르렀고 : 〈녹명〉편은 ≪시경≫ 〈소아小雅〉의 편명인

정몽주鄭夢周

지하였다. 유학의 도통을 이어받아 염락濂洛의 연원을 계승하였고, 성균관의 여러 학생들을 시서詩書의 동산으로 인도하였으며, 더욱이 ≪시경≫을 잘 가르치는 것으로 사람들의 칭송을 받고 있다. 폐백을 받들고 금릉(당시 명나라 수도, 현 남경南京)에 사신으로 간 일이 있고, 배를 타고 일본에 사신으로 간 일이 있는데, 사신으로써 응대를 잘 하는 재능을 발휘한 것은 암송하던 시[7]의 취지를 저버리지 않은 것이라고 이를 수 있다.

일찍이 말하기를,

"버들가지를 꺾어 채소밭의 울타리를 만드니, 낮과 밤의 경계를 정하여 천도의 떳떳함(변화가 없이 항상 일정함)에 통하였고,[8] 10월이 되어 채소밭을 탈곡하는 마당으로 만든 것은 한서寒暑의 운행을 근거로 하여 백성들이 하는 일에 차서가 있음을 알린 것이다. 아래

데, 후대에 향시에 급제한 사람을 축하할 때 이 시를 노래했으므로, 향시에 급제하여 고장 사람들의 축하를 받았음을 말한 것이다.

7) 암송하던 시 : ≪시경≫ 〈소아·황황자화皇皇者華〉편을 말한 것으로, 사신으로 갈 때에 부르는 노래이다.

8) 낮과……통하였고 : ≪주역≫ 〈계사 상〉에 "천지의 변화를 하나의 틀로 삼아 이 기준을 벗어나지 않으며, 만물을 곡진하게 이루어지게 하여 버리는 것이 없으며, 주야의 도에 통하여 이를 알게 된다.〔範圍天地之化而不過 曲成萬物而不遺 通乎晝夜之道而知〕"라 한 말을 압축하여 인용한 것이다.

로 백성의 일을 처리하고 위로 천도에 순응한 것은 학문의 지극한 공효와 성인이 일삼아야 할 일을 모두 극진히 하는 것이니, 내 이를 놔두고 어디로 가겠는가."

하면서, 이에 포은圃隱으로 그 재齋의 이름을 정하고, 나에게 이에 대한 기記를 지어 달라 청하였다.

내가 말하기를, "정전법井田法에 이묘반二畝半은 밭으로 정한다." 하였는데, 이 이묘반 면적의 땅이 채소밭으로 삼은 최초의 근거가 된 것이다. 다만 알 수 없는 것은 그 때에도 또한 이 채소밭에 은둔한 사람이 있었는가 없었는가이다. 소부巢父와 허유許由는 은둔해 산 사람들인데, 먹는 일은 하루도 거를 수 없으니, 그들이 농사짓고 채소 기르며 살았을 것임을 알 수 있다.

이제 달가가 채소 기르는 일에 종사하며 은둔하겠다 하면서 조정에서 벼슬하고 있고, 유학의 도를 흥륭興隆시킴을 자신의 임무로 여기고, 당당한 모습으로 학자들의 사표가 되고 있으므로, 그가 진실로 은둔하려 하는 것은 아님이 분명하니, 이는 장차 소를 기르는 곳에 은둔하려는 사람(목은 이색 자신)과 질그릇 굽는 곳에 은둔하려는 사람(도은 이숭인) 등과 서로 어울려 지내려 하는 것이로다.

기미년 2월 경신일에 기記를 짓다.

≪牧隱藁≫ 文藁 권5

16) 어촌기漁村記 어부로 살고자하는 그대의 뜻이 장하고 부럽도다

권근權近

해설 | 본 기記는 동경同庚인 공부孔俯가 자호自號를 어촌漁村으로 짓고 이에 대한 기記를 부탁하자, 이에 응하여 지어준 것이다. 관계에 몸담고 있으나 세욕에서 벗어나 공명과 영달을 부운浮雲처럼 여기며 살고 싶다는 그의 말을 그대로 적어주는 것으로 기記를 짓고, 아울러 자신도 그의 뜻에 비추어 자성한 것이다.

'어촌'은 나의 친구 공백공孔伯共(성명 공부孔俯, 백공은 그의 자임)의 자호이다. 백공은 나와 태어난 해는 같으나 태어난 달이 내 뒤이기 때문에 내가 그를 아우로 대하는데, 풍채와 인품이 관후하고 명랑하여 따를 만하므로 서로 친밀하게 지내는 사이이다.

대과에 급제하고 요직에 올라 갓끈을 드날리며 인끈을 매고서 붓을 귀에 끼고 나라의 옥새를 주관하고 있어서, 사람들이 본시 원대한 뜻을 펼칠 것이라고 기대하고 있지만, 마음을 비우고 강호를 즐기는 아취를 지니고 있으며, 왕왕 흥취가 무르익으면 어부사漁父詞를 노래하는데, 그 소리가 맑고 밝아서 천지에 가득 울려 퍼지는 것이 마치 증삼曾參이 상송商頌을 노래하는 것을 듣는 듯하여, 사람들로 하여금 느긋하게 마치 강호에 있는 듯하게 한다. 그의 마음이 사사로이 외물에 얽매임이 없이 세속 밖으로 초연하게 벗어났기 때문에, 그가 노래를 부르면 이와 같게 되는 것이다.

지난 어느날 나에게 말하기를,

“내 뜻이 어부가 되는 데 있는데, 그대는 어부의 즐거움을 알 것이다. 옛 어부였던 강태공은 성인이니 내가 감히 그와 짝하기를 기필할 수가 없고, 엄자릉嚴子陵은 현인이니 내가 감히 그의 고결함에 이르기를 기대할 수가 없다.

동자童子와 관자冠者를 이끌고 갈매기와 해오라기를 벗삼다가, 때로는 낚싯대를 잡기도 하고, 때로는 작은 배를 타고 흐르는 물을 따라 오르락내리락하며 가는대로 맡겨두고 있다가, 모래톱이 깨끗하면 배를 매어두고 거닐고, 산 경치가 좋으면 그 사이로 흘러가기도 할 것이다.

살찐 물고기로 요리하고 신선한 생선으로 회를 치고 술잔을 들어 주고받다가, 해가 지고 달이 뜨고 바람은 잠잠하고 물결은 고요할 때에 이르게 되면, 뱃전에 기대어 길게 시를 읊고 노를 두드리며 큰 소리로 노래를 부를 것이다.

흰 물결이 드날리고 맑은 달빛이 일렁이게 되면, 드넓은 물위에서 성사星槎를 타고 하늘의 은하수에 오르는 것 같게 될 것이다.

강에 안개가 아득히 멀리까지 펼쳐져 있고 안개비가 부슬부슬 내릴 때에, 도롱이 입고 삿갓 쓰고 그물을 걷어 올리면, 황금빛 비늘에 옥같은 꼬리를 가진 물고기들이 이리저리 펄떡이는 것이 눈을 기쁘게 하고 마음을 즐겁게 하기에 족할 것이다.

밤이 깊어져서 구름이 어둡게 깔리고 하늘이 깜깜해져서 사방을 돌아보아도 아득하기만 할 때에, 고기잡는 등불이 반짝이고, 뱃전에는 떨어지는 빗소리가 성글었다 빨라졌다 하며 울리고, 바람소리가 우수수 하며 차갑고 슬프게 들릴 때에, 배 안에 누워 쉬게 되면, 고요하게 탁 트인 곳에서 노는듯한 마음이 들고, 창오蒼梧에서 사거死去한 순舜임금을 회상하고, 상수湘水에 빠져 죽은 굴원屈原의 넋을 위로하게 됨은, 본래부터 느끼고 있던 감흥이 쌓여서 때때로 먼 옛일을 상상하게 된 것이다.

양쪽 언덕에 꽃이 환하게 피는 봄이 되면 내 몸은 그림 가운데 있게 되고, 장마가 끝나고 가을이 되어 못물이 차가워지면 배가 거울 속을 운행하는 듯하고, 여름날의 태양으로 무더위가 널리 퍼져도 버드나무 늘어진 낚시터엔 시원한 바람이 솔솔 불 것이며, 북쪽 하늘에서 눈발이 날리면 싸늘한 강에서 홀로 낚시질하기에 좋을 것이니, 네 계절이 교대해 바뀌어도 어부의 즐거움은 없는 때가 없게 될 것이다.

저 현달해서 벼슬살이하는 사람은 구차하게 영달을 탐내며 안달하지만, 나는 내가 처한 처지를 편안히 여기며 곤궁하게 어부처럼 지낼 것이다. 저들이 구차하게 영리를 도모할 때에 나는 유유자적함을 즐기고, 영고성쇠를 운명에 맡기고 나가고 물러남을 오직 때에 맞게 할 뿐이다. 부귀를 뜬 구름처럼 보고 공명을 마치 해진 짚신 버리듯이 하며, 이로써 육신의 물욕을 벗어난 세계에서 스스로 자유롭게 노닐 뿐이니, 어찌 시세를 좇으며 명성을 추구하고 벼슬 세계에 빠져 이득을 얻기에 골몰하며 생명조차 가벼이 여기고 이익을 도모하다가 심연에 빠지는 자와 같을 수 있겠는가.

이것이 내가 몸에는 관복을 걸치고 있으나 뜻을 강호에 두고 매양 어부사를 노래함에 의탁하게 된 이유인데, 그대는 이를 어떻게 여기는가?"

하였다. 내가 그의 말을 듣고 이를 즐거워하며 그가 한 말을 그대로 기록한 것으로 〈어촌기漁村記〉를 지어 보내주면서, 또한 나 자신도 이에 대해 살펴보며 반성하게 되었다.

홍무 을축년 가을 칠월 어느 날에 쓰다.

≪陽村先生文集≫ 권11

이교익李敎翼, ≪화첩畫帖≫

17) 독락당기獨樂堂記* 독락獨樂의 경지가 치군택민致君澤民으로 확충되기를 기원하며

권근權近

해설 | 본 기記는 우현보禹玄寶가 자신의 당호를 독락당獨樂堂이라 짓고 기記를 청하자, 이에 응하여 지어준 것이다. 도를 닦아 득도의 경지에 이른 것을 즐거워하는 것이 독락獨樂이고, 이를 중인에게 확산시킨 것이 여민락與民樂인데, 독락이 본本이고 여민락이 말末이므로, 이것이 대립되는 개념이 아님을 공자孔子・안자顏子・맹자孟子・사마광司馬光・범중엄范仲淹・주자周子・정자程子 등이 즐겼던 사례를 들어 밝히면서, 우공禹公이 독락하는 경지가 치군택민致君澤民의 경지로 확충되기를 기원한 것이다.

전에 어떤 사람이 내게 말하기를,

"송나라의 사마군실司馬君實(사마광)과 범희문范希文(범중엄)은 함께 유학儒學으로 재상의 지위에 올랐고, 도덕과 공적 또한 서로 유사하였는데, 범공이 한 말에, '천하 사람들이 근심할 일이 있으면 그들에 앞장서서 근심하고, 천하 사람들이 즐거워할 일이 있으면 그들이 모두 즐긴 맨 나중에 즐기겠다.' 하였으니, 그 뜻의 웅대함과 그 인仁의 드넓음은, 군주를 성인의 경지에 이르게 하고 백성들에게 은택을 입혀서, 온 천하를 구제하기에 합당하였다.

* "독락당獨樂堂은 단양백丹陽伯 우현보禹玄寶 공의 당호이다."라 되어 있다.

대저 성현들이 닦는 도는 홀로 자신만 잘 수양함을 귀하게 여기지 않고, 이를 다른 사람들에게까지 미치게 하고자 한다. 그러므로 뜻을 같이하는 벗이 찾아오면 즐겁다고 한 분이 공자이고,[1] 백성들과 함께 즐긴다고 한 분이 맹자이며,[2] 사마공과 범공 두 분은 공자와 맹자의 이런 뜻을 배운 것이므로, 범공의 뜻이 이와 같이 컸던 것인데, 사마공이 드디어 그의 동산을 홀로 즐기겠다는 '독락獨樂'으로 당호를 지었던 것은 어인 까닭이었는가?"

하였다. 이에 내가 대답하기를,

"군자의 즐거움에는 본과 말이 있는데, 자신의 마음에서 얻은 것이 본이 되고, 이를 외물에까지 미치도록 드러낸 것은 말에 해당한다. 자신의 마음에서 얻은 즐거움을 근거로 하여 이를 확산시켜 외물에까지 미치게 되면, 천지 사이에 있는 만물이 나와 일체가 되어 한 가지도 나의 즐거움 가운데 있지 않은 것이 없게 된다. 그리고 사람은 동류이므로 그 즐거움이 당연히 다른 외물에게보다 먼저 미치게 된다. 그러므로 도에 뜻을 같이하는 벗이 원방遠方에서 찾아옴이 즐거움이 되고, 영재를 얻어 교육할 수 있음이 즐거움이 된다[3] 한 것은, 각기 즐거움을 얻게 된 한 때를 드러낸 것이고, 이에 〈낙지樂只〉라는 시[4]가 지어지게 된 것이니, 후세에 이르도록 즐겁

---

1) 뜻을……공자이고 : 이 말은 ≪논어≫ 〈학이學而〉편에서, "子曰……有朋自遠方來 不亦樂乎"라 한 말을 인용한 것이다.

2) 백성들과……맹자이며 : 이 말은 ≪맹자≫ 〈양혜왕梁惠王 하〉편에서, '여민동락與民同樂'할 것을 권고했던 것을 인용한 것이다.

3) 영재를……된다 : ≪맹자≫에서는 이를 '군자의 삼락三樂' 가운데 하나로 꼽았다.

4) 〈낙지樂只〉라는 시 : ≪시경≫ 〈소아小雅・남산유대南山有臺〉편에 훌륭한 군자를 찬양하여, "즐겁도다, 군자님이시여!〔樂只君子〕" 라 한 말을 인용

게 하고 이룹게 한 은택이 먼 후대까지 미친 것이다.

그 즐거움이 외물에까지 미치기에 이르면 크게는 새와 짐승과 물고기와 자라까지 모두가 융화되고, 작게는 정원의 풀까지 사랑하여 깎지 않게 되나니, 이런 경지는 외물과 내가 크게 조화를 이루는 경지에 하나로 포괄되어서 각기 그 제자리를 얻게 된 것이니, 그 즐거워할 수 있게 됨이 어떠하겠는가.

그러나 외물에까지 미치게 하는 것은 극진하게 하기가 어려우므로, 내 심중에 얻은 즐거움을 외물에까지 확충하지 못함을 내가 근심하게 되는 것이다. 그 즐거움을 널리 베풀어서 백성들을 구제하는 일은 요순 같은 성인도 오히려 잘하지 못할까 근심했으니, 더구나 그만 못한 사람이야 더 말할 것이 있겠는가.

마음으로 터득한 근본〔本〕에 해당하는 즐거움은 외물의 영향을 받아 변하는 것이 아니어서 항상 호연浩然하게 제대로 있으므로, 안으로 반성해보아도 병이 될 것이 없고, 땅을 굽어보나 하늘을 우러러보나 부끄러울 것이 없게 되나니, 이런 경지에 이른 것이 바로 독락이다.

범공의 말은 자신의 마음에 얻은 즐거움이 외물에 끝까지 미침을 말한 것이고, 사마공이 독락이라 한 것은 오로지 그 즐거움을 자득한 경지만을 밝힌 것인데, 자득한 즐거움을 갖지 못한 사람은 외물에 끝까지 미치게 할 수가 없는 것이므로, 두 공이 한 말이 서로 상대가 밝히지 않은 부분을 보완해준 것이다.

비록 그러하기는 하나 즐거움을 자득함에는 또한 사람에 따라 깊고 얕은 차이가 있어서, 공자님의 뛰어난 제자들로 성인에게 직

한 것이다.

접 훈도를 받은 사람들 가운데도 그들이 도달한 경지가 또한 각기 다르게 된 것이다.

거마車馬와 의구衣裘가 모두 낡아서 해져도 개의치 않았던 자로子路의 뜻이 원대했다고 이를 수 있지만, 그러나 증점曾點이 '동자童子 관자冠者들과 함께 시를 읊고 돌아오겠다' 한 흉중에 지녔던 느긋한 즐거움[5]과 비교해보면 우열의 차이가 있음을 알게 되는데, 이는 모두 즐거움이 외물에 미치는 경우를 기준으로 살펴본 것일 뿐이다.

안자顔子(안회)가 한 도시락 밥과 한 표주박 물을 마시며 누추한 빈민촌에 살면서도 그 즐거움이 바뀌지 않은 것[6]은, 곧 '나물 먹고 물마시고 팔을 베고 누워 지내도 즐거움이 또한 그 가운데 있다.'[7] 하신 공자님의 즐거움의 경지와 근접하게 된 것이다. 이런 경지가 곧 마음속에 자득해서 독락할 수 있게 된 경지이다.

그 후 천년이 지나서 염계濂溪(주돈이)선생께서 일찍이 이런 경지에 이른 즐거움을 아시고, 배우는 자들로 하여금 공자와 안자가 즐

---

5) 증점曾點이……즐거움 : ≪논어≫ 〈선진先進〉편에, "공자께서 제자들에게 각자의 포부를 말해보라 하시자, 증점이 '늦은봄 봄옷으로 갈아입고 관자 오륙인 동자 육칠인과 함께 기수에서 목욕하고 무우에서 바람 쐬고서 시를 읊으며 돌아오고 싶습니다.〔莫春者 春服旣成 冠者五六人 童子六七人 浴乎沂 風乎舞雩 詠而歸〕" 한 말을, 증점이 즐거워하고자 했던 것으로 본 것이다.

6) 안자顔子(안회)가……것 : ≪논어≫ 〈옹야雍也〉편에, "공자께서 말씀하셨다. 어질도다, 안회여 ! 한 대그릇의 밥과 한 표주박의 물을 마시며 빈민촌에 살게 되면, 다른 사람은 그 근심을 견뎌내지 못하는데, 안회는 그 즐거워함이 바뀌지 않으니, 어질도다, 안회여 !〔子曰 賢哉回也 一簞食一瓢飮 在陋巷 人不堪其憂 回也不改其樂 賢哉回也〕"라 한 말을 압축하여 인용한 것이다.

7) 나물……있다 : ≪논어≫ 〈술이述而〉편에 있는 공자의 말씀을 인용한 것이다.

거워했던 것이 무엇이었는가를 탐구해 보도록 하였고, 두 정程선생(정호程顥와 정이程頤)이 여기에서 얻은 것이 있게 되었다. 대저 염계 선생께서는 흉중이 비 갠 뒤의 맑은 바람과 빛나는 달 즉 광풍제월光風霽月처럼 쇄락함이 오직 이와 같은 경지에 이른 이후에야 공자와 안자가 즐거워했던 경지에 이를 수 있었던 것이니, 바로 이런 경지가 즐거움의 근본에 이른 것이 아니겠는가?"

하니, 내게 말을 걸었던 사람이

"예, 그렇군요, 예, 그렇군요."

하고 물러갔다.

그런 일이 있은 후에 어느 날 내가 단양군丹陽君 우상공禹相公(우현보禹玄寶)을 뵈었는데, 그 때는 재상에서 물러나 한가히 지내신지 몇 년이 된 때였으며, '독락'으로 당호를 지어 거처하는 곳에 편액을 다시고, 내게 명하시기를,

"내가 비록 사마씨를 존경하기는 하지만, 당호를 '독락'이라 한 뜻이 전적으로 사마씨의 독락당에서 따온 것은 아니다. 봄날 아침에 꽃을 보게 되면 꽃을 즐거워할만하기는 하나 그 꽃이 나와 동락하는 것은 아니고, 가을날 비가 갠 맑은 하늘에 뜬 달이 즐거워할만하기는 하나 달이 나와 동락하는 것은 아니다. 구름 어린 산봉우리의 기이함과 눈 내린 겨울날 소나무의 빼어남이 즐거워할만하고 완상할만하기는 하고 기이한 새의 울음소리와 때맞추어 내리는 반가운 빗소리도 즐겁게 들을 만하다. 많은 외물 가운데 내 이목에 닿아서 내 마음을 즐겁게 하게 하는 것을 비록 모두 말할 수는 없지만, 한 물건도 내가 즐거워하는 바를 함께 할 수 없으니, 그렇다

면 '독락'이라 이르지 않을 수 있겠는가.

글은 혼자서 읽으면 될 뿐 반드시 남에게 설명하고 토론할 필요는 없고, 시는 혼자서 읊으면 될 뿐 남과 지어주고 화답하고 할 필요는 없으며, 술은 혼자 마시면 될 뿐 반드시 빈객이 있어야 할 필요는 없다. 자고 싶은 대로 자고, 느지감치 일어나서, 피곤하면 자고, 가끔은 정원을 거닐기도 하고, 가끔은 평상에 눕기도 하며, 오직 마음 내키는 대로 돌아다니는데, 내 그림자만이 나와 함께할 뿐이니, 이런 경지가 내가 한가하게 살면서 독락하는 경지이다.

현재와 과거에 대해 회상해보니 흥망과 득실의 변화가 끊임없는데, 지나간 일이 이미 모두 꿈이고 진실이 아니라면 앞으로 올 것도 그것이 진실일 것이라고 어찌 보장할 수 있겠는가. 무능한 사람으로서 외람되게도 오랫동안 높은 벼슬자리를 더럽히고 있었으되 재앙은 면할 수 있었고, 오랫동안 환난을 겪었으면서도 몸을 온전하게 보전할 수 있었던 것은, 성스럽고 밝으신 군왕께서 다스리는 조정을 만나 태평한 세상에서 늙어갈 수 있게 된 것이니, 이보다 더 큰 행운은 없다. 전대 사람들이 이미 떠난 것을 마음 아파하며, 남아있는 이 목숨이 아직 살아있음을 다행으로 여긴다. 모든 세상 사람들이 사익의 추구에 분주함을 보면서 나 홀로 추구하는 것이 없이 스스로 만족하게 지내니, 이 점이 내가 자신을 되돌아보며 홀로 즐기는〔獨樂〕 것이니, 그대가 나를 위해 기문을 지어 달라."

하셨다. 내가 사양하려 하였으나 허락받지 못하여, 내가 전에 어떤 사람과 대화했던 내용을 진언하고, 이어서 아뢰기를,

"대저 사람이 욕심을 갖게 되면 마음이 번거로워져서 근심이 많

아지고, 욕심을 없애면 천리天理에 저절로 밝아지고 처지에 맞게 태연해져서 즐거워할 수 있게 되는데, 공께서는 일찍이 주자朱子와 정자程子의 학문을 궁구窮究하시고, 공자孔子와 안자顔子가 즐거워했던 경지를 탐구하셨으며, 귀한 지위에 계실 때에는 범희문이 지녔던 뜻에 맞추어 근심하시거나 즐거워하셨고, 사마군실의 덕에 맞추어 나라를 다스리셨으며, 벼슬을 내려놓고 물러나시자 궁곤과 재앙이 극히 참혹하였으되, 공께서는 이에 대처하시기를 평온한 마음으로 하시며 마음의 동요가 없으셨고, 슬픔과 기쁨 및 영예와 치욕 등이 밖으로부터 이르게 되는 것을 마치 추위와 더위 및 낮과 밤이 내 앞에서 서로 교대함과 같게 보시며, 내가 그 사이에서 기뻐하거나 슬퍼할 것이 없다 하시고, 오직 자신만 믿고 스스로 만족해하시며, 이로써 내 흉중의 즐거움을 온전히 보전하고 계십니다.

이 점은 일반 사람들은 알지 못하는 경지로, 군자만이 홀로 얻을 수 있는 독락獨樂의 경지입니다. 또 더구나 공께서는 공적과 명예를 이루고 벼슬에서 물러나셔서, 한가롭게 지내며 평안한 마음으로 양생하시며 여생을 즐기고 계시는 것이, 또한 사마공이 낙양에서 한가롭게 지냈던 날과 다를 것이 없으시니, 그 머무시는 건물에 '독락'이라 당호를 지어 현판을 단 것이 당연하십니다. 아아, 내 마음속의 즐거움이 흉중에 가득차서 하나의 당 위에 편액으로 드러나게 된 것이니, 진실로 이를 드넓은 천지와 수다한 만물에 확충시킬 수 있게 된다면, 천지만물의 넓고 많은 것들이 이 한 당에서 빛나게 어우러지게 될 것입니다."

하였다. ≪陽村先生文集≫ 권13

18) 동두설童頭說 나는 대머리(童頭)로소이다

권근權近

해설 | 본 호설은 머리가 벗겨진 김진양金震陽을 사람들이 동두童頭(대머리)라고 부르자, 본인도 이를 받아들여 자호를 동두로 정한 것을 찬양하며, 사람은 외모를 기준으로 평해서는 안 되고 내면에 갈고 닦은 수양의 정도를 보고 평해야 함을 강조하면서, 권양촌權陽村 자신도 얼굴이 검어서 남들이 별호를 소오자小烏子라 부르자 이를 받아들였음을 밝힌 것이다. 이는 신체적 특징에 따라 사람들이 붙여 부른 별호를 본인이 그대로 받아들여 자호로 삼았던 하나의 사례로 볼 수 있다.

계림鷄林 김자정金子靜(김진양. 자가 자정임)님이 땅을 사서 초가집을 짓고 살면서 자호를 동두童頭(민둥머리 · 대머리)라 지었다. 어떤 사람이 그 이유를 묻자 대답하기를,

"내 얼굴이 번들번들하고 머리카락이 본시 드문데, 내 비록 술을 잘 마시지는 못하지만 만약 술이 생기게 되면 진하건 묽건 맑건 탁하건 따지지 않고 사양하지 않으며, 취하게 되면 갓을 벗어 정수리를 드러내는데, 이를 본 사람들이 모두 나를 대머리〔童頭〕라고 불러서, 그 때문에 내가 이에 맞추어 호로 삼았을 뿐이다. 호라는 것은 나를 부르는 칭호인데, 내가 대머리이니 나를 동두로 부르는 것이 어찌 옳지 않겠는가. 사람들이 내 모습에 맞게 나를 불러주니, 내

가 이를 받아들이는 것이 또한 당연하다.

옛적 공자님께서 정수리가 움푹 들어가고 그 둘레가 높은 두상으로 태어나셨으므로, 그에 맞추어 명과 자를 지으셨고,[1] 그 몸이 곱사등이〔支離〕인 사람은 그를 '지리'라 불렀으며, 그 몸이 구부정한 사람은 그를 '낙타駱駝'라 불렀고, 옛날의 성현 가운데도 그 형상에 맞추어 호를 지은 사람이 또한 많았는데, 나만이 홀로 이를 거절할 수 있겠는가.

또 속말에 '대머리인 사람은 걸식하는 일이 없다.' 하였으니, 이것이 어찌 복을 받을 징조라 아니할 수 있겠는가. 사람이 늙으면 머리가 반드시 벗겨지나니, 이것이 또한 어찌 수壽할 조짐이 아니라 할 수 있겠는가. 나의 가난함이 걸식하는 데까지는 이르지 아니하고, 수명도 또한 고종명考終命(하늘이 부여한 수명을 다 누리고 죽음)을 할 수 있게 된다면, 나의 대머리가 내게 덕을 입힘이 어떠하겠는가.

부귀를 누리면서 장수까지 하기를 누구인들 바라지 않을까만은, 하늘이 만물을 창조할 때에, 날카로운 이빨을 준 것에게는 뿔을 주지 않았고, 날개를 붙여준 것에게는 다리를 둘만 주었으며, 사람에게도 또한 그렇게 해서, 부귀와 장수를 아울러 누린 사람이 드물게 된 것이다. 부귀해졌다가 이를 보전할 수 없게 된 사람을 나는 또한 많이 보았으니, 내 어찌 부귀를 탐하리오. 초가집이 있어 내 몸을 가릴 만하고 거친 음식으로나마 내 배고픔을 채울 만하니, 이와

---

1) 옛적……지으셨고 : 공자님의 부모께서 니구산尼丘山에 기도를 올리고 공자님을 낳으셨는데, 공자님의 두상이 니구산을 닮아서 정수리가 움푹 들어가고 둘레가 높게 태어났다 한다. 이에 명과 자에 니구산의 명에 쓰인 글자를 넣어, 명을 구丘라 짓고 자를 중니仲尼라 지었다는 것이다.

같이 지내면서 내게 하늘이 부여한 수명을 마치려 할 뿐이다. 사람들이 이로써 나를 호칭하고 나도 이로써 자칭하는 것은 내가 대머리임을 즐기는 것이다."

하였다. 내가 이 말을 듣고서,

"매우 유사하도다, 그대의 뜻이 나와 같음이여! 내 낯빛이 검어서 나를 '하찮은 까마귀〔小烏〕'로 지목하는 사람이 있기에, 나도 또한 일찍이 이를 받아들인 일이 있다. 대머리인 것과 얼굴이 검은 것은 외면을 의도적으로 그렇게 꾸민 것이 아닌데, 그러나 또한 외모를 근거로 하여 지목한 것이다. 그 내면에 간직하고 있는 것에 이르러서는 내가 기른 바가 어떠하냐에 달려있을 뿐이다. 얼굴이 만약 불그레하게 윤기가 나고 아름답기는 하되 도리에 어긋난 짓을 하는 자가 있다면, 어찌 외모를 기준으로 그 참되고 거짓됨을 단정할 수 있겠는가.

김진양 님은 웅장하고 해박한 학식에 원대하고 민첩한 재질로 조정에서 벼슬하고 있은 지 여러 해가 되었는데, 대간의 요직을 역임하고 시종으로 한가롭게 지내며 화려한 명성이 크게 퍼져서, 사람들이 모두 원대한 업적을 남길 것이라고 기대하고 있는데, 그 마음이 겸손하여 부귀를 추구함이 없고, 마치 장차 초가집에서 생을 마칠 것처럼 지내고 있다. 이로써 그의 수양의 경지를 알 만하니, 이른바 '내가 그 결점을 찾아낼 수가 없다.' 한 것이 이런 사람을 두고 한 말이 아니겠는가."

하였다.

임자년 추8월 12일에 소오자가 쓰다. ≪陽村先生文集≫ 권21

19) 태재골계록泰齋滑稽錄　온갖 번민 다 버리고 태안泰安하게 지내리라

유방선柳方善

해설 | 본 호설은 유방선이 자호를 태재泰齋라 짓고, 그 이유를 문답체로 기술한 것이다. 즉 고난을 만나도 마음의 동요가 없이 천심을 지키며 태안泰安하고 평안하게 지내겠다는 의지를 자호를 통하여 드러낸 것이고, 제목에 골계록滑稽錄이라 붙인 것은, 문장 내용을 익살스럽게 표현했음을 밝힌 것이다.

태재는 나 유방선이 스스로 지은 나의 호이다. 어떤 사람이 찾아와 나를 위로하며 말하기를,

"이제 그대는 〈사대부가 아닌〉 일반 백성이 되어서, 이름이 평민의 호적 장부에 등재되어 있고, 부지런히 내달리며 정신없이 일을 해도, 배불리 먹을 수도 없고 따뜻하게 입을 수도 없으며, 문을 나서서 만나는 사람들은 모두 그대를 상대해주지 않고 팔을 휘저으며 지나가고, 집안으로 들어가면 자식들이 수염을 잡아당기며 배고프다고 울어대어, 앞으로 나아가려 해도 걸려 넘어지고 뒤로 물러나려 해도 걸려 넘어지듯이 그 불우하고 곤궁함이 그대 보다 더한 사람이 없다. 그런데도 '넉넉하다 · 평안하다' 라는 뜻을 지닌 '태泰'자로 호를 지은 것은 무엇 때문인가?"

하였다. 이에 내가 대답하기를,

"그대가 어찌 내 뜻을 알겠는가. 지난번에 내가 남쪽으로 귀양을

오게 된 처음에는 나를 처형할 부월斧鉞이 뒤따르고 앞길에 생사가 걸려있었지만, 이런 처지를 평안하고 느긋하게 여기며 근심하거나 두려워함이 없었으니, 이것이 바로 태평했음이 아니겠는가. 술이 있으면 맛있게 마시고, 술이 없으면 돈을 주고 사서 마실 만하면 마시고, 얼근하게 취하면 그치고, 시를 지어 풍월을 읊조려서 그 즐거움을 즐기고 지내면서, 일찍이 빈궁함과 영달함에 마음이 얽매이지 않았으니, 이 또한 태평한 사람만이 할 수 있는 것이 아니겠는가. 어찌 소인들처럼 한번 환난을 만나면 근심에 싸여서 노심초사하며 날마다 속을 태우고 번민하다가, 마침내 사망함에 이르러도 아무도 아는 사람이 없게 되는 지경에 이를 수가 있겠는가.

더구나 내가 처한 간난이 극에 달했다는 것은, 이치로 보아 당연히 '태泰'를 회복할 때가 되었다는 뜻이니,[1] 더욱이 어찌 '태泰'자를 넣어 자호를 지어서 스스로 이 시기가 도래하기를 기다리지 않을 수 있겠는가.

살아가면서 생계가 풍족하냐 궁핍하냐와 나를 대하는 사람들의 마음이 나를 미워하느냐 좋아하느냐 하는 것은, 다만 세태의 형세가 드러난 것일 뿐이니, 어찌 족히 이것이 내 심중을 동요시킬 수 있겠는가."

하니, 나를 위로하던 사람이 술항아리와 술잔을 들고 와서 서로 술잔을 주고받으며 취하게 되었다. 이에 다시 그에게 고하기를,

"문왕과 중니는 천하의 대성大聖이었지만 한 분은 유리에 갇혀 지

---

1) 간난이……뜻이니 : 이는 주역의 이치가 간난을 상징하는 음이 극에 달하면 태안泰安을 상징하는 양이 자라기 시작하여 태괘泰卦에 이르게 됨을 말한 것이다.

냈고 한 분은 광땅에서 생명의 위협을 받았으니,[2] 이는 모두 고난을 만난 때였다 할 수 있다. 그러나 그 분들이 지녔던 태괘泰卦의 원리는 그 분들의 마음속에서 일찍이 사라진 일이 없었다. 저 어깨를 치켜세우고 목을 움츠리고 아첨하는 웃음을 지어서, 구차하게 가난과 미천함에서 벗어난 무리들은, 이를 스스로 뜻을 이룬 것이라고 여기고 있지만, 사람들이 이미 그 속마음까지 훤히 꿰뚫어 보고 있으니, 이런 일은 내가 알 바가 아니다."

하니, 위로하는 말을 하던 사람이 대답을 못하고 고개를 떨구고 돌아갔다. 이에 그 내용을 이렇게 붓에 먹을 적셔 기록해 놓는다.

≪泰齋先生文集≫ 권4

2) 문왕과……받았으니 : 주 문왕의 인덕이 크게 알려지자 이를 두려워한 은의 주왕이 문왕을 유리옥羑里獄에 가두고 해치려 하였고, 천하의 성인이신 공자가 천하를 주유할 때에 광匡땅에서 생명의 위협을 받은 일이 있음을 말한 것이다.

20) 불우헌기不憂軒記　현실에 만족하고 근심(憂)하지 않노라

정극인丁克仁

해설 | 본 기記는 정극인이 자호를 불우헌이라 짓고, 그렇게 호를 지은 이유를 설명하면서, 부귀공명을 추구하려는 욕망에서 벗어나 한가함을 누리며 근심하지 않고〔不憂〕 살겠다는 의지를 드러낸 것이다.

헌軒의 이름을 '불우不憂'로 지은 것은 한가하게 살려는 뜻을 드러낸 것이다. 사람이 세상을 살아가는데 한가함이 없으면 근심〔憂〕이 있게 되고, 한가함이 있으면 근심이 없게 된다. 예부터 그러했으니, 요堯는 순舜 같은 인물을 얻지 못하는 것을 자신의 근심으로 삼았고, 순은 우禹나 고요皐陶 같은 인물은 얻지 못하는 것을 자신의 근심으로 삼았으니, 이는 천하를 위하여 인물을 얻고자 근심한 것이다. 공자께서 노魯나라를 떠나시면서, "느리고 느리도다, 나의 떠남이여!" 하셨고, 맹자께서 제齊나라를 떠나실 때에는 사흘을 머무시고서도 더 기다리다가 한낮이 되어서야 떠나셨으니, 이는 도를 행하고 시대의 그릇됨을 구제하고자 근심한 것이다.

옛 태산군泰山郡(태인泰仁)에 한 거사가 살았는데, 그 학문은 경經과 사史를 두루 섭렵했고, 그 목표는 성현을 사우師友로 삼는 것이었다. 거듭 상소하여 이단을 배척했으니, 중용의 본지를 따른 것이다. 생원을 거쳐 대과에 정과丁科로나마 급제하였으니 유자의 기상을 지닌 것이다. 원종이등공신에 책훈되어 자손에게까지 음직에 제수되어 후세에까지 혜택을 입게 되었으니, 군주의 사랑을 받은 것이다. 성균관 주부를 네 차례 지내고 두 차례 종학박사를 지냈으니 문신의 직책을 담당했던 것이다. 총마(어사가 타는 말)를 타고 상대霜臺(어사대御史臺)에 앉아 있었으니, 풍기를 단속하는 위세를 떨쳤던 것이다. 세 차례 양전을 지내고 세 차례 시골에서 자제를 가르치는 교수를 지냈으니, 유림들 속에서 썩어온 선비이다.

세상에 살아감을 뜬구름처럼 여기고 고관대작을 헌 신짝처럼 여기며, 몸속에 재질을 지니고서 기미를 살피고야 일어나고, 즐거운 듯 만족한 듯 이렇게 조석을 지내고, 이렇게 기거한다. 노비가 있어 농사와 길쌈에 종사하니 그 수고로움을 대신해주기에 족하고, 아비는 자애롭고 자식은 효도하여, 그 인륜을 독실히 행하기에 족하다. 벼슬살이의 승진과 좌천에 관심을 두지 않으니, 세도世道가 고양되거나 침체됨을 어찌 알바가 있으리오.

높은 하늘과 낮은 땅 사이에 사는 하나의 한가로운 사람일 뿐이니, 대저 무슨 근심이 있겠는가. 옛 사람이 이르지 않았던가? "고관대작을 지내는 사람은 그 근심이 매우 크다." 라고! "부귀를 누리면서 남을 두려워하기보다는, 빈천하게 지내면서 내 뜻대로 사는 것이 더 낫다."라고!

그러한 사람은 불우헌不憂軒에서 살고 있는 사람을 이르는 것이로다!

≪不憂軒集≫ 권2

21) 불우헌곡不憂軒曲* 불우헌의 노래

정극인丁克仁

해설 | 이 노래는 자신의 당호를 불우헌不憂軒이라 짓고, 불우不憂하며 살겠다는 뜻에 맞추어 자신을 갈고 닦으며, 불원천불우인不怨天不尤人하면서 일생을 청백淸白하게 살아온 과정을, 고려시대의 한림별곡체를 효방하여 노래로 지은 것이다.

산이 네 차례 굽이돌고, 물이 거듭 에워싼 곳에,
일묘一畝 면적의 선비 집, 남향이라 햇살 밝은 곳,
남쪽에 창을 내고, 당호를 불우헌不憂軒이라 지었네.
왼쪽엔 거문고와 책, 오른쪽엔 바둑판을 두고,
마음 내키는 대로 거닐으니, 어떠한가.
즐거워서 근심을 잊고 사는 모습, 어떠한가.
평생토록 뜻을 세운 것, 바로 성현을 사우師友로 삼는 것이니, 어떠한가, 어떠한가.
도를 지키며 실천하는 모습, 어떠한가.
뒤늦게 생원 되고, 늙어서야 대과에 급제,
천명을 알아 이를 즐기며,
두 차례 훈도 되고, 세 차례 교수 되어,

* "하질다何叱多는 방언으로 한자로 번역한다면 하여何如라는 뜻이고, 위偉라 한 것도 하여何如라는 뜻이다. 이는 고려 한림별곡翰林別曲의 음절을 인용한 것이다.〔何叱多 方言譯之則何如也 曰偉曰何如 用高麗翰林別曲音節〕"라 되어 있다.

남들 가르치기를 게을리 하지 않았네.
집에 세 칸의 서당 열어 어린이들 모아놓고,
구두句讀를 자상하게 가르쳤으니, 어떠한가.
정성 다해 깨우쳐주고 착한 데로 유도한, 그 모습 어떠한가.
어찌 즐겁지 않으랴, 책 보따리 짊어지고 찾아오는 서생들이, 어떠한가, 어떠한가.
뜻 맞는 벗들이 멀리서 찾아오는 모습, 어떠한가.
두 차례 상소하여 이단을 배척했고,
중용에 맞추어, 벼슬에 나가기를 예에 맞게 하였고, 의에 맞게 물러나서,
법도에 맞게 몸을 지킴을 중대하게 여겼도다.
사헌부에서 근무하고 홍문관에서도 근무하다가,
나이를 이유로 벼슬에서 물러났으니, 어떠한가.
무거운 짐 벗어버리듯이 물러났으니, 그 모습 어떠한가.
한 사람의 외로운 신하로 임금님 사랑 넘치도록 받았으니, 어떠한가, 어떠한가.
원종공신原從功臣의 훈작을 두 번이나 받았으니, 그 모습 어떠한가.
농사지어 밥 먹고 우물 파서 물마시며, 요순시대 백성처럼 살고,
좋은 계절 완상하며 손님 맞아 대접하고,
형제 및 벗들과 담소하며 지내느라,
다른 일엔 신경 쓸 겨를 없이, 효제충신을 행했으니, 어떠한가.
즐기면서 또한 훌륭한 자태를 지녔으니, 그 모습 어떠한가.
너울너울 껑충껑충 춤추며, 성스러운 군주의 덕을 노래하니, 어

떠한가, 어떠한가.

이렇게 살며 천명을 누리기를 기원했으니, 그 모습 어떠한가.

이윤伊尹 같은 책임감도 유하혜柳下惠 같은 온화함도 나는 없지만,

성스러운 군왕께서 다스리는 시대에,

안회顔回처럼 궁항窮巷에 살며 도를 닦는 즐거움 누리는 것이 원하는 바였도다.

위로 하늘을 원망하지 않고 아래로 남을 탓하지 않아서,

마음이 너그러워지고 몸이 편안해 졌으니, 어떠한가.

두려워하지도 근심하지도 않는 모습 어떠한가.

시기하지 않고 탐욕을 부리지 않으니, 어찌 아름답지 않으랴, 어떠한가, 어떠한가.

옛 성현의 가르침을 본보기로 삼으니, 어떠한가.

임진년 사월 초에, 어찌 그리도 좋은 일이 있어,

임금님이 내리신 글이, 시골의 허술한 대문에 이르러서,

마을 사람들이 광영을 보았는데,

청렴 정직을 스스로 지키고, 소문나고 현달하길 추구하지 않으면서,

어린이들 가르쳤던 일, 어떠한가.

찬양하고 권장하는 은덕을 지나치게 입은, 그 모습 어떠한가.

특별히 삼품관으로 승진시켜, 은혜로운 혜택을 입었으니, 어떠한가, 어떠한가.

성스러운 군주의 은혜 깊고도 무겁게 받은 모습, 어떠한가.

즐겁도다, 이렇게 은거하는 사람인, 불우헌이여!

즐겁도다, 이렇게 은거하는 사람인, 불우헌이여! 어떠한가.

이렇게 즐거운 노래 짓고, 세상의 온갖 번민 풀어 없애는 모습, 어떠한가.

≪不憂軒集≫ 권2

22) 금헌기琴軒記　악樂의 근본은 화和라오

김수온金守溫

해설 | 본 기記는 김뉴金紐(자 자고子固)가 자신의 당호를 금헌琴軒이라 짓고, 김수온에게 거문고 타는 절묘한 솜씨를 보이자, 통치와 수양의 근본이 예禮와 악樂에 있는데, 고대의 성현이 제정한 예는 성盛하게 전해졌으나, 악은 전해진 것이 적음을 개탄하면서, 경敬을 근본으로 하는 예와 화和를 근본으로 하는 악은 서로 본과 말, 체와 용이 되는 것으로, 어느 한쪽도 소홀히 해서는 안 됨을 강조한 것이다.

선왕께서 교화할 일을 정하여 후세에 전해준 것이, 찬연하게 두루 갖추어져 있지만, 이를 모두 포괄하는 큰 법도는 곧 예와 악에서 벗어나지 않는다. 그러나 예에 대해 기록해 놓은 사람으로는 두 대씨戴氏(≪대대례기大戴禮記≫를 지은 대성戴聖과 ≪소대례기小戴禮記≫를 지은 대덕戴德)로부터 그 밖에 무려 수천여 명이 있어서 그 연혁과 도수의 변화에 대하여 거의 더 논할 것이 없을 정도로 완벽하게 갖추어져 있으나, 악에 대하여는 전해오는 기록이 매우 적다. 예와 악은 서로 본과 말이 되고 체와 용이 되는 것으로, 어느 한 쪽도 소홀히 해서는 안 되는데, 어찌해서 후세에 예악에 대해 언급한 사람들이 유독 예에 대해서는 상세히 기록해 놓으면서 악에 대해서는 빠뜨려 놓기를 이와 같이 하였는가.

악은 소리로 표현하는 것일 뿐이어서, 청음淸音·탁음濁音, 고음高音·저음低音으로 드러냄을 이르는 것이다. 이는 그 성정을 기본 바탕으로 삼아서 드러내는 것이다. 청탁고하淸濁高下의 음을 짧거나 길게 드러냄을 어찌 언어나 문자로 형용할 수 있겠는가.

그러므로 성정을 오묘하게 드러내게 되면, 마치 바람이 잡고 우레가 뒤쫓음이 있는 것 같아서, 비록 공자님 제자 중에 문학에 뛰어났던 자유自游나 자하子夏에게 이를 문학으로 표현하게 하고, 문장에 뛰어났던 반고班固나 사마천司馬遷에게 붓을 잡고 기록하게 해도, 또한 이를 그대로 묘사할 수가 없다. 그래서 이를 잘 드러낼 수 있는 음악가가 없어지면 그가 표현했던 성정의 도道도 또한 따라 없어지게 되나니, 옛날의 음악이 지금에 전해지지 않게 된 것이 괴이할 것이 없다.

대저 음악을 소리로 표현함에는 현악기보다 더 좋은 것이 없고, 현악기로 소리를 냄에는 거문고[琴]보다 더 좋은 것이 없으므로, 거문고가 진실로 음악의 기본 악기가 되는 것이다.

나는 다른 재능을 익힘에는 하나도 시간을 낸 일이 없지만, 거문고를 통해 음악을 익힌 것은 몇 해가 되었다. 마침 서울에 왔다가 김군 자고子固(김뉴, 자가 자고임)와 친구로 지내게 되었는데, 김자고님은 거문고에 능한 사람이다. 어느 날 그의 집을 방문하니, 김군이 술을 대접하다가 얼마 후에 빙그레 웃으며 말하기를,

"제가 이제 선생을 간지럽게 해 드릴 하나의 재주를 보여드리겠습니다."

하고는, 이에 은갑(거문고 탈 때에 손가락에 끼우는 깍지)을 끼고 좋

은 거문고를 급히 꺼내어 궁성宮聲으로 튕기며 몇 차례 현을 당기니, 마치 봄 구름이 부드럽게 하늘에 펼쳐지는듯하고, 드넓게 퍼지는 소리가 마치 따사로운 바람이 평야를 스치고 가는듯하다가, 갑자기 곡조가 바뀌어 격렬하게 소리를 높이니, 마치 천둥이 치면서 비바람이 휘몰아쳐서 산악을 뒤흔드는 듯, 사나운 파도가 큰 물결을 일으켜 천지에 솟구쳐 오르는 듯하여, 듣는 사람으로 하여금 놀라 물러서게 하고 머리가 쭈뼛하게 하였다. 그런 후에 맑은 소리를 내며 길게 이어지게 해서, 이로써 한 곡조를 완성하니, 또한 바람이 고요해지고 물결이 잠잠해지며 구름이 걷히고 태양이 빛나는 듯하였다. 그 근심하는 생각이 깊고 먼 듯 함은 순 임금과 문왕 및 공자가 남김 여음 같고, 순박하고 예스럽고 담박한 운치는 요순 삼대로 돌아간 듯하였다.

아아, 거문고 타는 도가 이런 경지에 이르렀도다! 이는 아마도 자고 씨가 본시 황급하게 옛 거문고 타는 기법만을 서둘러 익히려 하지 않고, 마음으로 터득한 것을 절묘한 손놀림이 호응한 것이로다! 슬퍼하되 도度를 넘지 않고 기뻐하되 지나치지 않음에 이른 것은, 또한 내 마음에 지닌 성정의 올바름에 근본을 둔 것이어서, 그 때문에 성음을 악보樂譜에 맞게 드러냄이 이와 같게 된 것이니, 애초에 어찌 그러한 기법을 다른 사람에게 전수할 수 있겠는가. 그 또한 스스로 터득함에 있을 뿐이로다!

아아, 예와 악은 하나로 합치하는 것으로, 예는 경敬을 근본으로 하고 악은 화和를 근본으로 하는데, 화와 경은 곧 이런 경지에 이른 마음을 이르는 것이로다!

예가 경을 근본으로 하지 않아서는 안 됨이, 악이 화를 근본으로 하지 않아서는 안 됨과 같은 것이다. 요순 이래로부터 크게는 조정의 군신 사이와, 작게는 부부가 한 방에서 지내는 사이에, 어찌 일찍이 단 하루라도 예악에서 벗어날 수가 있었겠는가. 움직일 때의 몸가짐과 머리 숙여 예를 표할 때에, 내가 세련된 예법을 지녀야 한다고 말하지 않는 것이 아니다. 그러나 이제二帝와 삼왕三王이 예와 악을 통하여 태평성세를 이룬 융성함을 끝내 다시는 볼 수 없게 된 것이, 어찌 위의威儀의 정해진 법도에 맞추어 그 지엽적인 것만을 드러내는 예절은 행하기가 쉽고, 정신과 마음의 은미한 부분을 드러냄을 근본으로 삼는 음악은 표현하기가 어려워서가 아니겠는가. 이러하니 예는 성盛하게 전해지고 악은 적게 전해진 것이 당연하도다 !

나는 자고 씨에 대하여 깊이 감동하였다. 나는 고루하고 천박한 사람이면서도 성균관의 사예司藝가 되었는데, 옛적부터 사도司徒는 국자감國子監 학생의 교육을 담당한 자리이고, 이는 곧 악을 가르치는 일을 담당한 자리이니, 예와 악의 그릇됨과 융성함에 대하여 내가 어찌 무관심할 수 있겠는가. 그 때문에 내 생각을 가다듬어 이를 기록하고, 이로써 자고의 금헌琴軒의 기記로 삼는다.

≪拭疣集≫ 권2

23) 압구정기狎鷗亭記 부귀에 도취되지 않는 압구정 주인님, 존경합니다

김수온金守溫

해설 | 본 기記는 한명회韓明澮가 한강漢江 가에 정자를 짓고 정호亭號를 압구정狎鷗亭으로 붙인 후, 기記를 짓기를 명하자, 이에 응하여 지은 것이다. 압구정과 그 주변의 경관을 기술하고, 이 정자에서 갈매기와 가까이 노닐며 세사를 잊고자 하지 않고, 모든 자연물이 도에 합당하게 연비어약鳶飛魚躍하듯이, 국구國舅로서 국태민안을 도모하고 있는 압구정 한명회를 찬양하면서, 아울러 권세와 부귀에 도취되지 말고 겸손한 덕을 지니기를 넌지시 권면한 것이다.

숭산이나 화산을 걸터타고 올라서 광활한 경관을 조망하고자 하는 사람은 반드시 하늘의 삼성參星과 정성井星이 손에 닿을 정도로 높은 곳을 지나야 하고,[1] 강하를 건너면서 몸소 물고기와 새들을 관람하고자 하는 사람은 반드시 배를 타고 노를 젓는 위험을 겪어야 한다. 만약 높은 곳에 오르지도 않고 위험한 곳을 밟지 않아도 되고, 시정市井이 지척으로 가깝고 성읍이 멀지 않은 곳에 있는 땅으로 강과 산의 좋은 경치를 아우를 만하다면, 이는 아마도 하늘이

1) 하늘의……하고 : 이백의 〈촉도난蜀道難〉에, "청니하반반靑泥何盤盤……문삼역정앙협식捫參歷井仰脅息"이라 한 구가 있는데, 이는 청니령靑泥嶺 고개가 매우 높아서 그 곳에 오르면 하늘의 삼성參星과 정성井星이 손에 닿을듯하여 두려워서 숨이 멈추게 된다는 뜻으로, 본문에서 이를 인용하여 매우 높은 곳을 올라야 함을 말한 것이다.

만들고 땅이 감추고 있다가, 그런 경지를 즐길 만한 사람에게 특별히 넘겨주려 한 곳이니, 어찌 이런 경지를 쉽게 얻을 수 있겠는가.

왕도의 남쪽으로 5리쯤 가서 양화진의 남쪽 마포가 서쪽에 바라보이는 곳에, 한 언덕이 불쑥 솟아 상쾌하게 트인 높고 건조한 땅을 맑은 물이 에워싸고 있는데, 사람들은 이를 화도火島라고 부른다. 전에는 소나 양을 키우던 곳으로 위는 민둥산이 되고 아래는 진흙 잡초밭이 되어서, 그곳을 가까이하며 사랑하는 사람이 없었는데, 상당부원군 한공(한명회)께서 그 위에 정자를 짓고 유유자적하는 장소로 삼았다. 공께서 이 정자에 올랐을 때에 백구白鷗가 울면서 날아 지나가니, 공께서 말씀하시기를,

"기이하도다, 갈매기라는 새여! 이 새는 천지와 강해江海를 집으로 삼고 고금을 읊조리며 살아가고, 떴다 잠겼다 하며 서로 친근하게 지내면서, 찾아올 때는 조수를 따라 이르고 물러갈 때도 조수를 따라 물러가니, 천지 사이의 만물 가운데 한가히 지내는 동물의 하나라 하겠다. 사람 가운데 어느 누가 속된 욕심 즉 기심機心을 잊고 지내기를 이런 갈매기처럼 하는 자가 있겠는가?"

하셨다. 중국에 사신으로 가셨을 때에 한림翰林 예공倪公에게 정자의 이름을 어떻게 지을까 물으니, 예공이 압구狎鷗로 짓기를 청하였고, 공께서도 또한 흔연히 허락하며,

"내 정자의 이름으로 참으로 합당하다."

하시고, 드디어 압구정으로 편액하고, 얼마 후에 나를 불러 기記를 지으라 명하셨다.

내가 이 정자를 살펴보니 이곳의 빼어난 경치는 한강 물 하나에

모두 압축되어 있다. 정자를 거쳐 내려가면 물은 더욱 넓게 펼쳐져서 드넓게 일렁이며 바다와 잇닿아 있고, 해상에 늘어선 도서島嶼들이 아스라하게 먼 곳에서 드러났다 사라졌다 하며, 장사꾼의 돛단배와 화물선들이 서로 꼬리를 물고 노를 저으며 왕래하는 것들을 이루 다 헤아릴 수가 없다.

북쪽을 바라보면 삼각산 봉우리가 층층 첩첩으로 쌓이고 가려 있으면서 쭈뼛하도록 높이 솟아 짙푸른 빛으로 모여 있으되, 마치 더위잡고 올라갈 수 있을 듯하면서 울울창창하게 궁궐을 옹위하고 있다.

무르익은 광채가 뚜렷하게 빛나며 비취 빛깔이 윤기를 발하고 말이 갑자기 튀어나와 내달리듯 하는 것은, 남쪽에서 읍하고 있는 듯한 관악산의 모습이다.

놀란 물결이 우레처럼 울어대고 태양을 씻을듯이 솟구친 파도가 넘실넘실 바다로 흘러들어가는 것은 한강이 동쪽에서 발원하여 흘러드는 것이다.

모든 산과 물의 경치를 가까이에서도 완상할 수 있고 먼 것도 손으로 움켜질 수 있을듯이 선명히 보이며, 천지의 높고 깊음과, 해와 달과 별이 교대로 밝은 것과, 귀신이 나타났다 사라졌다 함과, 음양에 따라 풍우가 일고 밤낮이 변화함에 이르기까지, 모두가 압구정의 궤석 아래에 노정되어 드러나지 않는 것이 없다.

공께서 휴가를 내어 여유가 생기면 수레를 타고 도성에서 나와 따르는 자들을 물리치고 이 정자에 올라 노닐면서, 이리저리 내려다보고 올려다보며 바야흐로 강산의 경치를 마음에 품고서, 천지를 창문으로 삼아 정신을 발양하며 만물의 형상과 동화되어 노닐게 되면, 홀연히 마치 바람을 타고 아득하게 넓은 세계에서 소요하는 듯하고, 드넓게 마치 날개가 돋아서 봉래방장蓬萊方丈의 신선이 노니는 곳에 오른 듯하여, 그 고상하고 우아한 정회는 곧바로 속세에서 벗어나 우뚝하게 서서 우주를 초월하여 도의 본체와 하나가 되어, 언어로는 형용할 수 없는 심오한 경지에 이르게 될 것이다.

공께서는 세상을 경륜함에 뜻을 두고 계시므로, 강산을 조망하는 것은 곧 들판에 나와 원대한 앞날을 조망함에 보탬이 될 뿐이어서, 비록 빈번하게 나와 노닌다 해도 사람들이 이를 놀이에 빠졌다고 여기지 않는다. 대체로 공께서는 도의 본체에 마음을 침잠하여, 솔개가 하늘을 날고 고기가 물에서 뛰노는 것을 관찰하시고 도와 계합契合하는 바탕으로 삼기에 족할 뿐이다. 그러므로 그 행차를 아무리 간소하게 해도 사람들이 또한 이를 인색하다고 여기지 않는다.

옛적 사안謝安은 동산東山에 오를 때에 반드시 기녀를 대동하였으니 이는 경관을 완상하며 소일한 것일 뿐이고,[2] 하지장賀知章이 경호鏡湖를 하사받자 이곳에서 날마다 만흥漫興을 즐겼는데[3] 이는 속세의 밖에서 청광淸狂을 누린 것일 뿐이다. 이는 모두 천 년 전의 일로 하나의 이야깃거리는 될지언정 어찌 이를 공께서 압구정에서 노니는 것과 동격으로 비교할 수 있겠는가.

---

2) 옛적……뿐이고 : 동진의 사안謝安이 회계會稽의 동산東山에 은거했던 일을 말한 것이다.

3) 하지장賀知章이……즐겼는데 : 하지장이 노퇴를 청하자 당 현종이 이를 허락하며 경호 일대의 땅을 하사하여, 은거하며 선유仙遊를 즐기도록 뒷받침해주었던 일을 말한 것이다.

옛날부터 국가가 흥기하려면 반드시 웅대한 능력과 큰 덕을 지닌 사람이 그 시대에 나와서, 처음에는 장막 안에서 계책을 세워 승부를 결정하고, 마지막엔 조정에 앉아서 교화와 양육을 보필하여, 큰 공을 이루고 영화와 명성을 누리며, 국가의 기둥과 주춧돌이 되어, 사직의 안위가 그에게 달려있게 되나니, 한漢나라의 찬후酇侯 소하蕭何와 송宋나라의 한왕韓王 조보趙普 같은 사람이 바로 그런 인물이었다.

공께서는 나라의 총재冢宰(이조판서)로서 두 차례나 국구國舅(군왕의 장인)가 되셨고 거듭 군왕을 보좌하여 즉위하시도록 하여[4] 훈명勳名과 덕업의 성盛함이 고금에 짝이 될 만한 사람이 드물다. 장차 이윤伊尹·부열傅說·주공周公·소공召公처럼 되기를 기약하시니, 한나라·송나라의 신하 정도로는 미치지 못할 바가 있다.

지위가 인신人臣의 최고 자리에 있으되 더욱 몸을 낮추어 절조를 지키고, 공로가 군주를 진동시킬 만하되 더욱 겸손한 덕을 지녀서, 그 권세만 잊고 지내는 것이 아니라 또한 부귀까지 잊고 지내고 있으며, 마땅히 누려도 되는 부귀만을 잊고 지내는 것이 아니고, 강호 산림의 궁벽한 곳을 찾고자 하는 뜻을 항상 지니고 계시다. 그러므로 나는 말하기를,

"태산이 우뚝하게 하늘 끝까지 높이 솟은 것이 곧 공의 훈명勳名과 덕업의 성대함을 상징하는 것이요, 만경창파에 백구가 노니는

4) 공께서는……하여 : 두 차례 국구가 되었다는 것은 예종비 장순왕후와 성종비 공혜왕후가 한명회의 딸이었음을 말한 것이고, 거듭 군왕을 보좌하여 즉위하도록 했다는 것은 세조의 등극에 핵심역할을 하였고 성종의 즉위에 원임대신으로 주도적 역할을 했음을 말한 것이다.

것이 곧 공께서 강호의 밖에서 세속을 잊음을 상징하는 것이다. 훈공勳功과 녹위祿位에 그 마음이 얽매이지 않을 수 있는 것, 바로 이것이 국가가 빛나게 발전하도록 돕고 이 백성들을 무궁토록 길이 길이 평안하게 하는 것이 아니겠는가."

하였다.

≪拭疣集≫ 권2

24) 비해당기匪懈堂記　비해匪懈하여 닦으신 인덕仁德, 천하에 은택을 입히시리라

박팽년朴彭年

해설 | 본 기記는 세종대왕世宗大王께서 아드님 안평대군安平大君에게 게으름을 피우지 말고 인仁과 성誠을 중단함이 없이 행하라는 뜻으로 당호를 비해당匪懈堂이라 지어준 데 대하여, 세종대왕의 성스러운 뜻과 안평대군의 천품天品을 아울러 찬양하면서, 그 덕화가 온 천하에 널리 퍼지기를 기원한 것이다.

옛날의 군자는 그가 사는 곳은 반드시 넓은 곳에 자리잡으려 하고 거처하는 집은 반드시 안전한 곳에 자리잡으려 해서,[1] 만물을 굽어볼 수 있을 정도로 높고 밝으며 만물을 실을 수 있을 정도로 넓고 두터운 곳에 거처하기를(이는 고명박후高明博厚한 인仁을 지님을 비유적으로 표현한 것이다.) 기약하였다. 그 안전함은 오랜 세월을 지나도 무너지지 않고, 그 드넓음은 온 천하를 끝까지 포용해서, 이에서 벗어나는 것이 없게 하고자 하는데, 이는 본시 건물의 규격을 통해 기대할 수 있는 것이 아니지만, 반드시 그 거실에 그러한 뜻을 지닌 명칭의 당호를 지어 붙여 놓고 스스로 경계하고 반성하나니, 회암晦菴(주자의 호)이 당호를 경재敬齋라 지은 것과 서산西山(채원

1) 그가……해서 : 이 말은 《맹자》 〈이루離婁 상〉에, 인仁에 거해야 함, 즉 거인居仁을 강조하며, 인은 사람이 거처할 편안한 집〔仁 人之安宅〕 같은 것임을 밝혔는데, 이를 이렇게 표현한 것이다.

정의 호)이 당호를 사성재思誠齋[2)]라 지은 것이 이런 예이다.

정통正統 임술년 여름 6월 어느 날 안평대군께서 아침 일찍 대궐에 들어가 임금님(세종대왕)을 모시고 있을 때에, 군왕께서,

"네가 거처하는 곳에 붙인 당호가 무엇이냐?"

라고 조용히 물으셨다. 안평대군께서 당호가 없다고 아뢰자, 군왕께서 〈증민지시烝民之詩〉를 암송하시고 이어 〈서명西銘〉을 언급하시며 말씀하시기를,

"비해匪懈라 편액을 써서 다는 것이 좋겠다."

하셨고,[3)] 안평께서는 두 손을 모아 절을 올리고 머리를 조아리며 한편으로는 기뻐하시고 한편으로는 놀라워하셨다. 이에 대궐의 여러 유자儒者들에게 이에 대한 글을 지어주기를 청해서 그 뜻을 밝게 펼치고자 하셨으니, 이는 군왕께서 내려 주신 당호를 크게 드러내고, 그 뜻에 맞게 처신하기에 힘쓰고자 하신 것이다.

내가 삼가 이를 듣고, "성대하도다, 임금님의 말씀이여! 우리 국가의 모든 자손들이 크게 기준으로 삼아야 할 가르침이로다!"

---

2) 서산西山이……사성재思誠齋 : 남송의 채원정이 《맹자》 〈이루 상〉에 "성誠은 하늘의 도이다. 성실할 것을 생각하는 것은 사람의 도이다.〔誠者天之道也 思誠者人之道也〕"라 한 말에서 '사성思誠'을 따서 자신의 당호로 삼은 것을 말한 것이다.

3) 군왕께서……하셨고 : 세종께서 아드님 안평대군에게 《시경》 〈대아大雅·증민烝民〉편의 "아침 일찍부터 밤늦게까지 게으름을 피지 않고 군왕을 섬기시네〔夙夜匪懈 以事一人〕" 한 시를 암송하시며, 여기에 쓰인 '비해匪懈'와, 이어 장재의 〈서명西銘〉에 있는 "아무도 보지 않는 집안 구석에서도 부끄러워할만한 일을 행하지 않아야 욕됨이 없게 되며, 참된 마음을 보존하고 본성을 키우는 것이 게으름을 피우지 않는 것이다.〔不愧屋漏爲無忝 存心養性 爲匪懈〕"라 한 말에서 게으름을 피우지 아니함, 즉 '비해'를 따서 당호로 지어주셨음을 말한 것이다.

하며 감탄하였다. 일찍이 건괘의 상사象辭를 살펴보니, "천도의 운행은 굳건하니 군자는 이를 바탕으로 삼아 스스로 꿋꿋하게 노력하기를 중단하지 않는다.〔天行健 君子以自强不息〕" 하였다. 대저 하늘의 운행은 밤과 낮이 서로 교대하고 네 계절이 교대로 운행하며, 우뢰와 벽력과 바람과 비는 하늘이 동動한 것이고, 초목과 각종 동물은 하늘이 만물을 화육함을 극진하게 드러낸 것이다. 그리고 그 운행이 한 순간도 정지함이 없는 것은 무엇 때문인가. 바로 천도가 성誠하기 때문이다. 사람은 그렇지 못해서 최고로 성스러운 자품資禀을 지닌 성인이 아니면, 성誠을 행하는 일을 중간에 중단하게 되는 잘못이 없을 수 없다. 그래서 비록 안회顔回처럼 어진 사람이라 해도 오직 3개월을 어기지 않고 성誠을 행한 데 그쳤을 뿐이니, 더구나 그만 못한 사람이야 더 말할 것이 있겠는가.

이를 거처하는 곳을 예로 들어서 비유해본다면, 성인의 도에 접근하는 과정은, 문과 계단과 마루를 거쳐야 실室에 이르는 것처럼 그 단계가 매우 뚜렷해서, 단계를 뛰어넘어 나아갈 수는 없다. 또한 한도를 정해놓고 그곳에 이르렀다고 정지할 수 있는 것도 아니다. 만약 지극한 정성과 중단 없는 노력이 없다면, 성인의 도에 입실할 수 있는 사람이 드물게 된다. 이것이 임금님께서 윤길보尹吉甫가 '비해匪解'(게으름을 피우지 않음)를 칭송하는 송頌을 지은 것을 먼저 말씀하시고, 장횡거張橫渠(장재張載)가 존심양성存心養性을 언급하며 '비해'를 강조한 것을 이어서 덧붙이신 까닭이니,[4] 그 말씀이

4) 이것이……까닭이니 : 윤길보가 비해지송匪解之頌을 지었다는 것은, 윤길보가 ≪시경≫ 〈대아·증민〉시를 지어 중산보를 찬양하며 "아침 일찍부터 밤늦게까지 게으름을 피우지 않고 한 분 임금님만을 섬기었네〔夙夜

또한 간절하셨던 것이다. 이는 바로 성誠을 추구하는 것이 성인의 경지로 입문하는 최고의 일이고, 도를 배우는 사람이 행해야 할 큰 방편임을 밝히신 것이다.

이제 안평대군께서는 타고나신 자품이 탁월하신데다 학문을 즐기시고 선행을 베풀기를 좋아하는 마음이 지성에서 나온 것으로, 어느 한 순간도 훌륭한 유자가 되기를 기필期必하지 않는 때가 없으시니, 그 부지런하심이 지극하다 하겠다. 그런데도 성상께서 특별히 이 '비해'로 당호를 지어주신 것은, 다만 권면하고자 하신 것만이 아니고, 곧 이미 참된 성誠을 행하시기에 게으름을 피우지 않고(비해하고) 계심을 가상히 여기신 것이다.

이에 아침 일찍부터 밤늦게까지 이를 일삼기에 더욱 힘쓰시며, 이로써 성상의 뜻을 저버리지 않고자 하시니, 그런 처신은 또한 천도의 운행이 굳건하게 중단이 없음과 동일하게 될 것이고, 그 인仁에 근거를 두심은 온 천하와 함께 드넓게 될 것이며, 이런 뜻을 드러낸 비해당은 곧 국가와 함께 영원히 아름답게 유지될 것이니, 성상께서 명명해주신 이 당호가 어찌 영원히 후세에 빛나지 않을 수 있겠는가.

다만 저의 문장이 졸렬하여 성盛하게 찬미하는 뜻을 상세히 진술해서 임금님의 뜻을 널리 알릴만한 능력이 없으므로, 오직 군왕께서 비해당이라 명명하신 연월만을 기록하는 정도에 그칠 뿐이다.

≪朴先生遺稿≫

匪解 以事一人]" 한 말과, 장재가 〈서명〉에서 "마음을 보존하고 본심을 기르는 것에 게으름을 피우지 않는다[存心養性 爲匪解]" 하여, '비해'를 강조하였음을 밝힌 것이다.

25) 희현당부希賢堂賦 현인賢人이 되고 성인聖人이 되시라

서거정徐居正

해설 | 본 부賦는 송宋의 주돈이周敦頤가 ≪통서通書≫에서, "사士는 현인이 되기를 희구해야 하고〔士希賢〕, 현인의 경지에 올랐으면 성인처럼 되기를 희구해야 하며〔賢希聖〕, 성인의 경지에 올랐으면 천도와 일치하기를 희구해야 한다〔聖希天〕." 한 말에서 따서, 신숙주申叔舟가 옛 현인처럼 되기를 희구한다는 뜻으로 당호를 희현당希賢堂으로 지은 데 대하여, 이를 찬양한 것이다.

아아! 천명은 심오하고 아득하면서 중단함이 없음이여,
번잡하게 음양이 합하여 만유를 태어나게 함이 번다하도다.
사람만이 그 가운데서 가장 신령함을 얻었음이여,
그러므로 유일하게 떳떳한 도리를 굳게 지키도다.
현자賢者나 우자愚者나 애초엔 동일하게 태어났음이여,
누가 더 풍부하고 누가 더 모자람이 있었던가.
언행을 어떻게 하였기에 요와 순이 되었고,
언행을 어떻게 하였기에 도척盜跖과 걸桀이 되었던가.
내가 아직 지혜를 지니지 못했다고 말하는 것은,
오직 뜻을 세운 사람이라야 할 수 있는 말이니,
저 자신을 스스로 해치고 버리는 사람은
이에 대해 논의할 필요조차 없도다.

오직 뜻을 세운 사람만을 사士라 할 수 있으니,
어찌 이런 사람이 현인이 되기를 희구希求하지 않으리오.
내 인생이 천재일우의 기회를 얻어 요행히 태어났음이여,
내 뜻을 옛 성현처럼 되기에 목표를 두었도다.
위로 어떤 높은 곳인들 탐구하지 않을 것이며,
아래로 어떤 깊은 곳인들 탐색하지 않으리오.
고요皐陶와 기夔의 맑은 풍도風度를 내가 품음이여,
이윤伊尹과 주공周公의 원대한 행적을 뒤따르고자 하도다.
오래도록 공자孔子와 안자顔子처럼 되기를 희망함이여,
정자程子, 주자朱子와 방불하게 되기를 생각하도다.
어찌 힘이 부족해 미칠 수 없다 하리요,
뜻을 오로지 한결같이 가지는 것 외에 다른 방법이 없도다.
진실로 이를 희구하기에 정성을 다함이여,
일찍이 저 분은 어떤 사람이고 나는 어떤 사람인가 하였네.
진실로 이를 희구하기에 정성을 다하지 않는다면,
스스로 자신을 한계 속에 가두는 것이니 어찌 탄식할 것이 있으리오.
본시 현인이 되기를 희구하는 데는 방도가 있으니,
오직 정성을 세우는 것뿐이라 말할 수 있네.
대저 성인의 경지는 배우고 익히면 그에 미칠 수 있음이여,
내 능력으로는 미칠 수 없다고 하지 말라.
대저 천도도 능히 따를 수 있음이여,
내가 희구하는 경지가 허황되게 멀다 하지 말라.

주돈이周敦頤(≪만소당죽장화전≫)

세상이 혼돈으로 뒤섞여서 알 수 없다 함이여,
이런데 차츰차츰 빠져들면 날로 멀어지고 날로 없어지리라.
주렴계周濂溪(주돈이)가 지은 글의 위대함이여,
학문에 힘쓴다 하면서 갈피를 잡지 못하고 헤맴을 개탄했도다.
옛 성인이 미처 드러내지 못했던 것을 확충했음이여,
삼희三希(사희현士希賢, 현희성賢希聖, 성희천聖希天)의 지론을 밝히셨도다.
그곳에서 이윤처럼 되기를 목표로 삼고 안회를 배우겠다 했음이여,
뜻이 더욱 미묘하고 더욱 원대했도다.
아아, 시대가 오래 지나자 사람들이 그릇되게 되었음이여,
그 누가 이런 뜻을 사리에 맞게 밝히리오.

아아, 고양(고령)출신의 훌륭한 인물(신숙주를 지칭)이 있어,
유독 타고난 바탕이 특별히 빼어났도다.
이미 이렇게 내면에 풍부한 아름다움을 지녔음이여,

또한 시서詩書를 익혀 날개로 삼았도다.
성정을 차츰 길러서 넉넉하게 노닒이여,
이에 애초에 품부받은 본성의 선함을 돌이켜보았도다.
옛 성현들을 받들어 내 벗으로 삼고자 함이여,
이처럼 되기를 희구함을 서둘렀도다.
이에 이를 아호로 삼아 희현당希賢堂이라 편액했음이여,
항시 이에 유념하고 이렇게 되기에 힘썼도다.
여항에서 가난하게 살았던 안회의 학문태도를 배우려 했음이여,
뜻이 안회가 추구했던 인仁에서 벗어나지 않았도다.
신야莘野에서 농사짓던 이윤伊尹이 마음먹었던 것을 자신의 마음으로 삼았음이여,
요순시대의 군주와 백성처럼 되고자 하였도다.
높은 산을 바라보듯이 우러러보았음이여,
오래 쌓은 공로가 한 번의 실수로 허물어질까 경계했도다.
천도의 운행이 중단함이 없음을 기준으로 삼았음이여,
한결같이 정성으로 이를 지켰도다.
뛰어나게 이 분의 뜻이 원대했음이여,
어찌 구차하게 작은 성취에 안주했으리요.
장차 희성希聖과 희천希天의 경지까지 이를 것임이여,
그 도달한 경지가 오제 삼왕과 대등하게 되리라.
아아, 지선至善은 밖으로 드러난 것으로 말미암지 않지만,
그 명성 헛되이 얻은 것이 아니로다.
누구인들 소리를 내면 울려 퍼지지 않을 것이며,

누구인들 알차게 열매를 맺으면 언음이 없으리오.
그대의 당堂 그윽하고 깊숙함이여,
희현希賢으로 이렇게 편액을 닮이 마땅하도다.
그대의 당 드높고도 밝음이여,
희현당에 바로 이 분이 계심이 마땅하도다.
슬프도다, 극도로 어리석은 사람은 변화시킬 수 없음이여,
나는 어찌하여 유독 그 참됨을 잃었던가.
나도 뜻이 없어서 이루지 못한 것이 아니니,
학문에 갈림길이 많아서 이리저리 헤맸기 때문이로다.
행여나 반성해 추구해서 스스로 터득함이 있게 된다면,
찾아가 나도 그대와 함께 그 당에 오르리로다.

≪四佳集·詩集≫ 권1

26) 귀래정기歸來亭記 귀거래사歸去來辭의 뜻을 따랐도다

서거정徐居正

해설 | 본 기記는 성정이 우아하고 담박한 신말주申末舟가, 벼슬살이를 즐겨하지 않고 순창淳昌의 별서別墅에 은둔해서 진晉나라의 도연명陶淵明처럼 진퇴와 출처出處를 도에 맞게 하고 있음을 찬양하며, 이에 도연명이 관직에서 물러나 향리로 돌아갈 때에 읊었던 〈귀거래사歸去來辭〉에서 '귀래歸來'를 따서 정호亭號를 귀래정歸來亭으로 지어주고, 신후申侯의 이러한 인품에 선망의 뜻을 표한 것이다.

신후申侯 자집子楫(신말주. 자가 자집임)은 돌아가신 상국相國(영의정) 고령高靈 문충공文忠公(신숙주의 시호)의 막내아우님이다. 신후는 일찍이 과거에 급제하여 청직淸職과 요직要職을 두루 거치면서 명성이 매우 높았으며, 문충공이 상국이 된데다, 아우님 신후도 뛰어난 재능을 지니고 있으므로, 중용될 것이라는 것이 조정의 중론이었다. 그러나 신후는 우아한 성정을 지녀서, 담박하고 욕심이 없었으므로, 벼슬살이 자체를 즐겨하지 않았다.

신후의 별서가 순창군에 있는데, 호남의 명승지로 산수를 즐길 만하고 농토가 넓고 비옥하며 짐승과 물고기도 많아서 어렵漁獵에도 알맞은 곳이다. 신후는 날마다 이곳으로 돌아갈 생각을 하고 있었으나, 문충공이 아침저녁으로 서로 만나 우애로 후대함이 지극하니, 결단을 내리지 못하고 몇 해를 지나게 되었다. 신후는 귀은歸隱하고자 하는 마음이 매우 간절하여, 어느 날 병 때문에 사직한다고 아뢰고 떠났는데, 그 후 관직에 복귀하지 않은 지가 7·8년이 되었으며, 종족들이 다시 벼슬에 나가기를 권해도 응하지 않으니, 비록 문충공이라 해도 또한 억지로 복귀시킬 수가 없었다.

순창 남쪽에 산이 있는데, 층층암석이 뒤섞여 상서로운 기를 띠고 있으면서 산세가 매우 기이하고 뛰어나며, 구불구불 낮게 감돌면서 마치 용이 뛰어오르고 호랑이가 내달리듯이 굽었다 일어났다 하면서 이래로 뻗어 내려와 동쪽 봉우리가 되었는데, 봉우리의 정상은 땅이 심히 평탄하다는 말을 일찍이 들었으므로, 이에 신후가 그곳에 몇 개의 기둥을 세워 소박한 정자를 지었다.

정자의 주변에는 대나무 숲이 아름답게 우거져서, 짙푸르고 빽빽하여 계절이 바뀌어도 변하지 않는 절조를 지니고 있으며, 바람이 불거나 비가 내릴 때에는 그 소리가 들을 만하고, 달이 뜨거나 눈이 내릴 때는 그 경치가 볼만하며, 완상할만한 아름다운 것이 한두 가지가 아니다. 그 사이에 여러 가지 꽃들을 심어서, 분홍색·흰색·붉은색·자주색의 온갖 꽃들이 연이어 피었다 졌다하며 봄부터 가을까지 계속 그침이 없다.

이 정자에 올라 바라보면 남원의 보련산과 곡성의 동지악 등이 겹겹이 늘어서서 짙푸르게 얽혀 있으면서 공손히 손을 맞잡고 이 정자를 향해 읍하고 있는 듯하다. 그 밖에도 겹겹으로 중첩해 있는 산봉우리와 빽빽하게 우거진 넓은 숲 등이 안개와 구름이 그윽하게 어려 있는 사이에 빼어나서 사람을 매혹시키는데, 이런 절경이

이 정자에 앉아서 내려다보면 모두 드러난다.

물은 적성 북쪽에서 발원한 후 꺾여서 남쪽으로 느릿느릿 멀리서부터 흐르다가 양쪽 골짜기 사이를 벗어나 다시 돌아서 동쪽으로 흐르고, 광덕산의 물이 용이 서려 있는 듯 뱀이 굽어 있는 듯이 봉우리 아래를 에워싸고 흐르다가 적성에서 내려온 물과 합치는데, 깊고 맑고 푸르고 깨끗하여 손으로 움켜 마실 만하고, 만물을 비추어 볼 수 있다.

촌락과 들판은 백리 밖까지 훤히 바라보이는데, 곡식이 누렇게 익은 밭과 푸른 밭두둑이 멀고 가깝게 은은히 비추고, 밭가는 사람·나무하는 사람·고기잡는 사람·사냥하는 사람들이 노래를 부르고 화답하며, 유람하는 사람·여행하는 사람들과 왕래하는 소와 말들이 연이어 앞서거니 뒤서거니 하는 것들도 또한 이 정자에 앉아서 볼 수 있다.

신후는 은자의 두건을 쓰고 나막신 신고 날마다 그 속에서 시를 읊조리고 유유자적하며 노닐으니, 한가하고 욕심없이 그 즐거움을 누리고 있는 것이다. 그리고 때때로 누렁개를 끌고 송골매를 팔뚝에 올려놓고 여우나 토끼를 쫓기도 하고, 낚시를 드리워 물고기를 낚기도 하며, 산에서 나물을 뜯어 향기로운 산채를 먹기도 하고, 죽순을 구워 먹고 순채국을 끓여 먹기도 하면서, 국화 피는 계절을 보내고 나면 매화 피는 계절을 맞게 되니, 강촌의 네 계절의 경치가 무궁함에 맞추어 신후의 즐거움 또한 무궁하다.

지난날 문충공의 병환이 위독해지자 신후가 문안을 와서 서로 만났을 때에, 고관들과 사대부들이 이구동성으로 신후의 현명함을 말하며 추천하였고, 성상(성종) 또한 그 재능을 중히 여겨서 전주 부윤으로 임명해 보냈는데, 전주와 순창의 거리가 또한 하루 일정에 지나지 않아서, 신후가 공무를 집행하는 여가에 남여藍輿를 타고 왕복하기를 여러 차례 하였으니, 신후가 이 정자에서 즐김이 지난날과 다름이 없었다.

금년 봄에 임기를 마치자 중앙으로 소환하여 첨지중추부사로 임명하니, 신후의 몸은 비록 군왕을 모시는 자리에 있었지만 신후의 마음은 항상 정자를 왕래하고 있었다.

어느 날 신후가 나(서거정)에게 그 정자의 아름다운 경치에 대해 말하다가, 정자의 명과 그에 대한 기記를 지어달라 청하기에, 내가 귀래정歸來亭으로 명을 지어 편액을 달기를 권하면서, 이어서 다음과 같이 기를 지었다.

'귀거래歸去來'는 진晉나라 징사徵士(학문과 덕행이 뛰어나되 벼슬하지 않는 선비) 도잠陶潛이 지은 사辭의 제목이다. 옛 사람이 '귀거래' 세 글자를 풀이하기를 '그 관직을 돌려 줌〔歸其官〕', '그 직책에서 물러남〔去其職〕', '그의 집으로 돌아옴〔來其家〕'이라 하였는데, 옛 사람 가운데 벼슬에 나아가고 물러나기를 정도正道에 맞게 한 사람으로 도잠만 한 사람이 없다. 후일에 뜻을 가진 선비로서 누구인들 어려서는 배우고, 장년이 되어서는 벼슬길에 올라 이를 실천하고, 늙어서는 물러나서, 그 끝과 시작을 온전하게 하고자 하지 않는 사람이 있겠는가. 그러나 오로지 공명을 이루려는 욕심 때문에 그 마음이 훼손되고, 처자 때문에 사욕에 얽매이게 되어, 마땅히 귀거해야 하는데도 귀거하지 않는 사람이 세상에 흘러넘치도록 많이 있어서, 드디어

도연명귀거래사도陶淵明歸去來辭圖

산림 속으로 귀래한 사람이 없게 되었다는 꾸지람을 듣게 되었다.

내가 또 들으니, 옛날의 군자는 벼슬을 하게 되면 일정한 녹을 받지만, 물러나 거주할 곳에도 물려받은 전토田土인 항산恒産이 있어서, 그 때문에 벼슬에 나가고 물러남을 평안히 여유있게 할 수 있었다 하는데, 지금 벼슬하는 사람들은 대부분이 관직이 가업이 되고, 물러나 거주할 곳에 항산이 없으므로, 한 번 그 녹봉을 잃게 되면 돌아갈 곳이 없으므로, 권력자의 주변을 맴돌며 형세를 살피고 지위에 욕심을 내고 봉록을 훔치려 한다는 비판을 자초하고 있으니 슬픈 일이다.

아아, 비록 돌아갈 곳이 없어서 돌아가야 할 때가 되었지만 돌아가지 못한다고 말해도, 이를 진실로 제대로 처신을 잘 하고 있다 할 수 없는데, 하물며 돌아갈 곳이 있고 돌아가야 할 때가 되었는데도 돌아가지 않는다면, 다시 무엇을 더 비판할 게 있으리오!

지금 신후의 별서에는 농토도 충분하고 부릴 사람도 넉넉하며,

봉제사奉祭祀 접빈객接賓客과 노인의 봉양과 어린아이를 돌봄과 관례 혼례와 경사와 흉사에 갖춰야 할 것들을 밖에서 구하기를 기대하지 않아도 될 정도로 충분하다. 신후는 전에 공명功名을 이룬 후에 결단성있게 물러나서 귀래를 스스로 즐기고 있음이 몇 년이 되었다. 이제 비록 다시 조정에서 벼슬을 하여 인끈을 차고 고위직에 올라 있으나, 후일에 공명을 이루고 용퇴하게 되면, 이 정자로 돌아가지 않고 어디로 가겠는가. 그러하니 정자 이름을 '귀래歸來'라 함이 또한 옳지 않겠는가.

나는 욕심이 많아서 벼슬에서 물러나지 못하고 머뭇거리며 오히려 멈출 줄을 모르면서, 머리털이 이미 듬성듬성해진 나이가 되었다. 신후申侯는 고인古人의 행실에 합당하게 귀래의 흥취를 이루었고, 후일에도 귀래의 뜻을 이루어서 끝과 시작을 군자의 도에 맞게 온전하게 할 것이니, 내가 어찌 깊이 부끄러워하지 않을 수 있겠는가. 나 또한 노퇴하여 한가함을 추구할 수 있게 되어, 이 정자에 올라 신후를 따를 수 있게 된다면, 반드시 도연명의 〈귀거래사〉를 읊고 지족지편知足之篇[1]을 노래하겠다는 것으로 이 귀래정에 대한 호설을 마무리하는 바이다.

기해년 중추절(8월)에 짓다.

《四佳文集》 권2

---

1) 지족지편知足之篇 : 이 말은 《노자老子》의 "만족할 줄을 알면 욕을 당하는 일이 없고, 멈출 줄을 알면 위태로움을 당하지 않는다〔知足不辱 知止不殆〕"라 한 말을 인용한 것인 듯하다.

27) 묵암기默庵記 지극한 도道는 말로 표현할 수 없다

홍귀달洪貴達

해설 | 본 기記는 권추權推가 향리에 살면서, 가족들의 잔소리도 듣기 싫고 세상사에 대하여 말하기도 싫어서, 별도로 작은 당을 짓고 홀로 지내며 당호를 묵암默庵이라 짓고 기記를 청하자, 이에 응하여 지어준 것이다. 입에서 나오는 말이 화를 불러오는 문이 되니, 침묵하고 지냄이 좋음을 말하고, 아울러 지극한 진리를 함유하고 있는 지언至言은 언어로 표현할 수 없는 경지임을 밝히면서, 함께 이런 경지에 이르러, 서로 말없이 마주보다가 한번 빙그레 웃고 헤어지자고 한 것이다.

도성의 남쪽에 있는 한 고을을 진위현(현 경기도 평택군 진위면 일대)이라 하는데, 그 북쪽에 내 친구 권추의 집이 있다. 권추가 말하기를,

"나는 관직을 맡고 있지 않으므로 물러나 향리에서 살고 있는데, 가족들의 입이 나를 시끄럽게 하는 것이 싫어서, 그 때문에 별도로 작은 건물을 짓고 그곳에서 혼자 지내면서, 또한 세상일에 대하여 이야기하고 싶지도 않아서, 그 때문에 내 당의 이름을 묵암默庵이라 지었다. 세상 사람들이 이미 나를 알아주지 않는데 말없이 지내고 있는 것인들 누가 이를 알겠는가. 이렇게 파묻혀 지내게 되면 그 '묵默'하고자 하는 뜻조차 알려지지 않을까 두렵다. 그 때문에 한

마디 말을 얻어 이를 드러내어, 내 당호로 지은 의의를 나타내고 싶으니, 그대가 반드시 이에 대해 말해 주어야겠다."

하였다. 이에 내가,

"아아, 입은 사람의 뜻을 드러내는 인체의 중요한 기관이로다! 우호를 드러내는 것도 오직 입을 통해서 하게 되고, 싸움을 일으키는 말도 오직 입을 통해서 나오게 되는데, 이 드넓은 인간 세상에서 그 몸에 화를 촉발시키는 계기가 되는 것에 어찌 한계가 있을까만은, 그 가운데 입으로 말미암지 않은 것이 있는가.

또한 지극한 뜻을 함유한 말은 언어로 표현할 수가 없고, 지극한 변설은 말솜씨를 부릴 필요가 없는 것이다. 이런 까닭으로 천지는 말이 없고 산천도 말을 하지 않으며, 바람은 소리는 있으되 언어로 꾸미지 않고, 달은 빛을 발하고는 있으되 소리는 없는 것이다.

그대가 천지 사이에서 침묵하고 지낼 때에, 하늘과 땅이 위와 아래에 자리 잡고, 산천이 좌우를 에워싸고 있으며, 또한 맑은 바람이 남쪽에서 불어오고, 밝은 달이 동쪽에서 떠오르면, 그 사이에서 마음으로 느끼는 경지를 내 어찌 입으로 표현하는 말로 쉽게 드러낼 수 있겠는가.

어찌하면 벼슬을 사직하고 남쪽으로 내려가는 길에 그대의 묵암을 방문하여 묵묵히 서로 마주보다가 한 번 빙그레 웃고 헤어질 수 있으려나."

하였다.

≪虛白亭文集≫ 권2

28) 영벽헌기映碧軒記 나는 왜 유독 대나무만을 좋아하는가

김안국金安國

해설 | 본 기記는 최숙손崔叔孫이 자신의 집 주변에 심은 대나무의 변함없이 푸름을 좋아해서, 자호를 영벽헌映碧軒이라 지은 데 대하여 문답체의 문장으로 그 뜻을 찬양한 것이다.

영벽헌 주인은 일찍이 조정에서 벼슬을 한 일이 있는데, 그 후에 벼슬에 싫증을 느끼고 세속적인 삶을 싫어하게 되어, 진위현(현 경기도 평택군 진위면 일대)의 여좌곡에 있는 옛집으로 돌아와, 대나무 수십 그루를 심고, 그 곁에 헌軒을 짓고서 영벽헌이라 편액을 단 후, 날마다 그 가운데서 술 마시고 시를 읊으며 지내고 있다. 어떤 객이 찾아와 묻기를,

"네 계절이 서로 교대함에 맞추어 만물이 그 자태를 드러내어, 백白·황黃·홍紅·자紫·녹綠·단丹·청靑·주朱 등의 색깔을 띤 것들이 헌의 주변을 둘러싸고 있어서, 그것이 몇 가지 색깔을 띠고 있는지 알 수가 없을 정도이다. 그 부귀롭거나 번잡하게 화려하거나 짙게 어여쁘거나 가볍고 미려함 등으로 세상 사람들의 눈을 현혹하는 것들은, 본시 주인을 위해 족히 더 말할 필요도 없다. 그렇지만 매화·국화·연꽃·해바라기·계수·파초·부들 등에 이를 것 같으면, 여러 식물들 가운데 품격이 뛰어나서, 어느 것은 그 향기를 취할만하고, 어느 것은 그 깨끗함을 취할만하며, 어느 것은

지조를 사랑할만하고, 어느 것은 절의를 숭상할만하고, 어느 것은 본성을 기르는 데 도움이 되고, 어느 것은 학문을 닦는 데 비유할 수 있어서, 뜻이 높은 사람과 시인과 명현과 고상한 사람들이 좋아한 것으로, 기록에 남아 전파된 것이 또한 적지 않다. 그런데 영벽헌 주인은 이런 것을 좋아하지 않고, 기어이 대나무의 짙게 푸름을 뜻하는 '벽碧'만을 취한 것은 무엇 때문인가?"

하니, 주인이 이에 대답하기를,

"저것들이 지닌 여러 종류의 아름다움을 채택할 것이 없는 것은 아니지만, 그렇게 하는 것은 단지 한 때에 완상할만한 것을 취할 수 있을 뿐이어서, 요컨대 오래도록 감내하며 동반자로 삼을 수는 없으니, 계절이 옮겨져서 기후가 바뀌면 그에 맞추어 함께 바뀌어 쓸쓸하게 변화하기 때문이다. 또한 내가 취해야 할 것이 어찌 향기나 색깔이나 냄새나 맛이 좋은 데 있겠는가. 이에 네 계절을 일관하여 길이길이 짙게 푸르게 지낼 수 있음을 취한 것일 뿐이다."

하였다. 이에 객이 또 말하기를,

"네 계절을 일관하여 길이길이 푸른 것이 어찌 유독 대나무뿐이겠는가. 눈을 들어 쳐다보면 온 세상을 둥글게 덮고 장구하게 푸름을 유지하는 것이 하늘이요, 우뚝하게 솟아서 장구하게 푸름을 유지하는 것이 산이요, 차디차게 있으면서 장구하게 푸름을 유지하는 것이 물이다. 이것들은 모두 이 헌에 있는 것이다. 이 세 가지는 장차 만고에 변함없이 장구하게 푸름을 유지할 것이니, 어찌 유독 네 계절을 일관해 푸름을 유지함에 그칠 뿐이겠는가. 주인께서 이를 취해 헌호로 삼지 않고, 오직 대나무의 푸름만을 취한 것은 무엇 때문인가?"

하였다. 이에 아래와 같이 대답하였다.

"하늘은 아득하게 너무 멀리 있고, 산과 물은 형체는 지녔으되 기氣는 지니지 않아서, 품고 있는 뜻을 붙이고 서로 동반자가 될 만한 것이 아니다. 또한 이 헌과는 거리가 너무 멀리 떨어져 있어서, 날마다 함께 서로 마주보며 서로 가까이 하기가 어렵다. 내가 대나무를 취한 것은 그것이 기를 지니고 있으면서 생명을 함유하고 있음이 대체로 사람과 유사하면서도, 다른 초목들과 뒤섞이지 않을 수 있고, 추위·더위·따뜻함·서늘함·비·이슬·눈·서리 등의 변화에 따라, 싱싱하게 우거졌다 파리하게 시들어졌다 하는 영향을 받지 않으며, 또한 내 헌의 곁에 있으면서 날마다 나의 동반자가 될 수 있어서일 뿐이다."

하니, 객이 또 이렇게 말하였다.

"저 소나무도 또한 네 계절을 일관되게 장구히 푸름을 유지하지 않는가? 또한 기도 지녔고 생명도 품고 있으며, 추위·더위·따뜻함·서늘함·비·이슬·눈·서리 등의 변화에 따라 싱싱했다 시들었다 하는 변화를 받지 않고 있지 않은가? 또한 이 헌의 곁에 있으면서 그대와 동반자가 되고 있지 않은가? 주인께서 이를 좋아하지 않고 유독 대나무만을 취한 것은 어인 까닭인가?"

하기에, 이렇게 대답하였다.

"내가 취한 것은 소나무와 대나무를 구분해 따지려 한 것이 아니다. 그렇기는 하나 넉넉하게 솟구쳐 드높게 버티고 있으면서 뿌리는 빽빽하게 얽혀 있고, 구름과 하늘을 찌를 듯한 기세로 우뚝하게 솟아 있어, 거머잡고 오르기가 어렵다. 만약 바람이 지나가게 되면 옥이 튕기고 쇠가 부딪치듯 맑은 소리를 내고, 곧게 뻗은 줄기와 견고한 마디에, 속은 비어있고 잎은 연약하지 않으며, 말쑥하고 깨끗하게 만물 위에 우뚝 서서, 달이 뜨고 바람이 일면 짙푸른 그림자가 난간에 어른거리며 자연의 오묘한 소리가 운치를 더해주고, 눈과 서리로 오싹하게 추워져 맑은 냉기가 뼈를 찌를 때에, 객들과 술잔을 잡고 마주하여 우아한 시를 낭랑하게 읊조리고 있으면, 어금니 사이로 신선이 복용하는 이슬 기운을 느끼게 되어, 황홀하기가 마치 달나라 광한루의 맑고 고요한 세계에 있는 듯하고, 왕자교王子喬[1]와 같은 신선들과 서로 같이 있는 듯하게 된다. 이런 때를 당하여 이 한 헌의 절경을 표현하는 이름을 소나무에 붙이겠는가, 대나무에 붙이겠는가?"

하니, 객이 멍하니 한동안 있다가 말하기를,

"나도 대나무에 붙이겠다."

하였다. 이에 주인이 천천히 말하기를,

"비록 그러하기는 하나 소나무 또한 어찌 하찮게 볼 수 있겠는가. 바람과 서리가 뒤흔들어 떨어지게 하면 온갖 아름다웠던 꽃나무들이 모두 꺾이고 잎이 떨어질 것인데, 그 때에 대나무와 함께 내 헌에서 그림자를 어른거리며 주인의 흥취를 돕기에 합당할 것이니, 내가 장차 소나무와 세한歲寒의 맹약을 맺고,[2] 이로써 대나무와 소나무 두 나무의 푸름 사이에서 노년을 마치고자 한다."

---

1) 왕자교王子喬 : 신선의 이름이다. 왕자진王子晉이라고도 한다.

2) 소나무와……맺고 : 《논어》 〈자한子罕〉의, "날씨가 추워진 이후에야 소나무와 잣나무가 늦게 시듦을 알게 된다〔歲寒然後知松柏之後彫也〕"라 한 말을 인용하여, 소나무의 이런 기상을 본보기로 하여 궁곤한 처지를 당해서도 절의를 지킬 뜻을 드러낸 것이다.

권돈인필세한도權敦仁筆歲寒圖畵 일부

하였다. 이에 함께 한 번 웃고, 드디어 이를 기록해 놓아서, 이 헌에 후일에 찾아올 객들에게 남겨주고자 하였다.

이 헌의 주인은 성이 최崔씨이고, 명은 숙손叔孫이며, 자는 자윤子胤이다.

≪慕齋先生集≫ 권11

29) 안정기安亭記　만물이 모두 평안平安할 수 있게 하셨네

이행李荇

해설 | 본 기記는 신영희辛永禧의 정호亭號를 안정安亭으로 지어주고, 인생을 살아가며 겪게 되는 모든 일을 평안한 마음으로 받아들여, 그 '안安'의 경지에 이른 감화력이 자손과 주변사람들은 물론이고 금수와 초목에까지 미치게 되기를 기원한 것이다.

직산에서 동쪽으로 소 한 마리의 울음소리가 들릴 만한 가까운 곳에 있는 땅을 빈사리貧士里라 하는데, 신덕우辛德優(명은 영희永禧. 덕우德優는 자임) 공이 사는 곳이다. 공이 이곳에서 가난하게 살고 있으므로 마을 이름을 스스로 이렇게 지은 것인데, 내가 전에 방문하여 뵙고 이렇게 말씀을 드린 일이 있다.

"가난은 사람들이 크게 꺼리는 것으로, 이른바 크게 상서롭지 않은 것이라 합니다. 가난하게 살면서 이를 평안하게 여긴 사람으로는 공자의 제자였던 안자顔子와 원헌原憲 이후에는 들어본 일이 없습니다. 공께서 이를 평안하게 여긴다 해도, 일반사람들을 어찌할 것입니까? 방문하려던 사람들이 반드시 수레를 돌리고 들어오지 않을 것이니, 공께서는 누구와 함께 지낼 것입니까? 마을에 살던 사람이 반드시 처자를 이끌고 떠나 달아나는 사람이 있을 것이니, 공께서는 누구와 함께 살 것입니까?"

하니 이에 공이,

안회顏回(≪만고제회도상萬古際會圖像≫)

원헌原憲(≪현철초상賢哲肖像≫)

"그렇군, 그렇군."

하시면서, 이어 마을에 전해오는 이야기를 말씀해 주시기를, 마을 사람들 가운데 장수하는 사람이 많아서 손자가 머리가 하얗게 셀 때까지 산 사람도 본 일이 있다 하셨다. 이에 내가 공경히 절을 올리고 말씀을 드렸다.

"이곳이 길지吉地여서 그렇게 된 것입니다. 그 사실을 드러내지 않아서는 안 되니, 마을 이름을 노인촌老人村으로 바꾸시지요. 이곳에서 평생을 사시고, 공께서 제 뜻을 받아들이시지요."

하니, 공께서,

"그렇군, 그렇군. 내가 이곳에 곧 정자를 지으려 하는데, 그대는 어찌하여 내 정자의 이름을 미리 지어주지 않는가?"

하셨다. 내가 다시 안정安亭으로 이름을 짓기를 청하니, 공께서 기뻐하시며,

"내 뜻에 딱 맞네."

하시고, 술잔을 들어 나에게 권하며 기뻐하셨고, 나도 또한 술잔을 들어 공을 위해 헌수獻壽를 한 후에 하직인사를 하고 물러났다.

그런 후에 편지를 보내어 나에게 알리시기를, '정자가 이미 완공되었으니, 그대가 기記를 지어주게!' 하셨다. 이에 나는 명을 받은 것을 영예로 여기며, 삼가 다음과 같이 기를 지어드렸다.

'편안[安]'하고자 하는 것은 만물의 천성이다. 하늘이 위에서 편안하고, 땅이 아래에서 편안하며, 강해江海는 움직임에 편안하고, 산악은 고요함에 편안하나니, 이는 모두 천성으로 저절로 그렇게 된 것이다. 오직 사람만은 만물의 성을 모두 갖추고 있으므로, 그 만난 처지에 맞추어 이를 편안하게 여겨야 하나니, 윗자리에 있게 되면 하늘의 뜻에 맞추어 편안하고, 아랫자리에 있게 되면 땅의 뜻에 맞추어 편안하며, 움직임과 고요함에 이르러서도 모두 그에 맞추어 편안하지 않음이 없어야 한다. 이렇게 하는 것이 사람이 지닌 천성을 극진하게 발휘하는 것이다.

공께서 젊으셨을 때엔 학문에 힘쓰면서 문장 속에서 편안하셨고, 장년이 되어 곤궁해지자 불우不遇에 편안하셨으며, 노년에 이르자 전리田里에서 편안하시며, 머리와 수염이 백발이 되셨지만 용모는 불그레하게 윤기가 나신다. 날마다 고장의 호기 있는 남정네들과 활 쏘고 사냥하는 일을 즐거움으로 삼으시고, 이에 지치시면 평민의 두건을 쓰고 명아주 지팡이를 짚고 이리저리 노니시며 평안한 마음으로 출입하시고, 그 안에서 유유자적하지 않는 일이 없으니, 사람들도 또한 이를 편안함으로 여기고 있다. 이것이 정자의 명을 '안安'으로 지은 이유이다.

이 정자가 있는 곳이 옛날에는 버려진 땅이었는데 공을 만나서 경치 좋은 곳이 되었으니, 전에는 버림받음에 편안했다가 이제는 제대로 주인을 만나게 됨에 편안하게 되어, 이로써 물고기들은 연못에서 편안하고 새들은 언덕에서 편안함에 이르렀으며, 비록 꽃 한 포기 나무 한 그루까지도 각기 그 편안을 얻지 않은 것이 없게 되었다. 이렇게 된 것이 바로 공께서 편안으로 여기는 경지가 외물에까지 미친 것이니, 어찌 다만 그 편안을 자손에게 물려주는데 그칠 뿐이겠는가. 신공辛公의 명은 영희永禧이다.

≪容齋先生集≫ 권9

30) 기재기企齋記 할아버님처럼 살기를 기도企圖하노라

신광한申光漢

해설 | 본 기記는 신광한申光漢이 자호를 기재企齋로 지은 이유를 말하면서, 자호가 지니고 있는 뜻에 맞추어 살 것임을 밝힌 것이다. 즉 그의 선조고先祖考 신숙주申叔舟의 호가 희현당希賢堂이므로 선조고의 뜻을 받들어 희현希賢·희성希聖·희천希天의 경지에 이르기를 기도企圖하겠다는 뜻으로 자호를 기재로 지은 것이고, 그 뜻에 맞게 살 것임을 천명한 것이다.

"서재의 명에 '도모圖謀하다', '기도企圖하다', '바라다' 라는 뜻을 가진 '기企'자를 넣어 재호齋號를 기재企齋로 지었는데, 무엇을 기도企圖한다는 것인가?"

"내 할아버님처럼 살기를 기도하겠다는 것이다. 내 할아버님께서는 당호를 희현당으로 지으셨으니, 내 서재에 '기'자를 넣어 재호를 기재로 지은 것은 내 할아버님처럼 살기를 기도한다는 뜻이고, 이는 곧 현인과 같게 되기를 희구하는 것이다."

"현인이 되기를 희구하여 현인이 되었으면 성인과 같게 되기를 희구해야 하고, 성인이 되었으면 천덕과 일치하기를 희구해야 하는데,[1] 이는 기도한다고 이를 수 있는 경지가 아니니, 그렇다면

1) 현인이……하는데 : 이 말은 송 주돈이周敦頤의 ≪통서通書≫ 〈지학志學〉편에, "성희천聖希天 현희성賢希聖 사희현士希賢"이라 한 말을 하학이상달下學而上達하는 순서대로 바꾸어 설명한 것이다.

기도하는 것 자체가 해서는 안 될 일인 듯한데?"

"아니다. 장차 기도하기를 중단함이 없을 것임을 말한 것이다."

내 서재의 동쪽에 산이 우뚝하게 솟아 있는데, 그 산이 높다고 여긴다면 이에 끝까지 오르기를 기도하고, 내 서재의 서쪽에 평평한 길이 곧게 뻗어 있는데, 그 길이 멀리 뻗어있다고 여긴다면 끝까지 가보기를 기도하며, 내 서재의 앞에 시냇물이 질펀하게 흘러가고 있는데, 냇물이 흐르면서 그침이 없음을 보게 되면 공자께서 흐르는 물을 보고 탄식[2]하셨던 경지에 이르기를 기도하고, 내 서재의 뒤에 엄정하게 서로 마주보고 솟아있는 소나무의 '세한후조歲寒後彫'함[3]을 보게 되면 이를 부러워하며 본받기를 기도할 것이다.

내 서재 안에 향 한 심지가 있고, 거문고 한 장이 있으며, 책 만 권이 있어서, 때때로 향을 사르고 거문고를 타기도 하고, 거문고를 내려놓고 책을 읽기도 하는데, 그 또한 기도함이 있는 것이다.

책 속에 현인에 대한 기록이 있어서 그 현명함을 보게 되면 그처럼 되기를 기도하고, 책속에 성인에 대한 기록이 있어서 그 성스러움을 보게 되면 그처럼 되기를 기도하며, 성스러움이 천덕天德과 일치해서 천덕을 따르면 평안해질 것이니, 천덕을 평안하게 받아

---

2) 공자께서……탄식 : ≪논어≫ 〈자한子罕〉편에, "공자께서 냇가에 계시면서 말씀하시기를, '가는 것이 이와 같도다! 밤낮없이 운행하며 그침이 없도다!〔子在川上曰 逝者如斯夫 不舍晝夜〕'" 한 말씀을 인용하여, 성인의 순수한 마음이 그침이 없음이 바로 천덕川德임을 밝힌 것인데, 이를 따르겠다고 말한 것이다.

3) 소나무의 '세한후조歲寒後彫'함 : ≪논어≫ 〈자한〉편에 "날씨가 추워진 뒤에야 소나무와 잣나무의 잎이 뒤늦게 시듦을 알게 된다〔歲寒然後 知松柏之後彫也〕"라 한 말을 인용하면서 송백처럼 절의를 지키기를 기도企圖하겠다는 것이다.

들이는 것이 바로 하늘이 내게 명한 것임을 알고, 이를 따르고자 함이 내가 기도하는 것이므로, 드디어 이런 뜻을 드러내는 것으로 기재의 기記를 짓는다.

≪企齋集·文集≫ 권1

31) 면앙정기俛仰亭記 천지를 면앙俛仰하며 호연지기浩然之氣를 기르시네

소세양蘇世讓

해설 | 본 기記는 송순宋純이 자신의 정호亭號를 면앙정俛仰亭으로 짓고 기를 청하자, 이에 응하여 지어준 것이다. 정자를 짓게 된 내력과 주변의 경개 및 정호亭號를 '면앙俛仰'으로 지은 이유 등에 대한 송순宋純 자신의 설명을 듣고, 이를 그대로 서술해준 것으로 기를 구성한 것이 독특하다.

추성秋城(현 전남 담양 일대)의 남쪽 소 두 마리가 울었다는 곳에 골짜기가 있어 이를 기곡錡谷(솟골)이라 하는네, 곧 송宋씨들이 벼슬에서 물러나 사는 곳이다. 노송老松선생 송희경宋希璟 님이 벼슬에서 물러나 은거하는 곳으로 처음 이곳에 터를 잡아 살고부터, 자손들이 이어 살게 된 것이다.

그 골짜기 곁에 있는 작은 계곡 가운데 널찍하게 서려있는 곳을 고자高子라 하는데, 토지는 비옥하고 샘물은 달고 시원하여, 이곳에 기촌企村이라는 이름을 붙이고 집을 짓고 살게 되었는데, 이 당의 주봉主峰이 제월봉霽月峰이다. 산줄기의 형세가 동쪽에서부터 구불구불 느릿느릿 뻗어오다가 이 봉우리에 이르러 우뚝하게 솟은 것이, 마치 용이 거머잡고 호랑이가 움켜잡고 있는 듯하며, 서쪽으로 몇 리쯤 뻗어나가다가 높이 솟구쳐 어우러져 맺혀 있는 곳에 모두 일곱 구비가 있다.

이 일곱 구비 가운데 가장 높은 곳에 날아갈 듯한 날씬한 정자가 있으니, 이를 면앙정이라 한다. 이는 노송선생의 사대손으로 현재 한성판윤漢城判尹으로 있는 수초守初(송순宋純) 님이 지은 것이다. 집에서 정자에 이르기 까지는 겨우 백보 정도밖에 되지 않으나, 길이 산굽이를 돌게 되어있고, 소나무와 대나무가 어우러져 그늘을 드리우고 있어서, 지팡이를 짚고 왕래하는 곳의 근엄한 경개는 범하기 어려운 위엄이 있다.

정자에 올라 바라보면, 기암괴석이 봉우리위에 드문드문 솟아 있고, 그 아래에 석불사石佛寺가 있어서 종소리와 풍경소리를 정자에 전해주는 산이 용귀산龍龜山이고, 칼끝이나 창끝처럼 뾰족하게 솟아 용귀산과 나란히 우뚝 솟아 정자 앞에서 곧바로 마주하고 있는 산이 몽선산夢仙山이며, 외로운 봉우리가 빼어나게 솟구쳐서 구름을 뚫을 듯이 솟아 있는 것이 옹암산甕巖山이다. 층층 산봉우리들이 첩첩이 쌓여서 빙 둘러 북쪽을 가리고 있는 것이 용천산龍泉山이고, 바위 절벽이 우뚝하게 솟아서 가로 끊어서 가락지처럼 에워싸고 있는 것이 추월산秋月山인데, 이 산이 바로 담양부潭陽府의 진산鎭山이다.

두 봉우리가 쌍으로 뾰족하게 솟아 마치 말의 귀처럼 생긴 것은 용진산湧珍山이고, 느릿느릿 이어지다가 소가 누워있듯이 서려있는 것이 수연산修緣山이며, 성곽처럼 둘러 있고 병풍처럼 서남쪽을 에워싸고 있는 것이 나주羅州의 금성산錦城山이다. 높이 솟아 이리저리 뒤얽혀서 동남쪽에서 긴 눈썹 같은 모습으로 은은하게 보이는 것은 광주光州의 서석산瑞石山이다.

이러한 모든 산들이 사방을 에워싸고 공손하게 정자를 향해 읍하고 있는 듯하고, 가까이로는 푸른 봉우리들이 떼지어 모여들어 정자로 집중하는 빼어난 경치를 손으로 잡을듯하며, 멀리로는 갈래머리를 틀어올리고 아득히 먼 곳에 흩어져서 옹위하는 듯한 모습이 완연히 한 폭의 수묵화와 같다.

물은 세 줄기가 흐르는데, 한 줄기는 옥천산玉泉山에서 발원하여 서쪽으로 흐르다가 정자 아래에 이르러 용천수龍泉水와 합하는데, 구불구불 에워싸고 흐르다가 깊숙하고 널찍해진 곳에 유유히 노는 물고기들을 굽어보면, 그 수를 헤아릴 수 있을 정도로 물이 맑은 곳을 여계餘溪라 한다. 다른 한 줄기는 용천산龍泉山에서 발원하여 맴돌아 흘러 용연龍淵이 되었다가, 북쪽에서 서쪽으로 흘러 정자와의 거리가 십여 리쯤 되는 곳에서 목산촌木山村을 가로질러 흐르다가 정중리定中里에 이르러 다시 용천龍川과 옥천玉川 두 시내와 합쳐진다.

세 물이 합쳐 흐르는 곳은 큰 선박도 운행할 수 있으며, 아직 합치지 않았을 때에는 서로 등졌다 마주했다 숨었다 나타났다 하면서 양쪽 언덕사이에 모래섬을 이루기도 하면서, 비단이나 눈을 펼쳐놓은 듯이 맑게 흐르는 것을 끝까지 바라볼 수 있다.

처음 세 시내가 합쳐진 곳부터는 하나의 띠를 두른 듯한 긴 강이 넘실넘실 바다로 흘러 들어가는데, 큰 비가 내리다가 이제 막 개여서 파도가 흘러넘치게 되면, 아득하게 끝이 보이지 않아, 바로 드넓은 바다가 그 정자 밖을 에워싸고 있는 듯하니, 이것이 정자에서 볼 수 있는 산수의 모습이다.

정자 앞 드넓은 평야는 가로로나 세로로나 사십 여리쯤 되는데, 논밭의 둔덕이 수繡를 놓은 듯이 펼쳐져 바둑판처럼 평탄하다. 그 사이사이에 넓은 숲이 평평하게 우거져 있고, 군데군데 촌락이 펼쳐져 있는데, 무궁화나무로 울타리를 한 초가집들이 소나무와 대나무 사이에 어른거리며, 밥 짓는 연기가 곳곳에서 피어오르고, 나무꾼이 노래하고 목동이 피리 불며 앞뒤에서 서로 부르고 화답하고 하는데, 이것들이 이 정자에 올라 조망할 수 있는 아름다운 경치이면서, 또한 이를 통하여 태평성세의 평화로운 분위기도 살필 수 있게 된다.

맑은 물이 넘실대는 봄에 논밭을 갈고, 여름에 모판에서 자란 푸른 벼싹을 이앙移秧하며, 가을이 되면 누렇게 익은 벼가 넘실대고, 겨울이면 백옥 같은 흰 쌀밥을 먹게 되어, 네 계절마다 아름다운 경개景槪가 구비되어 있고, 구름과 안개를 삼켰다 토했다 하고 멀리 아름다운 봉우리가 보였다 안 보였다 하는 것이, 산천의 사이에 있는 정자의 아침과 저녁으로 변화하는 모습이어서, 이 또한 정자의 궤석에 의지해 절경을 완상함을 도와주지 않는 것이 없다.

아아! 산천이라는 것은 천지 사이에 있는 감정이 없는 것들이다. 그래서 반드시 이를 제대로 알아볼 수 있는 사람을 만난 연후에야 제 모습을 제대로 드러낼 수 있게 된다. 산음山陰의 난정蘭亭과 황주黃州의 적벽赤壁을 만약 희지羲之와 장공長公이 기록해 놓지 않았다면 거칠고 보잘것없는 적막한 물가에 지나지 않았을 것이니, 어찌 족히 후세에 이름을 남길 수 있었겠는가.[1]

---

1) 산음山陰의……있겠는가 : 왕희지王羲之가 〈난정기蘭亭記〉를 지어 회계산음

이 정자의 터는 과거 곽郭씨 성을 가진 사람이 살던 곳인데, 화려한 관복을 입고 일산日傘의 옹위를 받는 귀인들이 그의 집으로 모여드는 꿈을 여러 차례 꾸고서, 사람들에게 말하기를, "내 집에 장차 큰 경사가 있을 것이다." 하고 자식을 스승에게 보내어 공부를 하도록 하였다가, 학문이 이루어지지 않았을 때에 집 주변의 대나무를 모두 베어버린 후 그 땅을 팔고 다른 곳으로 이사를 가서, 마침내 이 땅이 수초 님의 차지가 되었으니, 이것을 어찌 임자를 제대로 만날 인연이 있어서 그렇게 된 것이라 아니할 수 있겠는가.

애초에 몇 칸의 초가로 된 정자가 있었다가, 세월이 오래 지나면서 허물어졌던 곳인데, 현재 민부상서(호조판서)로 계신 오겸吳謙 경부敬夫(오겸의 자) 님이 전에 부모님 봉양을 위해 이 고을의 태수로 나왔을 때인 임자년 가을에, 수초 님이 경부를 이끌고 함께 이곳에 올라 나무그늘 아래에 앉아 쉰 일이 있었다. 이때에 경부 님이 허물어진 정자를 다시 세우기를 적극 권하면서 또한 그 경비까지 보태주었으니, 이는 곧 왕녹사王錄事가 초당을 세울 자금을 기탁한 것이나 우윤원于允元이 산을 살 돈을 마련해준 뜻과 같았던 것이다.[2)]

會稽山陰의 난정에 대해 기록해 놓지 않았거나, 장공長公(소식蘇軾의 존칭)이 적벽의 절경에 대해 기록한 〈적벽부赤壁賦〉를 지어 후세에 전하지 않았다면, 그 절경이 세상에 알려지지 않았을 것임을 말한 것이다. 〈난정기〉와 〈적벽부〉는 ≪고문진보古文眞寶≫에 수록되어 있다.

2) 이는……것이다 : ≪두보전집杜甫全集≫에 두보가 완화계의 초당에서 지낼 때 그 초당의 수리비를 지원해 주겠다고 했으며〔王錄事許修草堂貲〕, 허균許筠의 ≪한정록閒情錄≫에 "우적于頔(자 윤원允元)이 양양襄陽을 진무鎭撫할 때 여산廬山 사람 부재符載가 편지를 가지고 그에게 와서 산을 살 돈 백만금을 빌리자고 하니, 우적이 즉시 주었다.〔于頔鎭撫襄陽 廬山符載齎書 就于乞買山錢百萬 于卽時與之〕" 하였다.

이에 과거에 있던 정자의 규모에 맞추어 새로 개창하면서 기둥 서너 개로 정자를 얽어놓고, 다시 그 아래 옛 터를 평평하게 다듬고 기둥 너덧 개로 집을 짓고서, 그 속에 서화를 모아놓고 야트막하게 담장을 두른 후에 꽃나무를 질서정연하게 심어놓았다.

이렇게 해 놓으니 추위와 더위에도 지낼 만하고 노닐며 쉬는 곳으로도 알맞게 되었다. 내방한 객들 가운데 정자명을 '면앙俛仰'이라 지은 뜻을 묻는 사람들이 있어서, 일일이 응답하기가 피곤하여, 곧 정자의 벽에 큰 글씨로 이렇게 써 놓았다.

굽어보니〔俛〕 땅이 있고	俛有地
우러러보니〔仰〕 하늘이 있네.	仰有天
그 사이에 정자〔亭〕 있어	亭其中
호연한 흥취가 일어나네.	興浩然
풍월을 맞이해 즐기는데	招風月
산천이 이 정자 향해 공읍하네.	揖山川
명아주 지팡이에 의지해	扶藜杖
이 정자에서 일생을 보내려 하네.	送百年

이를 본 객들이 웃으며 말하기를, "정자의 이름을 진실로 알맞게 지었습니다." 하였다.

수초께서 개성부 유수로 성심을 다해 3년간 근무하며 업적을 남겼는데, 장차 수레를 돌려 귀향하고자 하면서, 정자 주변 산천의 근원과 구체적인 모습 및 정자를 세우게 된 전말을 기록한 편지를 보내면서 나에게 정자의 기記를 지어달라 청하기에, 이에 내가 그가 기록해 보내준 말을 위와 같이 정리해 엮어서 보내주었다.

가정 경신년 칠석에 모某가 기記를 짓다.

≪陽谷集≫ 권14

32) 침류대기枕流臺記 흐르는 물에 귀를 씻고 지내시네

이수광李睟光

해설 | 본 기記는 지봉芝峯 이수광李睟光이 유희경劉希慶이 머무는 침류대枕流臺를 살펴보고, 무릉도원과 같음에 찬탄하면서, 유희경의 고아한 인품을 찬양하고, 아울러 그의 신분이 낮아서 그가 지닌 덕행을 펼칠 수 없음을 아쉬워한 것으로, 침류대의 주인인 유희경의 문집 ≪촌은집村隱集≫에 옮겨 실어놓은 것이다.

창덕궁의 서쪽에 있는 정업원[1)]의 골짜기는, 숲과 골짜기가 깊고 으슥하며 그 사이의 구렁에 물이 흐르고 있는데, 평탄하고 넓으며 고즈넉하게 조용한 운치가 있다. 내가 전에 실록국[2)]에 근무할 때에 아침저녁으로 이곳을 지나다녔지만 직무에 얽매여서 그 아름다운 경치를 한 번 끝까지 완상할 수 없음을 아쉽게 여기고 있었다.

그런데 하루는 유희경을 따라서 금천교를 벗어나자, 시냇물이 매우 불어난 곳에 붉은 복사꽃잎이 무수히 떠있는 것을 보고, 기뻐하며 말하기를,

"도원이 바로 여기에 있도다! 내가 장차 물을 거슬러 올라가 그 자취를 찾게 되면 진秦나라의 난세를 피해 도원에 살던 사람들과

---

1) 정업원 : 단종의 왕비 정순왕후 송씨가 머물렀던 승방이 정업원淨業院이다.
2) 실록국 : 실록 편찬을 위하여 임시로 설치한 관아인 실록청實錄廳을 달리 이르는 칭호이다.

만나 한 번 서로 웃으며 지내는 것도 가능하겠다!"

하니, 유생劉生이 빙그레 웃으며,

"이 냇물의 상류가 바로 제가 사는 곳입니다. 그 곳 물가에 대臺가 가로놓여 있고, 복사꽃이 탐스럽게 피었는데 풍우의 질투를 받아 가벼이 흩날리게 됨을 면하지 못하고 있습니다. 공께서 만약 가서 보려 하신다면 그곳의 주인인 제가 안내해드리겠습니다."

하였다. 이에 내가 더욱 기뻐서,

"그대가 진실로 진나라 때에 도원에 살던 사람이다."

하고 그를 따라갔다. 100여 보도 가지 않아 오른쪽으로 돌아가자 하나의 별세계가 펼쳐졌는데, 그곳이 바로 그가 사는 곳이었다. 흐르고 있는 물은 맑고 차서 사랑할 만했고, 돌을 쌓아서 대臺를 만들었는데 물에서부터 겨우 한 자 남짓 떨어져 있을 뿐이고, 이곳이 곧 이른바 침류대枕流臺였다. 그 대臺의 위와 아래에 다른 꽃나무는 전혀 없고, 싱그러운 복숭아나무 수십 그루만이 물의 좌우를 끼고 있어서, 붉은 꽃잎이 하늘에서 비가 내리듯이 쏟아져서 비단 물결 위에 떨어져 춤을 추는듯하여, 옛날 신선이 살았다는 도원도 이보다 화려하지는 않았을 것 같았으니, 조영祖詠의 시에서 말한 "무릉도원의 홍취를 어찌 알리오만은, 이 대도시 사이에도 완연히 그런 절경이 있도다." 한 것을 믿지 않을 수 있겠는가.

옛적 유신劉晨이라는 사람이 천태산의 도원에 들어가 신선을 만나자 돌아오지 않았다 하는데, 유생이 바로 그 유신 같은 무리로다!

내가 이제 요행히도 이렇게 신령한 경역을 끝까지 엿볼 수 있게 되어, 배를 타고 도원을 찾아갔던 어부와 같게 되었으니, 이 대臺에서 함께 누워 지내며〔枕〕 그 흐르는 물〔流〕을 한 번 마셔 봄을 어찌 꺼릴게 있겠는가.

이에 함께 크게 웃고, 이어서 땅에 자리를 깔고 앉아 있으니, 옥이 부딪치며 내는 소리 같은 물소리가 귀에 들려서, 흐르는 물〔流〕 위에 눕지〔枕〕 않아도 들을 수 있으니, 귀는 번거롭게 씻지 않아도 저절로 깨끗해지고, 티끌 하나 만큼도 오염됨이 없어서 온갖 잡념이 모두 사라지고, 사람의 정신과 기상을 씻은 듯이 맑게 하여, 황홀하게 바람을 타고 날아가 세속의 밖에 서 있는듯하게 되어 매우 즐거웠다.

나는 또한 이를 살펴보고, 이로써 유생劉生의 인품을 알게 되었다. 이 물이 거마가 왕래하는 지척 사이에 있으면서도, 우거진 숲 속에 스스로를 감추고 있음이, 마치 옛날의 은사가 몸을 숨기고 빛남을 감추고 지내는 것과 같고, 그 흐름이 얕고 좁되 깨끗하고 맑음을 더럽히지 않음은, 군자가 지닌 덕과 같음이 있다. 유생이 이러한 대은大隱에 자신을 비유하면서 대臺의 이름을 침류枕流로 지은 것은, 그 뜻이 바로 여기에 있는 것이다.

쌓은 덕을 드러내지 않음으로써 그 근원을 심오하게 하고, 맑은 물에 비춰보며 그 본성을 맑게 하고 있는데, 어두운 곳에 감추는 일만을 이루려 하지 말고, 덕을 이루는 일에 더욱 매진하기를 나는 유생에게 바라는 바이다.

특별히 애석한 것은 그의 신분이 낮아서 사람들에게 베풀 만한 것이 있어도 이를 널리 펼칠〔流〕 수 없는 것이다. 그래서 이를 쌓아 놓기만 하고 흘려보내지를〔流〕 못하고, 그 위에 누워서〔枕〕 지냄만을 스스로 즐기고 있을 뿐이니, 이 또한 슬픈 일이다.

공자께서, "팔을 굽혀 베개로 삼아 누워있어도 도를 닦는 즐거움이 그 가운데 있다." 하셨는데, 유생도 비록 불우하고 곤궁하게 지내기는 하나 그 즐김을 바꾸지 않고 있으니, 또한 공자님의 처신과 유사한 점이 있다 하겠다. 이런 말을 하자, 유생이 기뻐하며,

"제가 이제 그 말씀을 들은 이후에야 그 즐거워할 바가 무엇인가를 알게 되었습니다."

하기에, 드디어 이를 기록하여, 이로써 〈침류대기〉로 삼는다.

임자년 중추에 지봉거사芝峯居士가 쓰다.

≪村隱集≫ 권3

33) 여헌설旅軒說 나는 이 땅에서 잠시 떠돌다(旅하다) 사라질 나그네(旅)로다

장현광張顯光

해설 | 본 호설은 지구상에 사람이 나타나서 명과 자와 호를 갖게 되기까지의 과정을 설명하고, 아울러 자신이 호를 여헌旅軒이라 짓게 된 이유를 설명하면서, 자신의 인생관과 세계관을 밝힌 것이다. 곧 천지간의 모든 만물은 물론이고 천지 그 자체도 우주의 섭리로 보면 잠시 머물다 사라지는 나그네〔旅〕에 불과하다고 보면서, 이렇게 잠시 머물다 떠나야 할 나그네로서 살아있는 동안에 지켜야 할 도가 어떤 것인가를 밝힌 것이다.

사람들이 헌호軒號를 지니게 된 것은 중고시대에 시작된 것이다. 상고시대에는 사람들의 고유한 이름이 없었고, 사람들이 다만 소리만 낼 뿐이었다. 언어가 형성되기 이전에는 '우우, 거거'하고 소리만 낼 뿐이어서, 말도 또한 분간할 수 없었는데, 어찌 개개인이 지닌 고유한 이름이 있었겠는가? 그 때를 상상해보면 인류의 문명이 미개해서 사람 사이의 윤리도 드러나지 않았으며, 사람들이 각기 자신의 생명을 지니고 자연에 맞추어 태어나고 자라고 하면서, 다만 서로 소리를 듣고 서로 호응해 화답하고, 모습을 보고 서로를 식별하였을 뿐이니, 어느 겨를에 이름으로 부르기를 기대할 수 있었겠는가? 그 때는 비록 이름이 없다 해도 불편이 없었던 것이다.

그 후 새로운 풍습이 차츰 열리고, 크게 미개했던 기풍에서 차츰 벗어나게 되자, 인류의 문화가 밝아지고, 사람들이 윤리에 맞게 처신하지 않을 수 없게 되었다. 이런 때에 이르러 성인聖人이 먼저 나와서 이런 일을 주도하면서, 사물을 분별하는 문자가 생겼고, 사람들 각자가 이름을 가지게 되었다. 이렇게 된 후에 교육이 행해지고, 각자가 맡은 일을 행하게 되니, 이에 비로소 각자의 이름이 지어지게 된 것이다.

이렇게 사람마다 각기 하나의 이름을 지녀서, 자연히 이름으로 소통하지 못할 것이 없게 되었는데, 또 어찌하여 별도의 이름이라 할 수 있는 칭호를 이에 덧붙이게 된 것인가? 시대가 차츰 후대로 내려오면서, 존비의 등급을 드러내지 않을 수 없게 되고, 장유長幼의 차서를 밝히지 않을 수 없게 되자, 말할 때에 그 본명만으로는 상대를 높일 수가 없게 되었다.

이미 각기 명은 가지고 있으므로, 다시 그 명이 지닌 뜻을 근거로 하되 이를 바꾸어 불러서 존경을 표하기도 하였으니, 이른바 '자字'라는 것이 이런 연유로 지어진 것이다. 그러므로 사람의 귀천을 따지지 않고 그 명이 있으면 또한 반드시 그 자가 있게 된 것이니, 그 이전의 시대와 비교한다면 자로 부르는 것이 쓸데없는 것을 덧붙인 것 같기도 하였다. 그러나 이 자가 없다면 존비와 장유의 사이에 서로 함부로 대하게 되는데, 이렇게 하는 것을 꺼리지 않아서는 안 됨이 당연하였으므로, 이에 성인이 고금의 일을 합당하게 참작하여 사람들에게 자를 지니게 하였던 것이다.

그래서 문선왕文宣王 중니仲尼(공자)께서 지으신 ≪춘추春秋≫에서 사람을 호칭할 때에, 장려하여 취할 만한 사람은 자로 부르고 징계하여 버릴 만한 사람은 명으로 불러서 이를 구분하였으니, 자가 어찌 없어서야 되겠는가. 그러나 그 때에는 명과 자만이 있을 뿐이어서 이것만 갖추면 충분하였다.

다시 시대가 내려와 후세에 이르러 도가 밝게 행해지지 않고, 잘 다스려지던 시대는 언제나 적게 되니, 천하에 혹 뛰어난 뜻을 품거나 참된 도리를 지닌 선비라 해도, 세상에 나가서 그 시대에 뜻을 펼칠 수 없게 되는 경우가 많았다. 그렇게 되자 물러나 산림 강호 사이에 숨어 살면서, 당시 사람들에게 자신의 명이 널리 알려지게 되거나 속인들의 입에 자가 오르내리지 않게 하고자 하는 경우가 있게 되었다. 그렇게 되자 스스로 명과 자로 그 사람의 선행과 악행을 구분하고자 다툴 필요가 없는 별도의 칭호를 찾게 되었다. 이에 어떤 사람은 그가 거처하는 집을 근거로 호를 짓기도 하고, 어떤 사람은 살고 있는 지명을 호로 삼기도 하였다. 강江·호湖·택澤·계溪·산山·곡谷·동洞에서 무릇 그 마음으로 즐길만한 곳이나 그 몸이 의탁하고 싶은 것에서 취하여 이를 호로 삼기도 하였는데, 이들을 모두 포괄하여 헌호軒號라고 불렀다.

이에 그의 후손이나 연하자로서 그를 받들고 존경하는 사람들은 감히 그의 명이나 자를 부르지 못하고, 그의 헌호를 일상적인 칭호로 삼는 일이 많게 되었다. 헌호가 지어지게 된 것이 대체로 이런 이유에서였고, 그것이 성행하게 된 것도 또한 이 때문이었다. 이 때문에 송宋나라의 모든 훌륭한 분들도 또한 각기 호를 짓지 않은 사람이 없었으니, 대저 이를 어찌 기이한 일 꾸미기를 좋아하는 사람들이 한 행위라고 비난할 수 있겠는가. 진실로 이렇게 지은 호를 통하여 자신의 광채를 숨기고 행적을 감추고 만물의 창조자와 동류가 되어, 남들과 다투는 일이 없고 남들이 꺼리는 일을 하지 않으며, 일신의 생애를 하나의 호에 붙였던 옛 사람들의 뜻을 이해할 수 있게 된다.

금인金印과 자수紫綬를 차고 조정에서 명성을 드날리며, 살아서는 공후公侯라 불리어지고 죽어서는 좋은 시호를 갖게 된 사람들도 또한 모두 헌호를 지어 가졌는데, 그런 사람들이 숲이나 골짜기나 호수나 산의 이름을 취하여 이에 칭탁하려 한 데 이르러서는, 이렇게 한 것이 옳은 일인지 나는 알지 못하겠다.

나는 천지 사이의 한 좀벌레 같은 쓸모없는 사람이다. 기술자도 장사꾼도 못되고 농사꾼도 선비도 못된다. 비록 일찍이 학문을 배우는 일에 종사하기는 하였으나, 사실은 스스로 몸과 마음을 수양하는 노력에 독실하지 못하였고, 오히려 또한 일상적인 분수도 지키지 못했으며, 그릇된 명성을 도둑질해 차지하여 밝게 다스려지는 시대를 기만하였다. 한 벼슬자리를 겁도 없이 받아들였다가, 비록 그것이 분수에 어긋남을 알게 되어 이제는 물러나 산야에서 평안히 지내고 있기는 하지만, 그런데도 몸소 직접 농사도 짓지 않으면서 오히려 배불리 먹고 따뜻하게 입고 지내고 있으니, 내 평생을 돌이켜보건대 좀벌레라 부르지 않으면 무엇이라 부를 수 있겠는가?

전에 가까이 지내는 벗이 헌호를 지으라고 권한 일이 있었는데, 이에 내가 응답하기를,

"헌호가 어찌 나 같은 사람이 얻어서 지닐 수 있는 것이겠는가?

헌호라는 것은 그 사람을 호칭하기에 알맞은 것이어야 한다. 자신이 스스로 마음에 돌이켜볼 때에 과연 사람으로서 가져야 할 것을 가졌다고 자부할 수 있는 것이어야 하고, 남들이 나를 보고서 또한 모두 말하기를, '사람으로서 가져야 할 바를 가져서, 본보기로 삼을만한 사람이다.' 하게 된 연후에야 나 자신이 호를 지닌 것에 부끄러움이 없게 되고, 남들도 또한 그를 호로 부르는 것을 치욕으로 여기지 않게 될 것이다.

만약 스스로 돌이켜보거나 남이 그를 볼 때에 그 마음에는 비로 쓸어낸 듯이 아무것도 남은 것이 없고, 주관도 없는 못난 사람이 어질고 덕이 높은 사람의 칭호를 흉내 내고, 용렬한 남자가 고상한 선비가 지녀야 할 호를 탐한다면, 이것이 다만 스스로 부끄러움을 모를 뿐만이 아니고 남들까지 부끄럽게 할 것이니, 이를 어찌할 것인가. 다만 남들만을 부끄럽게 할 뿐만이 아니고, 그의 호에 쓰인 우리의 강과 호수와 연못과 늪의 이름까지 부끄럽게 하고, 우리의 시내와 산과 숲과 골짜기까지 욕되게 하며, 이로써 조물주에게까지 죄를 짓게 될 것임을 어찌할 것인가.

나 자신을 돌이켜보니 실로 비로 쓸어낸 듯이 아무것도 지닌 것이 없고, 남들이 보고 본받을 것이 아무것도 없는 사람이다. 천지 사이에 끼어 삼재三才의 하나로 참여하였으되, 이미 사람의 도리를 극진히 실현하지 못하였고, 사람의 형체는 가지고 살고 있으므로 사람이라는 이름을 지니고는 있으되, 오히려 또한 하늘에도 부끄럽고 땅에도 부끄러운데, 더구나 스스로 헌호를 붙일 수 있겠는가? 사람의 자식이 되어서 효를 행한 일이 없으니, 아버님이 지어주신 좋은 명을 지니는 것조차 이미 스스로 부끄러워해야 할 일이다. 붕우들 사이에 신의의 도를 지킴이 없었으니, 벗들이 지어준 아름다운 자를 지니는 것조차 또한 부끄러워해야 할 일이다. 그리고 이 두 가지에 부끄러움이 있게 되었음에서 벗어날 수가 없다면, 나라 사람들이 다만 지목하기를 '장현광張顯光'이라고만 하게하고, 예부터 알고 지내던 벗들이 호칭하기를 '덕회德晦(장현광의 자)'라 부르게 하는 것으로 충분하다. 그러하니 또한 어찌 다른 호를 감히 취할 수 있겠는가?"

이미 이런 말로 호 짓기를 거절하고, 헌호가 없이 지낸 것이 이제 40여 년이 되었다. 그러다가 이제야 비로소 여헌旅軒으로 호를 삼으면서, 스스로 이 호를 나에게 붙임이 지나치거나 건방질 것이 없다고 여기게 되었으니, 이 명칭이 내가 지닌 실상과 서로 부합하기 때문이다.

그렇다면 여헌이라 한 그 '헌軒'은 어디에 있는가? 일정한 장소가 없다. 그렇다면 어째서 '여旅'라 칭했는가? 나는 항상 나그네〔旅〕처럼 지내고 있기 때문이다. 나그네를 뜻하는 여旅라는 것은 남의 객이 됨을 말한 것이고, ≪주역≫ 가운데 여괘旅卦가 이루어진 것을 삼가 살펴보니, '리상간하离上艮下'로 되어 있어서, 하下의 산山〔艮〕은 정지해있고 옮겨가지 않으며, 상上의 화火〔离〕는 움직이면서 정지해 있지 않다. 이는 떠돌면서 머물지 못하는 상이므로, 괘의 이름을 '여旅'로 지은 것이니, 만약 항시 머물 곳이 있어서 밖으로 나다니지 않아도 된다면 어찌 괘명을 '여旅'라 했겠는가?

나는 옥산玉山(경상북도 칠곡군 인동의 옛 이름) 사람(仁洞張氏)인데, 어려서 고아가 되어 돌보아주는 사람이 없어서 사방으로 떠돌아다니며〔旅〕 배웠으니, 일정한 집에 정주할 수가 없었던 것이다. 어려서부터 그렇게 지내다가, 임진년 여름이 되었을 때에는 옥산 땅이 왜적이 지나는 길목이 되었고, 내 집이 그 길가에 있었으므로, 남보다 가장 앞서서 달아나 숨었는데, 집은 병화로 불타 없어지고 빈 터만 남았으므로, 왜구가 물러간 후에도 옛 땅으로 돌아가 정주할 수가 없었다. 이때부터 친척에게 몸을 의탁하거나 그렇지 않으면 반드시 붕우들에게 의지하면서 가속들을 이끌고 1년에 3·4차례씩 이리저리 옮겨 다녀서, 드디어 동서남북으로 떠도는 여객旅客이 되었으니, 객지를 떠도는 '여旅' 노릇 하기를 나처럼 한 사람이 누가 있겠는가? 이와 같았으니 여헌으로 호를 지음이 또한 마땅하지 않겠는가?"

하니, 이에 어떤 사람이,

"호에 헌軒자를 넣으려면, 반드시 정주할 건물〔軒〕이 있은 연후에야 이를 근거로 헌자를 호에 붙일 수 있는 것인데, 지금 그대는 거처할 헌이 없는 나그네〔旅〕이면서 '헌軒'자를 호에 붙인다면, 그대의 헌은 과연 일정한 장소가 있는 것인가? 더구나 헌은 곧 주인이 있어야 하는데, 그대는 나그네〔旅〕인 것으로 자신의 호를 삼았으니, 이는 곧 자신이 소유하지 않은 것을 취한 것이 되지 않겠는가?"

하였다. 이에 내가,

"내가 칭한 헌은 고정불변한 장소가 없고, 또한 내 소유도 아니기 때문에, '여旅'로써 그 헌의 이름을 붙인 것이다. 헌이라 하면서 '여旅'자를 붙인 것은, 그렇게 이름을 지어야 내 실제 생활과 부합하기 때문이다. 대저 헌에 일정한 장소가 없다면, 내가 가서 머무는 곳마다 나의 헌이 되고, 그렇게 된다면 나는 언제나 헌을 가진 것이 된다. 하나의 고정된 헌에 얽매이지 않을 수 있으면, 그 헌이 그곳에 머무는 사람의 물건이 됨이 자연히 이와 같게 될 것이니, 없어도 없음에 그치지 않고, 있어도 있음에 얽매이지 않게 됨, 바로 이것이 내가 항시 나그네가 되면서, 나그네이면서도 반드시 가질 수 있는 헌인 것이다. 그러하니 여헌旅軒으로 호를 삼음이 어찌 소유한 것에서 취한 것이 아니라 말할 수 있겠는가?"

하니, 어떤 사람이 또 이렇게 말하였다.

"그대가 여헌으로 호를 삼은 것에 대하여는 내가 이미 들었다. 그렇지만 우주 사이에 오직 태극太極만이 일정하게 머무는 방소方所나 형체가 없고, 그 밖의 만물은 반드시 형체와 머무는 곳이 있다. 그런데 이제 그대가 머무는 방소를 이미 헌이라 말했으면서 어떻게 형체가 없다고 말할 수 있는가? 또한 어떻게 방소를 지적해 말할 곳이 없다고 할 수 있는가? 또한 어찌 평안히 지낼만하고 즐겁게 지낼만한 실체가 없다고 할 수 있겠는가?"

이에 내가 이렇게 대답하였다.

"나의 헌은 이미 유有와 무無의 중간에 있게 된 것이니, 어찌 일정한 형체를 필요로 하겠는가? 그렇기는 하나 그 평안할 수 있고 즐거워할 수 있는 실상은 어느 때고 없는 일이 없고 어느 곳도 그렇지 않은 곳이 없다. 그 이유를 말해보겠다. 그 있는 곳은 혹 동쪽 주변일 수도 있고 서쪽 주변일 수도 있으며, 산의 남쪽에 있기도 하고 물의 북쪽에 있기도 하며, 혹 천 리 밖에 있기도 하고 혹 십보 안에 있기도 하며, 혹 호수와 바닷가에 있기도 하고 혹 시냇가에 있기도 하며, 혹 깊은 산골짜기에 있기도 하고 넓은 들에 있기도 하다. 반드시 검소함을 취할 필요도 없어서 비록 고대광실高大廣室이라도 또한 이를 평안히 여기기도 해서, 반드시 작은 헌만을 고집할 필요가 없고, 비록 작고 비좁은 초가라 해도 또한 이를 즐길 수 있다.

꽃나무와 대나무가 언덕에 가득해도 이를 번화繁華하다고 여기지 않고, 전원에 잡초가 거칠게 무성해도 이를 황폐해졌다고 여기지 않는다.

또한 오직 건물만을 헌으로 여기지 않고, 내가 머물 수 있는 맑은 그늘이나 푸른 숲까지도 또한 모두 나의 헌이 된다.

푸른 절벽위에 뜬 달도 나의 헌이고, 시내 가의 향기로운 초원도 나의 헌이며, 산 주변에 불어오는 맑은 바람도 또한 나의 헌이다.

혹 하루를 머무는 헌도 있고, 혹 며칠을 머무는 헌도 있으며, 혹 한 달을 머무는 헌도 있고, 혹 한 계절을 넘기는 헌도 있으며, 혹 한 해를 머무는 헌도 있고, 혹 몇 년을 머무는 헌도 있다.

헌이 있는 곳도 그 지역이 일정하지 않지만, 이들이 모두 모여서 일신이 머무는 헌이 되고, 헌에 머무는 것도 그 때가 일정하지 않지만, 이들이 모두 쌓여서 일생을 머무는 헌이 된다. 그러하니 내가 헌으로 삼은 것은 남들이 헌으로 삼은 것과는 다르다.

모든 만물은 머무는 방소가 있어서, 그 구역이 일정하므로, 동서남북을 두루 머무는 방소로 삼을 수가 없고, 형체를 가진 것은 그 크기나 부피가 일정해서, 그 대소나 허실을 바꿀 수가 없다.

그러므로 그 방소가 정해진 것은 그 형세가 반드시 좁게 한정되어 있으므로, 방소가 정해지지 않은 것이라야 그 넓이가 무궁할 수 있다. 형체가 정해진 것은 반드시 그에 알맞은 방이 필요하지만, 형체가 정해지지 않은 것은 그 융통자재함을 가로막을 것이 없다.

이것이 내 헌이 일정한 방소가 없는 방소에 처했으므로, 천하의 뛰어나게 아름다운 곳을 모두 겸해 차지할 수 있게 된 것이고, 고정된 형체가 없는 형체를 지녔으므로, 사방의 아름다운 경치를 모두 갖출 수 있게 된 것이다. 그러하니 헌으로 삼은 것이 또한 크고 또한 풍성하지 않은가?

헌 안에 지니고 있는 물건들을 볼 것 같으면, 몇 권의 경서와, 문방사우인 지필묵연과, 석 자쯤 되는 장검 하나와, 새벽에 세수하고 머리를 빗을 얼레빗과 주련柱聯 하나뿐이다.

헌 위에서 마주한 사람은, 혹 옛 것을 좋아하거나 배우기를 좋아하는 선비이거나, 혹 경사經史에 능통하거나 이를 배우기를 일삼는 사람이거나, 혹 음풍영월吟風詠月하는 호걸이거나, 혹은 시골의 촌로들이다. 때로는 기이한 취향을 가진 객으로서 서로 헤어졌다가 찾아온 사람이 있으면 이들도 받아들이고, 오죽잖거나 미천한 사람이면 더욱 애긍히 여겨 맞이한다. 헌의 주변에 함께할만한 사람이 적으면, 동자 두서너 명을 좌우에 두고, 함께 일을 하기도 하고, 한가할 때에는 글자도 가르치면서, 일찍이 찾아온 그들을 내보낸 일이 없다.

여옹旅翁이 일삼는 것에는 어떤 것이 있는가? 동지同志를 만나면 도의를 논하고, 후생을 만나면 학문을 권장하며, 문인을 만나면 문장에 대하여 토론하고, 시인을 만나면 시를 언급하며, 농부가 찾아오면 뽕과 삼에 대해 대화를 나누고, 어부가 찾아오면 물고기와 거북에 대해 대화를 나누면서, 가끔 술을 권하기라도 하면 반드시 취하기를 사양함이 없고, 혹 시골 늙은이를 만나면 바둑 두기로 하루를 보낸다.

찾아오는 객이 없으면 책을 펼치고 글을 읽으면서 마치 오랜 옛날 성현의 마음을 보는듯하다가, 피곤하게 되면 팔을 굽혀 베개로 삼고 한가히 잠이 드는데, 마치 심오한 지덕至德의 세계에서 노니는듯하게 된다. 잠에서 깨어나면 문을 열고 이리저리 살펴보는데, 천지가 유유히 운행하고 솔개는 하늘을 날고 물고기는 못에서 뛰어노는, 즉 중용中庸의 도가 활발하게 행해짐을 보게 된다.

흥이 일어서 거닐면서 꽃을 찾아보고 버들을 따라가기도 하는데, 이런 것들이 심중에 끝없이 가득 차게 되어, 만물과 더불어 봄날의 흥취를 함께하게 된다.

흥이 다하여 돌아오면, 내 헌은 자연히 고요해져 있고, 의관을 정제하고 엄숙히 눈을 감고 명상에 잠기면, 무극과 태극의 오묘한 운행이 결단코 일상생활 사이에서 벗어나지 않으며, 형체 없는 것과 형체 있는 것이 일찍이 이치가 다르지 않음을 깨닫게 된다.

복희의 선천의 역[3]과 문왕의 후천의 역[4]이 마음과 눈 사이에서 묵묵히 계합契合하고, 전성前聖과 후성後聖의 도가 본래 하나임을 알

---

3) 복희의……역 : 복희가 천·지·산·택·풍·뢰·화·수 등 우주와 만유의 현상을 설명한 〈선천팔괘도先天八卦圖〉를 말한다.
4) 문왕의……역 : 문왕이 우주만물의 현상을 여덟 방위로 나타낸 〈후천팔괘방위도後天八卦方位圖〉를 말한다.

게 된다.

이와 같이 하면서 하루를 보내고 이와 같이 하면서 일 년을 마치는 것이 이 늙은이가 일삼는 것이다. 그러하니 내가 이 헌에서 즐기는 즐거움이 지극하다고 이를만하다."

하니, 어떤 사람이 다시 이렇게 반박하였다.

"그대가 즐기는 것이 즐겁기는 하겠다. 그렇지만 객 노릇하면서 느끼는 즐거움이, 집에서 가난하게 살면서 느끼는 즐거움만도 못하다는 말이 옛날부터 있어왔다. 그런데 그대는 다만 나그네〔旅〕의 괴로움을 모르고 도리어 이를 즐겁게 여기고 있으니, 그것이 너무나도 인정人情과 어긋나지 않는가? 팔다리도 부지런히 움직이지 않고 오곡도 분간하지 못하면서 가만히 앉아서 배부르고 따뜻하게 지내고, 아내는 길쌈도 할 줄 모르면서 추위를 면하고 있으며, 하인들은 김도 매지 않으면서 배불리 먹고 있으니, 이것이 어찌 노동도 하지 않으면서 향유함을 달게 여기고, 일도 하지 않으면서 먹고 사는 것이 부끄러움이 됨을 모르는 것이 아니겠는가?"

하였다. 이에 내가 다시 이렇게 말하였다.

"내가 과연 수고도 하지 않으면서 향유하고, 일도 하지 않으면서 먹고 지내며, 사방을 제 집으로 삼고 나그네로 떠돌아다님을 즐기고 있으니, 가끔 사람들의 비판을 받게 되는 것이 당연하다.

그렇기는 하나 천지 사이의 사물의 이치는 따지기가 어렵고, 때의 변화도 이유를 찾기가 어렵다. 나무 가운데는 가죽나무와 상수리나무도 있고, 흙속에는 모래와 자갈도 섞여 있는데, 가죽나무와 상수리나무가 재목으로 무슨 쓸모가 있기에 헛되게 비와 이슬로 길러지는 혜택을 받게 하는 것인가. 모래와 자갈이 흙에 무슨 쓸모가 있기에 농사도 짓지 못하는 쓸모없는 땅이 되도록 헛되게 놔두는 것인가.

이를 근거로 하여 살펴본다면 만물 가운데는 본시 쓸모가 없는 것으로 조물주의 노력을 허비하게 하는 것도 있는 법이니, 사람 가운데도 유독 나 같은 쓸모없는 사람이 없을 수 있겠는가. 또한 이렇게 병화兵禍를 겪는 시대에는 비록 몸속에 훌륭한 계책을 품고 있는 사람이라도 머물 곳을 잃음을 면하지 못하는 경우가 있는데, 더구나 나같이 졸렬한 사람이야 더 말할 것이 있겠는가. 그런 사람이 고생을 당연한 것으로 여겨서 고생으로 여기지 않고, 즐거워 할 일이 아닌데도 이를 홀로 즐거워하는 자가 있다면, 그런 사람이 좋아하는 것이나 싫어하는 것을 보편적인 인정에 맞추어 비교할 필요가 없는 것이다.

대저 내가 이른바 즐거워 한다는 것은 나그네 노릇함을 즐거움으로 여긴다는 것이 아니고, 단지 나그네인 처지에 있으면서도 그 즐거워할 일을 잃어서는 안 된다는 것일 뿐이다. 군자가 만난 처지에 맞추어 평안하게 지낸다면, 어떤 처지를 만난들 평안하지 않을 것이 있겠으며, 대인大人이 곤궁한 처지에서도 이를 평안하게 여기고 이를 향유한다면, 어떤 곤경을 만난들 향유하지 못할 것이 있겠는가.

사람의 우환이나 곤고는 모두가 밖에서 이른 것이니, 오직 내가 이에 대처함에 그 도리를 잃지 않으면 될 뿐이다. 밖에서 이른 것이 어찌 족히 내 마음에 제약을 가할 수 있겠는가.

만약 내가 지니고 있는 도리를 모르게 되면 겸손함이 없어지고 부족함도 모르게 되며, 때와 처지가 자신의 뜻에 맞아야만 스스로 만족하는 사람은, 우환을 만나면 비탄에 잠기고 곤고를 만나면 근심하고 슬퍼하며, 나그네가 된 괴로움을 고통스럽게 여기고 언제나 이를 모면할 방도를 찾기에 골몰하게 되는데, 그렇게 되고서 사람의 도리와 의리를 잃음에 이르지 않는 사람은 거의 없다.

오직 우환과 곤고의 밖에서 초연할 수 있는 사람이라야, 어디를 가나 도리와 의리를 자득하지 않음이 없게 되며, 동쪽에 의탁하고 살든 서쪽에 의탁하고 살든 나는 항상 나의 본분을 지키고, 저쪽으로 옮겨가든 이쪽으로 옮겨가든 내가 거처할 땅으로 여기지 않는 곳이 없어서, 진실로 밖의 일 때문에 그 나아갈 길을 잃거나 내심이 이에 따라 지켜야 할 바를 잃지 않게 되는 것이다.

또한 온 천하에 내가 머물 수 있는 땅 아닌 곳이 없고, 그 땅에서 사는 만인이 모두 내 형제이다. 남자는 천하를 내 집으로 삼고 만물을 내 몸으로 삼으며, 세상이 만약 평온할 것 같으면 그가 머무는 마을을 마을로 삼고 그가 사는 고장을 고장으로 삼아야 함이 본시 이런 이치를 따른 것이다. 세상이 변란을 만나게 되면 진인秦人이 월越 땅을 자신이 살 땅으로 삼기도 하고, 촉蜀 땅의 나그네가 제齊 땅에서 온 사람과 한 무리가 될 수 있는 것도 또한 이런 이치를 따른 것이다. 평온한 세상을 만나거나 변란을 겪는 세상을 만나거나 그 대처하는 것이 이 도에 맞게 하지 않음이 없으니, 이쪽을 집으로 삼던 저쪽을 집으로 삼던 어느 쪽으로 간들 무슨 불가할 것이 있겠는가.

더구나 우리나라는 동방에 치우친 한 작은 나라일 뿐이어서, 지금 내가 이곳에서 나그네로 살고 있는 것이 붕우들과 족당族黨을 벗어나지 않았고, 다만 내 고향인 옥산(인동)이 아닐 뿐인데, 어찌 이를 여旅라 이를 것이 있겠는가. 그런데도 여旅라 한 것은 그 뜻을 취함이 원대한 것이다.

내가 나의 헌호軒號에 여旅자를 붙인데 대한 설명은 이미 다했다. 이에 다시 여旅에 대한 의의에 맞추어 그 의의를 더욱 넓혀서 고찰해본다면, 내가 여旅가 된 것은 하나의 작은 여旅일 뿐이다. 만약 천지를 기준으로 하여 살펴본다면 천지간에 붙어서 살고 있는 모든 것들 가운데 여旅 아닌 것이 무엇이 있겠는가. 오직 천지는 만물이 잠시 머물다가는 여관旅館일 뿐이다. 그 사이에서 살고 있는 만물들은 홀연히 왔다가 홀연히 떠나는 것이고, 떠나는 자가 지나가면 오는 자가 뒤를 이을 뿐이어서, 일찍이 단 한 사람도 천지와 종시終始를 함께했던 사람이 없으니, 그렇다면 모두를 여旅라 하지 않고 무엇이라 할 수 있겠는가? 천지 사이에 존재하는 모두를 여旅라 할 수 있나니, 이런 원리에 극진하게 맞추면서 일생동안 부끄러움이 없도록 살기를 목표로 하는 사람이라면 이 여旅의 도에 힘쓰지 않을 수 있겠는가?

대저 사람이 사람들 사이에서 여旅 노릇하고 지내면서 그 도리를 지킬 수 있어서, 그 의의를 실추시키지 않기를, 안으로는 내 마음에 부끄러워할 일이 없게 하고, 밖으로도 또한 여관 주인〔天地〕에게 부끄러울 일을 하지 않았다면, 나는 마음이 이로써 흡족하게 되고, 남들도 또한 여旅 노릇을 잘했다고 말하게 될 것이다. 만약 그 도리를 지키지 못하여, 추구해서는 안 되는 것을 추구하면, 또한 의리에 맞는 평안함을 누릴 수 없게 될 것이고, 행해서는 안 될 것을 행하게 되어서, 혹 여관에서 남의 신발을 훔치는 일도 있고 남의 돈을 빼앗는 일도 있게 된다면, 여관 주인이 추하게 여기는 사람이 되지 않겠는가. 그 추하게 여기는 사람이 되는 것에 그치지 않고, 만약 더욱 심한 짓을 하다가, 감옥에 갇혀서 형벌을 받는 데에 이르게 되기를 몸이 죽은 이후에야 그치는 자까지 있으니, 두려워하지 않을 수 있겠는가? 조심하지 않을 수 있겠는가?

천지 사이에서 여旅 노릇 하는 사람도 또한 그와 같다. 다른 만물은 족히 언급할 것이 못되고, 사람은 가장 신령한 존재로 천지로부터 육신을 품부받아 사람이 된 것이므로, 그 귀함을 어디에도 비교할 수가 없다. 그러하니 반드시 우리가 사람이 된 도리를 알고, 우리가 마땅히 행해야할 도를 밝게 깨달아서, 어려서는 이를 배우고, 장년이 되어서는 이를 실천하고, 노년이 되어서도 이를 간직하고, 죽어서야 이를 마쳐야, 그 도를 몸으로 실천하면서 사람이 된 도리를 잃지 않았다고 이를 수 있다. 그런 사람은 생존해 있을 때에는 존경을 받게 되고 후세에도 찬양과 연모의 대상이 될 것이니, 어찌 대장부라 불리어지고 천지에 부끄러움이 없게 되었다 이르지 않을 수 있겠는가.

혹 사람으로서 지켜야 할 도리를 끊고, 사람으로서 갖추어야 할 윤리를 어지럽힘에 이르러서, 집안에서는 불효부제不孝不悌한 짓을 하고, 고장에서는 불공불순不恭不順한 짓을 하며, 나라에서는 불충부도不忠不道한 짓을 해서, 살아서는 수많은 해독을 끼치고, 죽어서 만년이 지나도록 악취를 풍기기도 하는데, 그런 사람을 여旅 노릇하면서 조심하지 않아서 감옥에 가고 죽음을 당하는 자와 같지 않다고 할 수 있겠는가?

아아, 일생은 한 순간이고 평생이 얼마 되지 않는데, 저런 일에 그 정신을 허비하고 그 생명을 잃으면서, 허겁지겁 힘을 다해 못하는 짓이 없는 사람은, 스스로 마음과 뜻으로 즐기는 욕망을 다 채웠다고 하면서, 일생의 목표를 모두 이루었다고 여기고 있으되, 하늘의 뜻을 어기고 도리를 위배해서, 이 세상에서는 사람들의 노여움을 사고, 저승에 가면 귀신들의 벌을 받게 될 것이니, 과연 뜻을 얻었다고 이를 수 있겠는가?

나는 나의 헌軒에서 가끔 이런 사람들을 만나게 되어, 마음으로 불쌍하게 여기고 있다. 나 같은 사람은 나의 여헌旅軒에서 앉았다 누웠다 하고 지내면서, 붕우의 옷을 내 옷으로 삼고 붕우의 음식을 내 음식으로 삼으며, 수석水石 사이에서 마음 내키는 대로 노닐고, 풍월을 읊는 사이에 마음을 풀어놓으며, 내 정신이 스스로 완전하게 보존되고 성정이 손상되지 않음을 다행으로 여길 뿐인데, 그대는 비록 이를 비웃겠지만 나는 즐거울 뿐이다!"

하니, 그 사람이 이렇게 말하였다.

"그대가 이제 천지 사이의 사람과 만물을 들어서 이들을 모두 여旅라고 이르는데, 그렇다면 그 여旅의 주인이 되는 자는 누구인가? 그대가 자신이 외로운 나그네〔旅〕라 해서 이를 미루어 만물 모두를 동류로 확산시킨 것이 아닌가? 더구나 만물이 모두 여旅가 된다면 조물주가 곧 그 주인이 된다는 것인가?"

이에 내가 이렇게 대답하였다.

"작게는 사람에 붙였고 크게는 천지에 붙였지만, 그 원리는 하나이다. 그러므로 그 설명을 동일하게 한 것이다. 또한 천지도 불변하는 하나의 천지가 될 수 없고, 만물을 기준으로 하여 살펴본다면 비록 그 시작과 끝을 볼 수 없다 해도, 도를 기준으로 하여 살펴본다면 천지도 또한 소멸됐다 생성됐다 하는 규칙이 있다고 보아야 한다.

만물의 큰 근본인 태극의 관점에서 본다면 지금의 천지는 곧 지나간 것이 되고, 뒤에 오는 천지는 다시 온 것이 될 것이니, 이렇게 본다면 천지 또한 태극의 도 가운데 있는 하나의 여旅에 불과할 뿐인데, 조물주가 어찌 변함없는 주인이 될 수 있겠는가?

다만 주인을 밖에서 찾기 때문에 끝내 주인이 될 수 있는 주인이 없게 된 것이다. 오직 만물이 각기 자신을 돌이켜볼 수 있게 되면, 곧 자신이 주재할 수 있는 도가 그곳에 있게 되는데, 사람들이 스스로 이를 살피지 않고 있을 뿐이다.

나의 가장 신령함을 들어서 말한다면, 나의 육신과 기질은 객이 되고, 이 마음의 이치가 곧 주인이 된다. 화복이나 영욕 등 밖으로부터 이르는 것이 곧 객이 되고, 내 마음이 지키고 있는 것이 주인이 된다.

이런 원리는 어디를 가나 없는 곳이 없으므로, 육신이 어디를 가든 그 주인은 평안하지 않은 곳이 없는데, 화복과 영욕이 나의 마음에 어떤 작용을 할 수 있겠는가? 저런 이치가 혹 육신과 기질의 제어를 받고, 육신과 기질이 일신의 주재자가 되며, 화복과 영욕 등 밖으로부터 온 것이 내 마음이 지킬 바를 흔들어대고 빼앗아서, 그래서 내 마음이 스스로 천명을 따를 수 없게 되기도 한다. 이는 곧 일신이 그 주재자를 잃고 육체가 화복과 영욕이라는 객이 머무는 여관이 된 것이니, 또한 가련하지 않을 수 있겠는가?

지금 내 일신은 그 머물 방소를 잃었지만 내 마음을 주재하는 것은 이치〔理〕이고, 여헌에서 즐기는 즐거움에 이 이치를 근본으로 삼지 않은 것이 없으니, 이것을 이른바 사람이 평안히 머물 곳〔人之安宅〕이라 하는 것이다. 내가 이런 안택을 가지게 된 연후에야 나의 여헌에서 즐길 수 있게 되는 것이니, 만약 이런 안택에서 즐기는 즐거움이 없다면 여헌이 어찌 내 마음을 즐겁게 할 수 있겠는가?"

하니, 이에 혹자가 이렇게 말하였다.

"나그네〔旅〕노릇하는 도를 근거로 하여 사람노릇 하는 도를 얻게 되었으니, 오늘 들은 것은 중대한 것이다. 그러하니, 여헌에 사는 여옹旅翁이 바로 안택의 주인인 것이로다!"

이에 내가 다시 이를 사양하며 이렇게 말하였다.

"내가 이런 도를 가졌다는 것이 아니고, 다만 그 이치를 말하자면 그렇다는 것뿐이다. 그렇기는 하나 여헌이라 호를 지은 취지가 또한 이에서 벗어나지는 않는다."

만력 정유년 여름에, 여헌이 청부靑鳧(경북 청송의 옛이름)의 여헌에 있으면서, 그 호설을 이렇게 지었다.

≪旅軒集≫ 권7

34) 두정기斗亭記* 사람들의 인품을 헤아려 취하거나 버리거나 하시라

임숙영任叔英

해설 | 본 호설은 진사 한복포韓復浦가 자신의 정자명을 두정斗亭이라 지은 데 대하여 그 의의를 풀이해준 것이다. 즉 정자명에 쓰인 '말 두斗' 자가 곡식을 계량하는 도량형기를 뜻하는데, 이를 정자명에 넣은 것은 곡식을 계량하겠다는 것이 아니고, 그 정자에서 접촉할 수 있는 사람들을 계량하여 받아들이거나 물리치겠다는 뜻인데, 계량의 대상이 되는 사람들의 유類를 해박한 지식을 동원하여 놀랄 정도로 다양하게 들면서, 각계각층 사람들 가운데 사귈만한 사람과 버릴만한 사람을 취사하는 용두지술用斗之術에 과불급이 없도록 하기에 힘쓸 것을 권면한 것이다.

서울의 동북쪽 모퉁이 한양의 끝자락에 자리잡은 곳으로, 쓸쓸할 정도로 사는 사람도 드문 곳이 있으니, 군주께서 계신 서울과는 전혀 다르다. 그곳 황폐한 언덕 가운데 돌연히 한 초가집이 맑은 연못가에 아득하게 서 있는데, 이것이 한군의 두정斗亭이다. 정자에 어찌하여 '두斗'자를 붙인 것인가? 그 방정方正하기가 말〔斗〕과 같기 때문에, 이를 두斗라 이르게 되었다 한다. 이미 부르기를 두斗라 하였다면, 이 정자가 두斗처럼 방정하지 않아서는 안 된다.

대저 두斗로 그 양을 헤아릴 수 있는 것은 조와 벼 같은 곡식들이

* "진사 한복포韓復浦에게 지어주다〔爲進士韓復浦作〕"라 되어 있다.

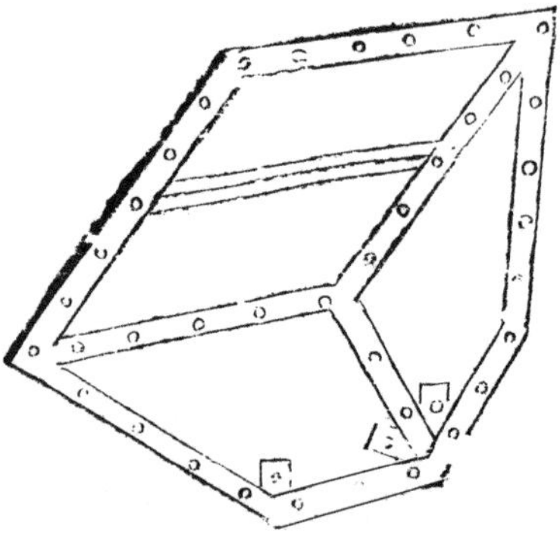

두斗

다. 이제 정자에 비록 '두斗'자를 넣기는 하였으나, 그 계량하려는 것이 조와 벼 같은 곡식류는 결코 아닐 것이다. 이미 곡식류가 아니라면 이 두정斗亭에서 두斗에 담아 계량할 수 있는 것이 과연 어떤 것들인가? 서로 교유하는 사람을 이 정자에 담아서 헤아려보려 한 것인가? 왕래하는 빈객들을 이곳에 담아서 헤아려보려 한 것인가? 교유하는 사람과 빈객들이 반드시 그 무리가 똑같지는 않을 터인데,

이 두斗에 훌륭한 현자를 담아서 그들을 헤아려보려는 것인가?
못난 불초자를 담아서 헤아려보려는 것인가?
문인이나 서화에 능한 사람들을 담아서 헤아려보려는 것인가?
부귀한 사람들을 담아서 헤아려보려는 것인가?
빈천한 사람들을 담아서 헤아려보려는 것인가?

이 다섯 부류의 사람들 가운데도 또한 사람됨이 동일하지는 않을 것이어서,

유학을 따르는 정통 학자도 있을 것이다.
이단인 양주楊朱·묵적墨翟을 배우는 편벽된 사람도 있을 것이다.

행동이 법식을 준수하는 사람도 있을 것이다.

책을 잡고 독서하며 현묘한 이치를 탐색하는 사람도 있을 것이다.

옛일에 해박하고 현실도 잘 알도록 두루 탐구하는 사람도 있을 것이다.

무인武人의 기질을 가져서 제어할 수가 없는 억센 사람도 있을 것이다.

용맹한 사람이어서 맞서기 어려운 사람도 있을 것이다.

특별하게 뛰어난 인물로 웅대한 계책을 품고 있는 사람도 있을 것이다.

쩨쩨하게 공명을 추구하기에 얽매이지 않는 사람도 있을 것이다.

공경대부로 우뚝하게 빛나는 사람도 있을 것이다.

온갖 잡일을 하는 관리로 지위가 높지 않은 사람도 있을 것이다.

많은 경험을 쌓아 일에 익숙하면서 조용히 지내는 사람도 있을 것이다.

나이가 젊으면서 번거롭게 여기저기 기웃거리는 사람도 있을 것이다.

학문의 탐구를 쉬지 않는 사람도 있을 것이다.

굶주림과 추위로 위협해도 해칠 수 없는 사람도 있을 것이다.

화와 복으로 뜻을 바꾸게 할 수 없는 사람도 있을 것이다.

벼슬에 나가기를 어렵게 여기고 물러나기를 쉽게 하여, 그 행적을 더럽히지 않는 사람도 있을 것이다.

오로지 굴원屈原·송옥宋玉·이백李白·두보杜甫를 모범으로 여겨, 이를 본받는 것을 자신의 본무本務로 삼는 사람도 있을 것이다.

재능을 화려하게 뽐내면서 의기양양하게 우쭐대는 사람도 있을 것이다.

봉록을 추구하는 사람도 있을 것이다.

재능과 학식을 갖추고도 숨어 지내는 군자도 있을 것이다.

한결같은 덕을 어그러뜨리지 않고 지내는 사람도 있을 것이다.

활달하고 시원하게 트여서 한계에 얽매이지 않는 사람도 있을 것이다.

드넓고 재기가 뛰어나면서 겉으로 드러내지 않는 사람도 있을 것이다.

사려가 깊고 원대한 사람도 있을 것이다.

천명을 알아 그대로 따르며 초연히 유유자적하는 사람도 있을 것이다.

인仁을 행함을 책무로 여기고, 덕으로 보필하는 사람도 있을 것이다.

효성과 우애가 독실한 사람도 있을 것이다.

절의를 지키기에 힘쓰는 사람도 있을 것이다.

공정公正에 힘쓰며 사욕을 억제하는 사람도 있을 것이다.

삼가고 조심하며 스스로를 단속하는 사람도 있을 것이다.

온유하고 공손하며 화목을 도모하는 사람도 있을 것이다.

굳세고 의연하며 정직한 사람도 있을 것이다.

자애롭고 어질며 가혹하지 않은 사람도 있을 것이다.

사양하면서 욕망에 마음을 더럽히지 않는 사람도 있을 것이다.

염치를 지키며 자신을 단속하는 사람도 있을 것이다.

예법으로 자신을 검속하고 사욕을 억제하는 사람도 있을 것이다.

옳다고 생각하는 일을 어떤 경우에라도 그대로 행하며〔特立獨行〕세력 있는 사람에게 아첨하지 않는 사람도 있을 것이다.

세상의 그릇됨에 비분강개하며 격렬하게 분노하는 사람도 있을 것이다.

결단성있게 결정하기를 억누르지 못하는 사람도 있을 것이다.

완악하고 우둔하며 무식한 사람도 있을 것이다.

미친 듯이 함부로 날뛰며 자신을 소중히 여기지 않는 사람도 있을 것이다.

두려워하고 겁을 내며 독자적으로 판단하지 못하는 사람도 있을 것이다.

무리에서 벗어나 홀로 지내며 유속流俗에 오염되지 않는 사람도 있을 것이다.

홀로 그 몸을 착하게 지니고 그 빛남을 감추어 드러내려 하지 않는 사람도 있을 것이다.

어두운 곳에 숨어서 홀로 쓸쓸히 지내는 사람도 있을 것이다.

교만하게 뽐내며 자신을 높이 받드는 사람도 있을 것이다.

공명功名을 취하는 데 급급하여 자신을 팔아먹는 일을 부끄러워하지 않는 사람도 있을 것이다.

자신을 자랑하며 이익과 혜택을 보려 하는 사람도 있을 것이다.

호기있게 남을 돕다가 형법을 범하는 사람도 있을 것이다.

즐겁게 놀고자 이리저리 쫓아다니는 사람도 있을 것이다.

사물에 구애받지 않고 멋대로 행동하며 서성거리는 사람도 있을 것이다.

익살스러운 농담을 자유자재로 구사하여, 무슨 말이 나올지를 헤아릴 수 없는 사람도 있을 것이다.

높은 소리로 토하는 웅변을 강해江海의 물로도 계량할 수 없는 사람도 있을 것이다.

비판하는 논조로 꼬집어 배척하고 쏘아대는 사람도 있을 것이다.

원망하고 헐뜯고 미워하는 노기가 가슴에 가득 찬 사람도 있을 것이다.

한결같은 마음으로 나라를 근심하는 사람도 있을 것이다.

세상의 법도가 날로 위축되는 것을 마음 아파하는 사람도 있을 것이다.

이단을 꾸짖으며 힘을 다해 이와 싸우고자 하는 사람도 있을 것이다.

선행을 좋아하기를 마치 기호품을 즐기듯이 하는 사람도 있을 것이다.

불인不仁한 행위를 하는 것을 마치 원수를 두려워하듯이 조심하는 사람도 있을 것이다.

강직하게 직간하다가 횡액을 당하는 사람도 있을 것이다.

어여쁜 모습으로 복을 받는 사람도 있을 것이다.

나아가지 못하고 망설이며 그릇됨에 빠진 사람도 있을 것이다.

조잡하고 소홀해서 미움을 사는 사람도 있을 것이다.

어리석고 무지하면서 제멋대로여서 수양이 불가능한 사람도 있을 것이다.

경계하며 두려운 듯 조심하는 사람도 있을 것이다.

허약하게 축 늘어져 있으면서 스스로를 다잡지 못하는 사람도 있을 것이다.

원래 지닌 바탕이 아름다운 사람도 있을 것이다.

후천적인 수양으로 성盛하게 향기롭게 된 사람도 있을 것이다.

사치를 고상하게 여겨 즐기며, 비단 옷 입고 좋은 음식을 먹는 사람도 있을 것이다.

스스로 검약을 표방하고 금과 옥을 하찮게 보고 축적하지 않는 사람도 있을 것이다.

위엄있는 거동이 본받을만한 사람도 있을 것이다.

온후담백하여 행해야 할 규칙 조목을 간소화한 사람도 있을 것이다.

대인의 너그러운 풍도를 지닌 사람도 있을 것이다.

세세한 것을 따지는 쩨쩨한 사람도 있을 것이다.

썩은 선비여서 하찮은 것에 얽매이는 사람도 있을 것이다.

바르지 못한 사람이어서 웅크리고 나아가지 못하는 사람도 있을 것이다.

탐욕스럽고 비루한 남자여서 미움을 사는 사람도 있을 것이다.

고장 사람들이 자신을 좋아하도록 하고자 천박하게 꾸미는 사람도 있을 것이다.

명성과 이익을 외면하고, 높은 벼슬을 깨진 기왓장처럼 하찮게 여기는 사람도 있을 것이다.

만물에서 초탈하여 우주를 지척처럼 좁게 여기는 사람도 있을 것이다.

오만해서 굽실거리지 않는 사람도 있을 것이다.

태만해서 불이익을 받는 사람도 있을 것이다.

바짝 마르기가 쓰러진 나무 등걸 같은 사람도 있을 것이다.

담박하기가 맑은 물이 가득 고여 있는 것 같은 사람도 있을 것이다.

낮고 낮게 자신을 억누르는 사람도 있을 것이다.

높고 높게 자신을 일으켜 세우는 사람도 있을 것이다.

까다로운 예법을 세세하게 따르느라, 허리를 굽히고 오금을 펴지 못하는 사람도 있을 것이다.

넉넉하게 용납하여 다그치거나 조이지 않는 사람도 있을 것이다.

야비하고 도리에 어긋나서 정숙하지 않은 사람도 있을 것이다.

범주를 멀리 벗어나서 그 경계를 따질 수 없는 사람도 있을 것이다.

허탄하기가 마치 헛소리하는 점쟁이 같은 사람도 있을 것이다.

말을 교묘하게 꾸미고 낯빛을 예쁘게 해 아첨하는 사람도 있을 것이다.

처신이 중후하고 침착하여 말이 적은 사람도 있을 것이다.

억세고 사나워서 제어를 받으려 하지 않는 사람도 있을 것이다.

날쌔고 날카롭기가 창끝과 같은 사람도 있을 것이다.

폭력으로 빼앗으면서 만족을 모르는 사람도 있을 것이다.

부지런히 애쓰며 태만을 멀리하기를, 먹고 자는 것도 잊은 듯이 하는 사람도 있을 것이다.

지극한 성실로 참되게 정성을 다하는 사람도 있을 것이다.

어진 마음으로 정중히 남을 가엽게 여기는 사람도 있을 것이다.

입을 닫고 묵묵히 지내는 사람도 있을 것이다.

세속에 맞추어 변화하여, 희다 했다 검다 했다, 말을 바꾸는 사람도 있을 것이다.

시대에 맞추어 굽혔다 폈다 하며, 나아갔다 물러났다 하는 사람도 있을 것이다.

몸이 피로하도록 스스로 고생하며 밤낮없이 애쓰는 사람도 있을 것이다.

재산을 잘 불리는 사람도 있을 것이다.

자질구레한 것까지도 아까워하고 인색하게 구는 사람도 있을 것이다.

빌붙어 동조하며 충고할 줄을 모르는 사람도 있을 것이다.

겉만 화려하게 꾸며서 꾸짖음을 들을 만한 사람도 있을 것이다.

기이한 궤변을 늘어놓아 책망을 받을 사람도 있을 것이다.

소원한 사이이기는 하나 객은 아닌 사람도 있을 것이다.

친밀한 사이이기는 하나 친척은 아닌 사람도 있을 것이다.

글씨를 배우면서 장욱張旭[2)]을 본받기로 마음먹은 사람도 있을 것이다.

그림을 교묘하게 그리고자 고육顧陸[3)]을 스승으로 삼는 사람도 있을 것이다.

신선이나 도사가 되어 날개가 생겨서 날아오르고자, 적송자赤松

---

2) 장욱張旭 : 당唐나라의 서예가로 초서를 잘 썼고, 술을 좋아하였으며, 머리카락에 먹을 묻혀 글씨를 쓰는 등 기이한 행동을 많이 하였다. 당시에 초성草聖이라 칭하였다.

3) 고육顧陸 : 동진東晉의 화가 고개지顧愷之와 남조南朝 송宋의 화가 육탐미陸探微를 아울러 이른 것이다.

子와 왕자교王子喬[4] 등을 좇아 배우고자 하는 사람도 있을 것이다.

묵은 것을 토해내고 새것을 받아들이는 단전호흡으로 불로장생하는 도인술과 양생술을 배우고자, 남녀관계를 끊고 음식의 욕구를 억제하는 사람도 있을 것이다.

불교의 겁박에 넘어가 그에 빠져든 사람도 있을 것이다.

무당에게 미혹되어 그에게서 벗어나지 못하는 사람도 있을 것이다.

의약 공부를 해서 침과 뜸에 달통한 사람도 있을 것이다.

복서卜筮를 익혀서 거북점과 시초점을 잘 치는 사람도 있을 것이다.

연燕나라나 조趙나라 여인처럼 춤을 어여쁘게 잘 추는 사람도 있을 것이다.

맑은 소리로 노래를 잘 부르는 사람도 있을 것이다.

북치고 춤추며 덩실덩실 뛰놀기를 잘하는 사람도 있을 것이다.

금석金石의 팔음八音(금金 · 석石 · 사絲 · 죽竹 · 토土 · 포匏 · 혁革 · 목木 등으로 만든 8종의 악기)을 잘 다루는 사람도 있을 것이다.

활을 쏘면 정곡正鵠을 명중시키지 못하는 일이 없는 사람도 있을 것이다.

투호와 바둑 장기에 능한 사람도 있을 것이다.

술을 마실 때에 취하지 않고, 끝까지 맑은 정신으로 자리를 지키는 사람도 있을 것이다.

지금까지 이곳에 들어놓은 사람들은 모두 이 정자에 채워놓고

---

4) 적송자赤松子와 왕자교王子喬 : 두 사람 모두 중국 전설에 등장하는 神仙들이다.

(두斗로 곡식을 헤아리듯이) 헤아려야 할 사람들인데, 과연 이곳에 채워놓고 헤아릴 수 있겠는가?

그렇지 않으면,

만고의 역사를 습득할 수 있는 사람도 있고,

전세前世에 덕을 닦은 현인군자를 알아낼 수 있는 사람도 있고,

치란·흥망·안위·성쇠를 점쳐 알 수 있는 사람도 있고,

득실과 성패의 근원을 찾아낼 수 있는 사람도 있고,

이해·휴척休戚을 파헤쳐 드러낼 수 있는 사람도 있고,

선악·숙특淑慝을 골라낼 수 있는 사람도 있고,

지혜로운 사람과 어리석은 사람, 곧은 사람과 굽은 사람, 충직한 사람과 아첨하는 사람, 신의 있는 사람과 속이는 사람, 맑은 사람과 흐린 사람, 밝은 사람과 어두운 사람, 너그러운 사람과 사나운 사람, 강한 사람과 약한 사람, 교묘히 꾸미는 사람과 우직한 사람, 아름다운 사람과 추한 사람 등, 같고 다름이 일정하지 않은 이들을 밝게 분별할 수 있는 사람도 있고,

옳고 그름, 좋고 나쁨을 곧게 판별할 수 있는 사람도 있고,

검은 색과 흰 색, 모함과 찬양을 파헤칠 수 있는 사람도 있고,

희노喜怒·애증愛憎·비환悲歡·우락憂樂·감고甘苦·영욕榮辱 등을 밝힐 수 있는 사람도 있고,

천지와 음양의 이치를 풀어낼 수 있는 사람도 있고,

일월日月·성신星辰·풍운風雲·우로雨露·뇌정雷霆·벽력霹靂·상설霜雪·빙박氷雹 등의 기상氣象과 소리와 빛깔의 원리原理를 찾아낼 수 있는 사람도 있고,

산천山川・초목草木・조수鳥獸・충어蟲魚 등의 동정과, 쇠미하거나 번창하는 원리를 밝힐 수 있는 사람도 있고,

춘하추동 네 계절의 춥고 더운 이치를 자세히 알 수 있는 사람도 있고,

어둡거나 밝은 밤과 낮의 광경과 온갖 모습을 문장으로 표현할 수 있는 사람도 있으니,

이런 것들 또한 이 두정에서 두斗에 담아서 계량할 수 있는 것들이다. 그렇다면 거의 모든 만물을 모두 담아서 계량할 수 있다는 것이니, 크기도 하도다, 이 두斗라는 그릇이여! 비록 온 천하를 모두 가져다 담아도 또한 널찍하게 비어있는 여지가 있는 것이로다!

비록 그러하기는 하나 만물은 정교함과 조잡함이 서로 다르므로 두斗가 비록 이들을 잘 받아들인다 해도, 어찌 선택을 하지 않고 하나하나 모두를 받아들일 수야 있겠는가?

그러므로 그 유類를 분별하여 취해야 할 것과 버려야 할 것이 있을 것이니, 그 선택할 것들을 자세히 헤아려 보아야 할 것이다. 또한 이를 헤아릴 수 있게 되면, 당연히 지나치게 넘치는 것과 모자란 것을 알게 될 것이니, 지나친 것은 덜어내고 모자란 것은 보태주어서, 그것들이 그 두斗라는 용기容器에 알맞도록 하여, 넘치지도 않고 모자라지도 않게 한다면, 이렇게 하는 것이 바로 두斗를 선용하는 방도가 되는 것이니, 한군은 이를 알아야 할 것이니라.

《疎菴集》 권3

35) 동춘당기同春堂記　춘기春氣와 함께하며 인仁을 행하시네

조익趙翼

해설 | 본 기記는 송준길宋浚吉의 당호 동춘당同春堂에 대한 해설이다. 천지의 사덕四德인 '원형이정元亨利貞' 가운데 으뜸인 원元이 바로 사람이 지녀야 할 사덕인 '인의예지仁義禮智' 가운데 인仁에 해당하고, 그 인이 네 계절 '춘하추동春夏秋冬'의 기 가운데 만물을 생양하는 춘기春氣에 해당하므로, 당호에 넣은 '동춘同春'은 만물을 생양하는 춘기 즉 인仁을 닦아서 깨닫고, 한걸음 나아가 이를 중인衆人에게 전파하여, 춘의春意를 함께하겠다는 뜻임을 밝히면서, 이를 찬양한 것이다.

진선進善(세자시강원의 사품관) 송군宋君(송준길)이 수백 리 밖에 있는 나에게 편지를 보내어, 이른바 동춘당同春堂이라 한 당호에 대한 기記를 지어주기를 청하였다. 송씨들이 회덕懷德에 살게 된 것이 대체로 200여 년이 되었다. 송군의 7세조이신 쌍청공雙淸公(송유宋愉)께서 태종 때에 벼슬을 버리고 향리로 돌아와, 처음으로 회덕에 은거하며 생을 마치셨는데, 한 당을 짓고 이름을 쌍청당雙淸堂이라 한 후에 그것을 자호로 삼으셨으며, 교리校理 박팽년朴彭年 공이 이에 대한 기記를 지었다. 그 후 자손이 많이 늘었고, 온 마을 사람이 모두 송씨들이었으므로 사람들이 이 마을을 송촌宋村이라 불렀다.

송군의 집은 그 마을의 윗쪽에 있다. 그의 선친께서도 당 한 칸

동춘당同春堂 송준길宋浚吉 선생先生 필筆 서첩書帖

을 지으셨는데, 그곳에서 바라보면 사방이 시원하게 트여 있고, 그 방이 고요하고 깊숙하고 따뜻하여, 겨울이나 여름을 나기에 모두 알맞아서, 이른바 군자가 평안하게 지낼만한 곳이었다. 그 당이 전란 후에 무너졌는데, 송군이 이를 새롭게 중건하면서 그 규모는 모두 옛 규모를 그대로 따랐으나, 약간 동쪽으로 옮겨서 시냇물에 가깝게 되었다. 또한 그 땅이 계룡산의 동쪽 봉무산의 북쪽에 위치해서, 명산이 시야로 들어오고, 흐르는 물이 집 아래에 있으므로, 산은 네 계절과 아침저녁으로 경치가 갖가지로 변화하고, 비단결 같은 물이 마을을 에워싸고 맑고 투명하게 감돌아 흐르므로, 이를 모두 즐겁게 완상할 수 있다. 그래서 그 당의 이름을 동춘당이라 지은 것이니, 만물과 봄의 생양지심生養之心을 함께한다는 '여물동춘與物同春'의 뜻을 취한 것이다.

내가 생각하건대 회덕의 송씨들은 우리나라의 명족으로, 옛날 중국 범양의 노씨盧氏나 청하의 정씨鄭氏들처럼 그 일족一族이 번창하고, 또한 현사賢士를 많이 배출하였다. 그 선조이신 쌍청공은 은둔한 채로 생애를 마치셨으므로, 뜻이 고상하고 지조가 굳은 분임을 알겠고, 박공朴公이 그 당의 기記를 지었으니 틀림없이 함께 교유를 했던 것이고, 박공의 충렬은 온 우주에 가득한 그 꿋꿋한 기상이 일월과도 그 광채를 다툴만한 분이니, 그분과 교유했던 분도 반드시 현인이었을 것이다. 현인이 아니었다면 기를 지어주지 않았을 것임이 틀림없으니, 이런 사실을 통해서도 그 분이 현명한 분이었음이 더욱 드러나게 된다. 그러하므로 그분의 자손들이 번창하고 현사가 많게 된 것은 당연한 일이다. 이를 통해서도 하늘이 선인善人에게는 복을 내림을 알 수 있게 되나니, 이치로 보아 반드시 그렇게 되도록 되어있는 것이다.

송군은 그러한 현인의 후예로 현사들이 많은 마을에서 자라면서, 멀리는 선조의 업적을 따르고, 가까이로는 송씨 일족의 가풍을 지켰으므로, 그의 성정性情과 행위가 자연히 범인凡人들과는 차이가 나게 되었음은 당연한 일이었다. 그에 더하여 옛 성현의 학문에 목표를 두고, 옛 성현이 했던 일에 스스로 노력하고 있으므로, 종중의 여러 사람들이 미칠 수 없는 경지에 이를 수 있게 되었다.

이제 당을 새롭게 중건하면서 선친께서 세우신 옛 규모를 바꾸지 않고 그대로 이어받았으니, 효성이 지극하다 이를 수 있으며, 그 당의 이름으로 드러낸 뜻을 살펴보면, 또한 그의 지향점이 원대함을 알게 된다. 대저 하늘의 덕에 '원형이정元亨利貞' 네 가지가 있는데, 그 가운데 원元이 으뜸이고, 그것을 운행하는 기氣도 또한 '춘하추동春夏秋冬' 넷이 있는데, 그 가운데 춘春이 첫 번째를 차지한다. 그러므로 춘春이 원元을 때에 맞게 행하는 계절인 것이다. 사람이 행할 덕목인 인仁도 이에서 나온 것이므로, 원元이라 하고 춘春이라 하고 인仁이라 하는 것이 사실은 같은 것이다. 정자程子(정이)가 "마음을 고요히 한 후에 만물을 살펴보면 모두 춘의春意(만물을 낳고 자라게 하는 마음)를 가지고 있다." 하였고, 다시 말하기를 "만물을 생양하는 뜻을 가장 잘 볼 수 있으니, 이는 원元이 이들을 잘 생장하게 하는 것이다." 하였으니, 이것이 이른바 인仁인 것이다. 대저 천지는 만물을 생양하는 것으로 뜻을 삼음으로, 원元이 천지가 만물을 생양하는 심心이고, 춘春이 천지의 만물을 생양하는 기氣인 것이다. 만물이 생양함은 모두 천지에서 받은 것이므로, 만물을 모두 생양할 뜻을 갖게 된 것이니, 이른바 춘의春意가 바로 생의生意인 것이다.

인仁은 사람이 만물을 생양하려 하는 마음이니, 송군이 '동춘同春'으로 그 당호를 지은 것을 통하여, 그 뜻이 인仁을 추구함에 있음을 알게 된다. 대저 인仁은 천지의 공변公辨된 뜻이고, 모든 선의 근본이 되는 것인데, 송군의 목표가 곧 여기에 있는 것이니, 그 뜻이 어찌 크다 하지 않을 수 있겠는가? 성인의 도로 나아가는 학문은 인仁을 추구함에 힘쓰는 것이지만, 안자顔子만이 3개월을 인仁에서 어긋나지 않을 수 있었을 뿐이니, 이 점이 안자가 성인에 거의 근접하게 되었던 근거인 것이다. 정자程子는 이를 '봄이 만물을 생양함〔春生〕'이라 하였으니, 이를 통하여 인仁이 바로 춘春이 됨을 더욱 잘 알게 된다.

이런 원리는 사람들이 모두 고르게 품부받은 것이지만, 군자만이 변함없이 지니고 있을 수 있게 되어, 외물과 자신 사이에 차이를 두지 않을 수 있을 뿐이고, 이 도를 자기가 깨달았으면 또한 반드시 다른 사람들과 이 도를 함께 지니고자 해서, 이 이치를 균등하게 품부받은 모든 사람들로 하여금 모두 이를 지닐 수 있도록 하고자 하게 된다. 이것이 군자가 즐겨 하고자하는 것이니, 송군이 당호를 이렇게 지은 뜻이 바로 여기에 있는 것이로다!

내가 군자의 뜻이 본시 사람마다 모두 이 도를 알게 하고자 함에 있다고 말했지만, 그러나 반드시 자신이 이런 목표를 이룬 이후에야 다른 사람에게 미치게 할 수 있는 것이다. 그렇다면 군자가 급선무로 여길 것이 바로 자기 자신이 인仁을 이루는 데에 있다 하겠다. 자신이 인仁을 이루는 방법은 성인께서 제자들에게 알려주신 글에 갖추어져 있는데, 이것을 송군이 지금 곰곰이 강구하면서 부지런히 일삼고 있으니, 내가 무슨 다른 말을 덧붙일 것이 있겠는가? 내가 이미 송군 선대의 덕과 의리의 드높으심에 존경심을 품고 있는데다가, 또한 그 당호로 삼은 의의가 다른 사람들보다 뛰어남을 좋아해서, 이에 사양하지 않고 그를 위해 이렇게 기記를 지어서 알려드린다.

≪浦渚集≫ 권27

36) 택풍당지澤風堂志　택풍대과澤風大過괘의 뜻대로 번민하지 않으리라

이식李植

해설 | 이식이 자신의 당호를 택풍당澤風堂(후세에 이를 줄여 택당澤堂이라 불렀음)으로 지은 데 대한 호설이다. 자신이 지평砥平에 복거함이 어떨까를 ≪주역≫에 물어보니, '택풍澤風 대과大過'괘가 나왔으므로, 그곳의 선산 아래에 그 괘상에 맞게 택풍당을 짓고, 대과괘의 대상大象 상사象辭인 '독립불구獨立不懼 둔세무민遯世无悶'을 생의 지표로 삼고 지내고 있음을 밝힌 것이다.

만력萬曆 병진년(1616) 정월 갑술일에 나는 여주 북쪽 강구촌에 있는 집에 있었는데, 이때에 시국에 큰 변고가 일어나서 여주 고을에도 당파싸움의 화가 미치려 하였다. 나에게도 또한 두려워할 일이 이를듯하여 이곳에서 떠나려 하면서, 서울로 가서 살면 어떨까 주역점을 치니 췌괘萃卦가 변하여 송괘訟卦로 옮겨감을 만나서 불길하였고, 호남으로 갈까하고 점을 쳐봐도 불길하였으며, 영남으로 갈까하고 점을 쳐봐도 불길하였다.

이에 탄식하기를 '달려가 의탁할 곳이 없도다!' 하고, 이에 지평 백아곡白雅谷 선산 아래를 점쳐보니 대과괘大過卦가 변하여 함괘咸卦로 옮겨감[1)]을 만났다. 그 효사爻辭(大過卦 九二爻辭)에 "마른 버드나무

---

1) 대과괘大過卦가……옮겨감 : 택풍 대과괘의 구이효가 노양老陽이어서 소음少陰으로 변하여 택산 함괘로 되었음을 말한 것이다.

에 새싹이 돋으며 늙은 지아비가 처를 얻게 되니 이롭지 않음이 없다.〔枯楊生稊 老夫得其女妻 无不利〕" 하였고, 이에 대해 해설하기를 "훌륭하도다! 쓰러졌던 나무에 다시 움이 돋는 것이로다! 더구나 새싹이 나는 것은 좋은 일이 있을 징조이다.〔庶幾哉 其顚而復粤乎 抑萌善之兆也〕" 하였으며, 그 대상大象에 "홀로 있으되 두려워하지 않고, 세상에서 숨어 살되 번민이 없다.〔獨立不懼 遯世无悶〕" 하였다.

이에 다시 탄식하기를, "이런 말은 성인이라야 실천할 수 있는 일이니, 내가 어찌 이를 감당할 수 있으리오, 내가 어찌 이를 감당할 수 있으리오." 하였다. 아마도 신이 시국을 드러낸 상象이 그렇다고 일러준 것인가? 세상 형편이 은둔해야 마땅하고, 처신하기를 홀로 뛰어나게 해야 마땅하다는 것인가? 그렇다면 두려워함과 번민이 없나는 것을 성인이 아니면 누가 잘할 수 있겠는가. 공자께서, "천명을 두려워하고 대인을 두려워해야 한다."[2] 하셨는데, 이는 성인의 말씀이니 나 같은 못난 사람이 또한 어찌 감히 이 대상大象에 미혹되어 이런 뜻을 더럽힐 수 있겠는가.

처음에는 지평의 토지가 척박한데다가 또한 여주의 경내에 있어서 그 때문에 이곳은 점을 쳐보지 않았던 것인데, 점을 쳐서 이런 괘를 얻게 되어, 비로소 그곳으로 가서 거주하게 되었다. 그 후 기미년에 작은 당을 낙성하고 이어서 편액을 달게 되었는데, 당의 모습이 마치 누樓와 같아서 높이가 16척이나 되었고, 그 가운데 한 칸을 방으로 꾸미고, 기둥에 의지해 흙을 쌓아 반 쯤 이른 곳에 굴뚝을 안치하고 창을 내었으며, 벽 밖으로 네 기둥사이를 터놓아 두

2) ≪논어≫ 〈계씨季氏〉 "畏天命, 畏大人"

루 차양을 만들고, 판자를 펴놓아 마루를 만들기를 굴뚝의 높이와 같게 하였는데, 세로가 가로의 두 배가 되게 하였으며, 가리거나 덮은 것이 없어서 사방을 두루 바라볼 수 있다.

마루 아래 동쪽 땅에 물이 고인 웅덩이가 있으므로, 그곳에 물을 끌어들여 네모난 못을 만들었고, 못 가운데 작은 흙무더기를 만들고 버드나무를 심었다. 이렇게 해 놓으니 당의 안은 차고 바깥은 비었으며, 못 가운데 나무가 있는 것 등이 모두 택풍 대과괘의 상과 같게 되었다.[3] 이에 방안 벽 끝에 ≪주역≫ 64괘를 나열해 그어 놓고 아울러 그 상사象辭를 적어놓았으며, 남쪽 창문 양쪽에 큰 글씨로 대과괘의 상사 여덟 자〔獨立不懼 遯世无悶〕를 써 놓았다.

당의 규격은 소박하고 간략해서 지붕을 나무껍질을 깎아서 이었을 뿐이다. 골짜기가 여러 산들 가운데 있고, 당은 다시 그 골짜기 안에 있어서, 사방으로 둘러싸인 것이 물동이 속에 있는 것과 같다. 소나무와 삼나무가 빽빽하게 무성하고, 막힌 웅덩이에는 능수버드나무가 많다. 아름다운 관상수나 기이한 바위는 없지만 골짜기 곳곳에서 샘물이 솟아서 그 물소리가 들을만하다. 동쪽과 남쪽 두 언덕에 선조들의 묘소가 있어서 아침저녁으로 우러러보며 앙모하게 됨으로, 당 안에서 비록 술을 마시거나 노래를 할 일이 있다해도, 감히 주연酒宴을 즐길 수는 없다. 책 몇 질을 비치하고 이웃 골짜기 마을 학동 몇 명을 모아 장구章句를 읽고 암송하게 하다가, 싫증이 나면 골짜기 시냇가로 나가 노닐다가 씻고서 돌아온다.

3) 당의……되었다 : 대과괘는 처음과 끝의 효가 음의 효로 비어있고, 중간의 네 효가 양의 효로 차 있는 모습이다. 안이 차고 바깥이 빈 당의 모습이 대과괘의 상에 부합한다는 것이다.

대체로 처음 이곳에 복거卜居하고부터 지금에 이르기까지 일기一紀(12년)가 되었는데 그 사이에 혹 나아가 벼슬을 하기도 하였으나, 늘 왕래하며 머물렀으며, 한 해가 다 가도록 찾지 않은 일은 없었다. 그렇지만 그 "홀로 있으되 두려워하지 않고, 세상에서 숨어 살되 번민이 없다.〔獨立不懼 遯世无悶〕"의 뜻에 대해서는 아직도 터득한 경지가 없으니, 아아, 범인凡人인 내가 돌아온 것이어서 신명의 버림을 받은 것이로다! 이에 이런 뜻을 지志로 기록하여, 이로써 나의 과오를 인식하고, 아울러 뒷사람들에게 이를 알리고자 한다.

≪澤堂集·別集≫ 권11

37) 백거사기白居士記 불도佛道에 통한 흰둥이〔白居士〕님

이민구李敏求

해설 | 본 기記는 이름난 산사山寺를 두루 유람하는 흰 개〔白狗〕가 있어, 이에 백거사白居士라는 별호를 붙여주었는데, 이 개가 사람보다도 오히려 고상한 경지에 이르렀다고 찬양한 것이다.

백거사는 개이다. 털이 하얗고, 불도佛道를 깨달은 듯한 행동을 하고 있으므로 그렇게 부른다. 즐겁게 명산과 사원을 유람하여, 모든 곳에 그 발자취를 남기려 하고 있다.

백거사는 처음에 영변의 묘향산에서 시작하여, 9개월 동안에 신숭산(개성 송악산의 별칭)을 찾아보고, 동쪽으로 들어가 풍악산(금강산)과 한계령과 오대령 등 동쪽과 서쪽의 여러 산들을 둘러보고, 북쪽으로 방향을 바꾸어 칠보산을 유람하고, 남쪽으로 나와서 삼각산을 찾아보았다. 우뚝하게 높으면서 그윽하게 깊숙한 곳들과 범왕(석가모니)이 머무는 집(대웅전)이 있으면서 승려들이 모이는 곳이면, 급히 달려가 두루 찾아보지 않은 곳이 없다.

갑자년 여름에는 호서의 속리산을 거쳐서 합천의 가야산에 이르렀는데, 내가 그때 마침 관원의 임무를 띠고 가야의 해인사에 머물고 있었다. 이에 승려에게 그 개를 데려오라 하였는데, "개야" 하고 부르면 짖어대며 머리를 숙이고 못들은 척 하였고, 반드시 "거사님" 하고 불러야 비로소 앞으로 달려왔다. 고기를 주면 먹지 않고

정선鄭敾, 해인사海印寺

오직 채소나 면류만 먹었으며, 언제나 눕고 일어나고 하는 곳이 반드시 정전에 부속된 건물의 계단 위였다. 여러 개들이 모이는 곳에 가서 어울리는 일이 없었고, 일찍이 꼬리를 흔들며 먹이를 구걸한 일도 없었으며, 숲이 우거진 언덕에서 다른 개들과 달리기를 다툰 일도 없었다. 암컷과 교미하는 것도 사람들이 보지 못했다 하니, 이것이 참말인지 거짓말인지는 모르겠다.

사람들이 그 개가 거쳐 온 산 이름을 작은 패에 새겨서 목줄에 달아놓았는데, 내가 직접 그 목줄에서 여덟 곳을 써놓은 패를 볼 수 있었으니, 이들은 모두 그 지역의 뛰어난 명승지들로, 세상에서 이르는바 인간계와 천상계가 항상 교접하는 곳이었다.

그 개가 거쳐 온 길을 헤아려보니 그 언덕이 나지막하거나 그 건물이 비루한 곳은 곧 흘낏 쳐다보고는 버리고 떠나서, 그런 곳은 패에 새겨놓지 않았다. 그 발을 살펴보니 굳은살이 박혀있고 털이 빠졌으며, 돌아다니는 것을 피곤하게 여기지 않았다. 한 산의 경치를 만났다가 잠시 후에 떠나게 되면, 반드시 눈을 들어 사방을 둘러보는 것이, 마치 이를 감상하는 마음이 있는듯하였다.

비록 그러하기는 하나, 한곳에 오래도록 머물려하지는 않았으니, 이는 마치 정에 이끌려 아쉬워하는 속된 생각 때문에 머물거나 떠나려 하지는 않는 것 같았다.

다른 산으로 갈 때에는 반드시 승려가 가는 뒤를 따라갔으며, 동쪽이나 서쪽으로 돌아다닐 때에 사원을 출입하는 사람이 아무리 많아도 구차하게 아무나 함부로 따라가지 않았으니, 마음으로 이해하여 묵묵히 깨달음이 있는 것이, 사람들의 생각으로는 미칠 수 있는 경지가 아닌 듯하였다.

아아, 세상 사람들이 술에 취해 우물에 빠지거나, 시장과 조정에 몸을 은둔하거나, 달팽이 껍질만한 집 속에서 살고 죽고 하면서도, 이로써 충분하다고 한다면, 내가 목표를 세우고 무엇을 일삼을 것이 있겠는가. 이는 따질 것이 없을 뿐이다.

곧 세상을 피해 숨어사는 사람이나 기품이 높고 바른 사람으로서, 속세에서 벗어난 곳에 뜻을 붙이고, 홀로 나막신을 닦아 신고 유유자적하며 명승지를 두루 돌아다니는 것을 운치있는 행위로 여기며, 세상의 속된 일 때문에 근심하고 괴로워하며 그 도모하고자 하는 일에 마음을 빼앗김을 거두어들이고, 한 번 드높은 산을 오르면 곧 스스로 훌륭한 일을 했다고 자랑하다가, 잠간 동안 뒤를 돌아보니 늙음이 매우 속히 왔음을 깨닫게 되면, 지난날의 산수를 사랑했던 것이 갑자기 꿈속의 경지로 떨어져서, 이에 그것을 자기 집의 벽에 그림으로 그려놓고, 곧 태산이나 화산 같은 명산에 올랐던 것처럼 생각하고, 천하를 지척처럼 왕래했다고 여기면서, 스스로 이를 집에 누워서 명승을 유람하는 것이라고 생각하고, 세상 사람들도 또한 이를 고상하게 처신하는 것이라고 말한다. 그렇지만 백거사가 터득한 경지와 비교해본다면, 어찌 슬퍼할 일이 아니겠는가.

다만 백거사는 동물의 유類에 속해있음에 얽매여서, 그 기이함을 두루 펼쳐 드러내거나, 우주 사이에서 그 뜻을 드날릴 수가 없으므로, 홀로 이를 굳게 지킬 뿐이다.

그러나 내가 물고기가 아니므로 물고기의 즐거움을 알 수 없듯이, 내가 개가 아니니 백거사의 뜻을 어찌 알 수 있겠는가.[1] 그러하니 불교에서 말하는 전세에 지은 선악의 업보로 현세에 사람으로 태어나느냐 짐승으로 태어나느냐가 결정된다는 인연에 대해서는 알 수가 없다.

백거사 목줄의 패에 두류산, 월출산 등 호남지방에 있는 산들은 쓰여 있지 않은데, 가야산의 스님이 이를 가리키며, 여름이 지나면 장차 가게 될 것이고, 그렇게 되면 이 산들의 이름도 써서 매달게 될 것이라 하였다.

나는 이에 관리생활에 싫증이 나고, 가을날 높은 산들에 낙엽이 지고 물과 바위가 약간 드러나게 되면, 이때를 기다려서 곧 짚신

---

1) 그러나……있겠는가 : ≪장자≫에, 장자와 혜자가 다리위에서 물에 물고기들이 노니는 것을 보고, 장자가 "고기들이 유유히 노니는 것을 보니, 즐거워하는 것이다." 하자, 혜자가, "그대는 고기가 아닌데 어떻게 고기들이 즐거워하는 것을 알 수 있는가?" 하였고, 이에 장자가 대답하기를, "그대는 내(장자)가 아닌데, 내가 이를 아는지 모르는지를 어떻게 알겠는가?" 하였다. 이 고사를 인용하여, 필자 자신이 백거사와 같은 개가 아니므로 그 개의 뜻을 알 수가 없다고 한 것이다.

신고 지팡이 짚고 미망에서 벗어나 이 산들의 정상에 올라 거문고 타고 시를 읊어서, 여러 봉우리들로 하여금 함께 메아리를 일으키게 하고자 하는데, 그럴 때에 백거사가 나를 따라오려나, 따라오지 않으려나?

≪東州集·文集≫ 권3

제2부

시장
諡狀

나라에 큰 업적을 남기고 사망한 사람에게 나라에서 그 업적에 걸맞는 칭호로 내려준 것이 시호이다. 그런 인물이 사망하면 조정에 그의 행적을 적어 올리면서 그에 적합한 시호를 지어주기를 청하게 되는데, 이것이 시장諡狀이고, 본서에 그 대표적인 시장 몇 편을 골라 국역하여 등재한 것이 제2부 시장諡狀이다. 이곳에 수록된 4편의 시장은 선현들의 문집에 수록된 시장 가운데 몇 편을 골라 번역한 것이다.

1) 통제사統制使 증贈 좌의정左議政 이순신李舜臣 공公 시장諡狀

대제학大提學 이식李植

해설 | 본 시장諡狀은 이순신 장군이 임진·정유왜란을 승리로 이끌고 1598년 전사한 후 40여 년이 지나도록 아직 시호를 받지 못하자, 대제학 이식이 공의 가계와 일생의 행적 및 처신을 기록한 시장을 올리며, 이에 맞추어 역명易名의 은전恩典을 내려줄 것을 청한 것이다. 이 시장을 근거로 해서 시의諡議를 열어서, 인조 21년(1643)에 이순신 장군의 일생을 '충忠'과 '무武' 두 자로 압축하여, 시호를 충무忠武로 지어 주었다.

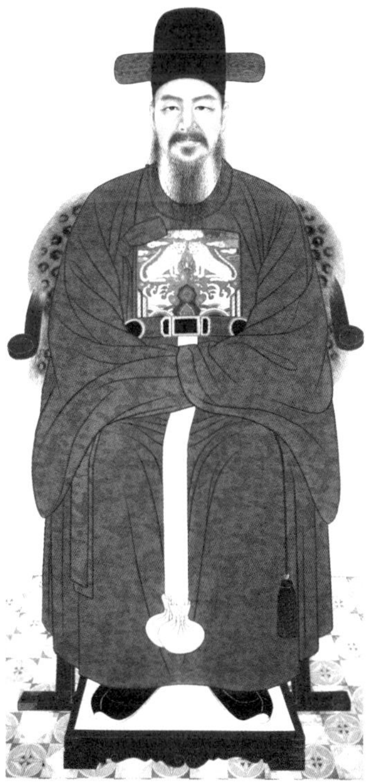

충무공忠武公 영정影幀

공의 휘諱는 순신舜臣이고 자는 여해汝諧이며 성은 이씨로 본관은 덕수현德水縣입니다. 고려의 전법판서를 지낸 소劭부터 명성을 떨치기 시작하여, 3대를 지나 우리 조선왕조에 이르게 되었습니다. 영문하부사 홍문관대제학이었던 변邊은 문학으로 벼슬에 올라 정정貞靖이라는 시호가 추증되었고, 통례원 봉례를 지낸 효조

孝祖를 낳았습니다. 봉례공奉禮公은 병조참의를 지낸 거琚를 낳았고, 성종과 연산군 등 두 임금님을 모셨는데, 사헌부의 장령으로 있을 때에 관원들의 탄핵을 엄정하게 하여 '호랑이 장령'이라는 별명을 얻었으며, 백록百祿을 낳았습니다. 백록은 평시서봉사와 호조참판을 지내었고, 그가 정貞을 낳았습니다. 정은 병절교위를 지내었고, 순충적덕병의보조공신 의정부좌의정 덕연부원군으로 추증되었고, 부인은 정경부인으로 추증된 초계변씨였습니다.

그분들이 가정嘉靖 을사년 3월 8일에 공을 한성의 건천동乾川洞 마을 집에서 낳았습니다. 해산하려 할 때에 부인의 시아버님인 참판공이 꿈에 나타나서, "아들을 낳을 것이고, 반드시 귀하게 될 것이니, 이름을 '순신舜臣'으로 짓는 것이 좋겠다." 하셨으므로, 이렇게 이름을 지은 것입니다.

어렸을 때에 용모가 빼어나게 시원스럽고 거침이 없었으며, 여러 아이들과 놀 때에 언제나 전진戰陣을 만들고 노니, 아이들이 대장으로 받들었고, 마을에 뜻에 맞지 않는 일이 벌어지면 즉시 이를 제지하니, 마을 사람들이 그를 두려워하였습니다.

장성해서는 몸을 굽히고 공손하게 삼가며 독서를 하게 되면 대의에 통하려 할 뿐이고 세세하게 지엽적인 것을 따지는 것을 좋게 여기지 않았습니다. 드디어 무과에 급제하기를 도모하여 말타고 활쏘기에 뛰어나게 되었으며, 비록 무인들과 교유하기는 하였으나 고결한 품격으로 간소하게 지내며 말을 함부로 하지 않으니, 사귀는 벗들이 모두 두려워하며 그를 받들었습니다.

만력萬曆 병자년(1576, 선조 9)에 무경武經의 시험에 급제하였는데,

장량張良이 벽곡도인辟穀導引(양생법의 일종)한 일에 대하여 논변한 것이 선유先儒들의 주장과 일치하였으므로 고시관들이 매우 기이하게 여겼습니다.

벼슬에 진출한 후에도 관직이나 승진에는 뜻을 두지 않아서 권세있는 사람을 찾는 일이 없었습니다. 권지훈련원봉사로 있을 때에 병조판서인 김귀영金貴榮이 자신의 서녀를 공에게 소실로 주려 하자, "내가 이제 막 벼슬길로 나왔는데, 어찌 권문세가에게 의탁함이 있어서야 되겠는가?" 하고 중매쟁이의 청을 즉시 거절하였습니다. 문성공文成公 이이李珥가 이조판서로 있을 때에 공의 사람됨에 대하여 듣고 또한 같은 문중이었으므로, 친교를 맺고자 하여 사람을 통하여 만나보려 하는 뜻을 전하니, 공이 이에 응하지 않으면서, "같은 문중이니 서로 만나봄이 마땅하기는 하나, 관리를 품평해서 진퇴를 결정하는 지위에 계신 분이므로 뵐 수가 없다." 하였습니다.

함경도 동구비보童仇非堡의 권관權管으로 나갔다가 임기가 차서 돌아와 훈련원에서 복무하였고, 충청병사忠淸兵使의 군관으로 있을 때에 하급 군관으로 부지런히 지내면서도 자신의 뜻을 굽히고 그릇된 명을 따르는 일이 없었으며, 주장主將에게 그릇된 점이 있으면 극진하게 건의하여 이를 바로잡았고, 청백과 검약으로 자신을 엄격하게 관리하며 조금도 사익을 도모한 바가 없었습니다.

발포만호鉢浦萬戶로 전보되었을 때에 수사水使인 성박成鎛이 관사에 있는 오동나무를 베어 거문고를 만들 재목으로 쓰려 하니, 공이 이를 거절하고 허락하지 않았고, 이에 수사가 대노하였지만 감히 이 나무를 베지는 못했습니다. 이에 얼마 지나지 않아 경차관敬差官에게 밉게 보여서 탄핵을 받아 사임하고 돌아왔습니다.

건원보乾原堡의 권관으로 보임되었을 때에 오랑캐인 우을지내대于乙只乃大가 오랫동안 국경을 괴롭히는 일이 있었는데, 공이 도임해서 기이한 계책으로 그를 유혹하여 그가 이르자 생포해서 이를 조정에 바치는 공을 세웠지만, 병마절도사는 그 일이 자신의 결재가 없이 행해졌음을 꺼려서 도리어 군사를 멋대로 동원했다 하면서 죄를 주기를 청하니, 조정에서는 그의 공로를 가상히 여기기는 하면서도 상을 내리지는 않았습니다.

관례에 따라 참군으로 승진하였으나 부친 덕연공德淵公의 상을 당하여 사임하였다가, 상기가 끝나자 사복시주부로 승진하였고, 조산포의 만호萬戶로 발탁되었는데, 당시의 관찰사가 녹둔도에 둔전을 두도록 건의하면서 공에게 그 일을 아울러 관장하도록 하였습니다. 공은 그 섬이 멀리 떨어져 있고 병력이 적음을 근심하여, 여러 차례 군사를 증원시켜줄 것을 요청하였으나 병사 이일李鎰이 허락하지 않았습니다.

가을 추수철이 되자 과연 예상했던 대로 왜구가 군사를 동원하여 둔전으로 쳐들어와 곡식을 약탈하였고, 이에 공은 몸을 던져 맞서 싸우면서 그 괴수를 활로 쏘아 거꾸러트리니, 왜구들이 즉시 물러났으며, 공이 이들을 추격하여 사로잡혀가던 둔졸 60여 명을 탈환하였습니다.

병사는 군사를 증원해달라는 공의 청을 들어주지 않아 이런 일이 일어난 것이므로 공을 죽여서 자신의 과오를 덮고자 하여 형구를 갖추어놓고 공의 목을 베려 하였습니다. 군관들이 공을 에워싸고 울면서 영결永訣하고자 하면서 술을 권하여 두려움에서 벗어나게 하고자 하니, 공이 낯빛을 바로하고, "죽고 사는 것은 천명에 달려 있으니, 술을 마신들 무슨 도움이 되겠는가?" 하고, 즉시 뜰에 나아가 항변하며 문서에 서명하기를 거부하였습니다.

이에 병사가 뜻이 꺾여서 구속하는 것으로 그치고, 공의 죄상을 조작하여 보고하였습니다. 선조宣祖께서는 그가 죄가 없음을 살피시고 백의종군하며 스스로 노력할 것을 명하셨는데, 얼마 지나지 않아 오랑캐의 수급을 베어 바쳐서 사면을 받게 되었습니다.

전라순찰사 이완李浣이 공을 군관으로 불러들이며, "그대 같은 재능을 지닌 사람이 어찌하여 이 지경에 이르도록 억울한 일을 당하고 있는가?" 하면서 상부에 건의하여 본도의 조방장으로 삼았고, 다시 무신으로서 선전관을 겸하도록 하였습니다.

기축년(1589, 선조 22) 봄에 정읍현감으로 임명되었는데, 매우 잘 다스린다는 명성이 자자하였습니다.

도사都事 조대중曺大中이 정여립鄭汝立의 반역 옥사에 연루되어 사임하고 심문을 받게 되었을 때에, 금오랑金吾郎(의금부義禁府 도사都事의 별칭)이 수색해서 찾아낸 문서 가운데서 공이 그와 문답한 편지를 발견하고, 비밀리에 공에게 이를 알려주면서 이 편지를 없애려 하니, 공이, "나의 편지에 다른 말은 없고 또한 이미 수색해서 찾아낸 것이니 이를 보고하지 않으면 안 됩니다."하며 없애기를 거절하였고, 마침내 이 일에 연좌되지 않았음이 밝혀졌습니다.

조대중의 시신을 넣은 관이 정읍 고을을 지나갈 때에, 공이 제물을 갖추고 곡을 하며 전송하니, 어떤 사람이 이를 꾸짖자, 공이, “조공이 반역을 도모했음을 인정하지 않고 사망했으니, 그의 죄가 있는지 없는지 알 수 없고, 이제 이 고을의 길을 지나가게 되었으니, 객을 함부로 대해서는 안 된다.” 하였습니다.

재상인 정언신鄭彦信도 이 옥사에 연루된 혐의로 옥에 갇혔는데, 공이 때마침 임명장을 받고자 서울에 와 있다가, 그가 과거에 자신의 상관이었으므로 감옥으로 찾아가 안부 인사를 올리니, 이 소문을 들은 사람들이 이를 의롭게 여겼습니다.

비국備局(비변사備邊司)에서 등급을 뛰어넘어 발탁하게 된 인물 가운데 공도 포함되었으니, 문충공文忠公 유성룡柳成龍이 공과 같은 마을에 살면서 공의 현명함을 정확하게 알아서 조정에 힘을 다해 천거했기 때문이었습니다.

그래서 경인년(1590, 선조 23)에 고사리첨사로 승진하였는데, 대간臺諫에서 그의 빠른 승진을 비판하기도 하였으나, 곧 당상관으로 품계가 올랐고, 만포첨사에 제수되었을 때에도 또한 빠른 승진을 비판받기도 하였으나, 그대로 바꾸어 임명한 것입니다.

신묘년(1591, 선조 24)에 진도군수로 옮겼다가 바로 가리포첨사가 되었으나 모두 부임하지는 않았고, 특별히 발탁하여 전라좌도 수군절도사가 되었습니다.

이때에 왜군이 침입할 기미가 있음을 이미 보고하였으나, 조정과 백성들은 긴장함이 없이 평안하게 지냈는데, 공만은 유독 이를 깊이 근심하며 날마다 방어할 대비를 하면서 쇠사슬을 주조하여 군진軍鎭의 어귀나 항구에 가로질러 설치하였으며, 거북선을 만들었는데 그 제도가 마치 거북이 엎드려 있는듯하였고, 위를 판자로 덮고서 못과 칼을 박아놓아 적군이 올라오지 못하도록 하고, 그 밑에 병기를 갖추어놓아 팔방으로 총을 쏠 수 있도록 하였는데, 이 배를 선봉에 배치하여 적선을 불태우고 때려 부셔서 언제나 승리를 거두었습니다.

임진년(1592, 선조 25) 4월에 왜군이 대거 침입하여 먼저 부산과 동래를 함락시키고 영남을 거쳐서 서울로 향했습니다. 공이 군사를 이동시켜 이를 치고자 하니, 휘하의 장수들이 모두 관할하는 진영을 벗어나 다른 도로 가서 싸우는 것은 불가하다 하였으나, 오직 군관 송희립宋希立과 만호 정운鄭運만은 공과 뜻을 같이하였는데, 공이, "오늘의 일은 오직 적을 치다가 죽어야 마땅하니, 감히 이를 불가하다고 말하는 사람은 목을 베겠다." 하면서 드디어 여러 진보鎭堡의 군사들을 앞 바다로 모두 모이게 하고 기한을 정해 장차 출발하려 할 때에, 마침 경상수사 원균이 수군을 모두 잃고서 사람을 보내어 원군을 청하였습니다.

이에 공은 즉시 군사를 이끌고 나아가면서 옥포만호 이운룡李雲龍과 영등만호 우치적禹致績으로 선봉을 삼아 옥포에 이르러, 먼저 왜선 30척을 깨트렸습니다. 고성에 이르렀을 때에 적군이 서울로 들어왔고 상께서 서쪽으로 떠나셨다는 말을 듣고 공은 서쪽을 향해 통곡하고 군사를 이끌고 본영으로 돌아왔습니다.

원균 등이 다시 군사를 청하자 출동하여 노량에 이르러 왜선 13척을 격파하고 적군을 추격해 사천에 이르렀을 때에 공이 왼쪽 어깨에 탄환을 맞았지만, 그런데도 활을 놓지 않고 종일토록 독전을 계속했으며, 전투가 끝나고서야 군사들이 비로소 이를 알고 크게 놀라지 않는 사람이 없었습니다.

6월 초에 당포에서 적을 만났는데 적군의 대장이 드높은 누선 위에서 황금관을 쓰고 비단옷을 입고 있었으며 무기와 장비가 매우 잘 갖추어져 있었습니다. 공이 북을 한 번 쳐서 전투를 시작하자마자 통전筒箭으로 그 우두머리를 쏘아죽이고 남은 적군들을 모두 섬멸하였습니다.

한낮이 되자 적선이 다시 크게 이르렀는데, 공이 포획한 누선을 앞에 배치하고 적과의 거리가 1리쯤 되었을 때에 이를 불태우자, 배 안에 둔 화약이 폭발하면서 요란한 소리와 불꽃이 솟구쳐 오르니 적은 다시 패퇴하였고, 그렇게 되었을 때에 전라우수사 이억기가 휘하 수군을 총동원하여 와서 참여하였으므로 고성의 앞 포구에서 함께 싸웠는데, 적의 괴수가 삼층누선을 타고 푸른 일산의 옹위를 받으며 맞서려 하거늘, 곧 이를 쏘아 죽이고 30여 척을 파괴하니, 남은 적들은 육지로 올라 달아났습니다. 이로부터 여러 차례 싸우면서 모두 승리하니, 적군은 군사를 거두어 멀리 달아나 숨었으므로, 이억기李億祺와 함께 본래의 진영으로 돌아왔습니다.

적이 다시 양산에서 호남으로 향하니, 공은 다시 고성 견내량으로 군사를 출동시켰는데, 그 때에 수많은 적선이 바다를 뒤덮고 몰려왔습니다. 이에 거짓 패퇴하는 척하고 한산도 앞바다에 이르러서 군사를 돌려 크게 싸울 때에, 포연이 하늘을 뒤덮었고 적선 70여 척을 모두 깨트리니, 적의 대장 평수가平秀家(우키타 히데이에, 宇喜多秀家)는 달아났고 적의 장졸들로 죽은 자들이 거의 만 명에 이르렀으며, 이에 왜군들이 크게 동요하였습니다.

적은 다시 안골포로부터 평수가의 군을 구원하고자 오면서 선박과 장비를 엄정하게 갖추었으나, 공이 이를 맞이해 반격을 가해서 40여 척을 불태우거나 파괴하고, 부산에 주둔한 적을 향해 진격하여 그 근거지를 뒤엎어버리고자 하니, 적들은 육지로 올라 성채를 구축하고 굳게 지킬 뿐이었으므로, 마침내 빈 군선 100여 척을 불태우고 돌아왔습니다.

당시에 왜병들이 여러 길목에 가득 찼고 관병과 의병들이 연이어 패배하여 감히 버티며 맞서지 못하고 있었는데, 오직 공만이 큰 승리를 연이어 아뢰니, 군주께서 이를 가상히 여겨서 품계를 3등급 올려주어 정헌대부에 이르렀고, 교서를 내려 칭찬하셨습니다.

공은 본영의 지세가 치우쳐 있다고 여겨서 한산도로 진영을 옮겨서 경상慶尙·전라全羅 양 도를 통할統轄할 것을 건의하였습니다. 한산도는 거제현巨濟縣 남쪽에 위치해서 양호兩湖(전라도와 충청도)로 통하는 수로水路의 목구멍과 같은 급소였습니다. 이에 조정에서는 수군 전체를 통솔하는 수군통제사水軍統制使를 신설하여 공을 임명하고 전라좌수사 자리를 그대로 지니면서 전 수군을 통솔하도록 하였으니, 통영統營을 설치한 것이 이에서 시작된 것입니다.

처음에 원균은 배 한 척만을 지니고 공에게 도움을 청했으나 공은 전투에 승전하면 원균과 연명連名으로 승첩勝捷을 보고하였는데, 조정에서 공의 공이 큼을 살펴보고 승진시켜 삼도의 수군을 통제하게 함에 이른 것입니다. 원균은 그의 아랫자리에 있게 된 것을 수치스럽게 여겨서 드디어 공에게 두 마음을 품었으나, 공은 매양 그를 너그러이 포용하였지만, 원균은 거칠고 포악하게 분한 기색을 드러내며 통제사인 공의 절제를 따르려 하지 않았습니다. 이에 공은 그 책임을 스스로 지고 자신의 지위를 바꾸어주기를 청하니, 조정에서는 어쩔 수 없이 원균을 충청병사忠淸兵使로 옮겼습니다. 이에 원균은 분한 마음을 풀지 않고 조정의 고관들과 친교를 맺고서 공을 온갖 방법으로 음해하였습니다.

왜장 평행장平行長(고니시 유키나가, 小西行長)은 일찍부터 대마도對馬島의 일로 우리나라를 섬기고 있었는데, 이때에 이르러 왜적의 침입에 향도向導노릇을 하였으므로, 우리나라 사람들을 보면 부끄러워 하는 체하며 거짓으로 우리나라와 내통하기를 청하였습니다. 조정에서는 왜적에게 사로잡힌 왕자들을 탈출시키려 하여 경상병사인 김응서金應瑞로 하여금 그와 왕래하며 일을 상의하도록 하였습니다.

평수길平秀吉(도요토미 히데요시, 豊臣秀吉)이 이를 계기로 하여 간첩노릇을 하며 소서행장小西行長 휘하에 있는 요시라要時羅를 시켜서 비밀리에 알려주기를, "양국이 강화講和하려는 일이 이루어지지 않는 것은 전적으로 가등청정加籐淸正(가토 기요마사)이 전쟁을 주도하고 있어서인데, 이제 곧 그 청정淸正이 다시 올 것이니, 만약 수군으로 하여금 바다 가운데서 그를 요격하여 재침을 막고 이 사람을 죽일 수 있다면 전쟁은 자연스레 종식될 것입니다." 하면서, 가등청정이 탄 배의 기치旗幟와 간판의 색채까지 가르쳐주었습니다. 이에 조정에서는 이를 크게 의심하면서도 소서행장의 말대로 공에게 수군을 발동시켜 공격하기를 재촉하였습니다.

공은 그의 말이 거짓된 것인 듯하여 헤아릴 수가 없다고 여겨서 상황을 보면서 며칠을 지내니, 요시라가 다시 와서 말하기를, "청정이 이미 바다를 지나 해안에 이르렀습니다. 수군은 어찌하여 이런 호기를 놓친 것입니까?" 하였습니다. 이에 대간에서는 공이 머뭇거리며 명을 따르지 않은 죄를 탄핵하는 글을 올렸고, 체찰사體察使 이원익李元翼이 그런 것이 아님을 밝혔지만 유상柳相(유성룡)은 혐의嫌疑로워서 감히 공을 구제해주려 나서지를 못했습니다. 바로 이때에는 조정의 의론이 갈려져 있었고, 군주께서 가까운 신하를 보내어 조사해보도록 하였으나, 그 신하 역시 원균과 한 당파여서 사실과 반대되게 보고하였습니다.

이로 인해 정유년(1597, 선조 30) 2월에 공은 구속되어 고문을 받았고, 장차 중죄로 처형하고자 하였는데, 재상 정탁鄭琢이 상上께 '순신은 명장이니 죄를 용서하고 성과를 거두도록 해주십시오.' 라고 아뢰었고, 상 또한 그의 공로를 생각하여 특별히 풀어주고 백의종군하며 스스로 힘써 공을 세울 것을 명하셨습니다.

그때에 모부인母夫人이 아산牙山에서 사망하니, 공은 지름길로 달려가 곡을 하고 상복을 입자마자 즉시 백의종군하러 떠나면서 탄식하기를, "내가 한결같은 마음으로 충과 효를 이루고자 하였는데, 이에 이르러 충과 효를 모두 잃게 되었도다!" 하니, 군민들이 그를 에워싸고 통곡을 하였으며, 멀리 있는 사람이나 가까이 있는 사람들이 모두 탄식하며 안타까워하였습니다.

통제사를 원균으로 교체하자, 그는 공이 행했던 군사정책을 모두 바꾸었습니다. 공은 군진에 있으면서 운주당運籌堂을 세우고 그

곳에서 장사들과 모여 의논을 하고, 군졸들과 소통을 하였습니다. 원균은 장막 울타리로 에워싼 곳에 그의 기첩들을 감추어두고 술이나 마시며 군무軍務는 살피지 않고 부하들에게 잔학하게 매질을 해대니, 군사들의 마음이 원균에게서 떠나게 되어, 모두 이르기를, "적이 이르면 오직 달아나는 일만 있을 뿐이다." 하였습니다.

그때에 요시라가 다시 와서 말하기를, "대군이 바로 지금 다시 바다를 건너오려 하니, 이를 바다에서 가로막고 공격해야 합니다." 하였습니다. 조정에서 또 원균에게 명하여 나아가 싸우기를 재촉하였는데, 원균은 이미 공이 출동하지 않았던 것을 반대한 일이 있으므로, 감히 그것이 곤란함을 말하지 못하였습니다. 이해 7월에 군사를 모두 동원하여 전진하니, 왜적선들이 좌우에서 유인하여 스스로 곤경에 처하도록 하다가 야음을 틈타서 기습하니 군사들은 궤멸되었고, 원균도 달아나다가 죽었으며, 백여 척에 타고 있던 군졸들이 모두 죽고 한산도도 함락되었습니다.

이에 공이 수년에 걸쳐 저축해 두었던 군량과 물자와 병기가 모두 불타버렸습니다. 공이 죄를 받게 된 것과 원균이 패망한 일들이 모두 왜군 간첩의 말을 믿다가 그렇게 된 것입니다.

그때에 적은 이미 부산과 동래를 거점으로 삼아 대마도와 서로 호응하는 형세를 이루었으므로, 배 한 척이 바로 건너올 때에 우리 군사들이 진격한다 해도 이를 피하고 싸우지 않으면서 우회하여 동쪽 해안에 배를 댈 수 있었습니다. 서해의 수로에서 이를 제어할 수 있는 형세와는 차이가 있었으므로, 우리 군대가 이 때문에 적이 바다를 건너오는 것을 차단해 끊을 수가 없었던 것인데, 조정에서는 다만 수군이 여러 차례 승첩勝捷한 것만을 보고 반드시 나아가 싸우기를 독촉하였고, 원균 또한 틀림없이 패배할 것을 알면서도 끝내 출전했다가 패배하게 된 것입니다. 이는 모두 멀리 있는 조정에서 실정을 모르면서 수군을 통제하려 한 실책 때문에 일어난 것입니다.

한산도가 이미 실함되자 왜적은 서쪽 바다로 진격하여 상륙하고, 남원을 공격하여 이곳을 함락시켰으므로, 양호兩湖지방을 지킬 수 없게 되었습니다. 이에 도원수都元帥가 진주晉州에 있으면서 공을 보내어 흩어졌던 남은 군사들을 수습하도록 하였고, 얼마 지나지 않아 공을 다시 통제사統制使로 삼았습니다.

공은 10여 명의 기병만을 이끌고 순천부順天府로 달려가 병선 10여 척을 찾아내고, 흩어졌던 군졸들 수백 명을 수습하고, 어란도於蘭島에서 적병을 격파했습니다. 그때에 조정에서는 공이 거느린 군사가 적으므로 육지로 올라와 싸우도록 하고자 했습니다. 이에 공이 상주하기를, "신이 바다를 버리고 육지로 올라오게 되면 적선들이 서해를 거쳐 곧바로 올라와서 수도가 위태롭게 됩니다." 하니, 상께서 그의 뜻을 따라 이를 중단하였습니다.

그때에 호남의 사민士民들이 피란하고자 타고 있던 백여 척의 배가 여러 섬에 흩어져 정박하고 있었고, 공이 자신들을 보호해 주리라 믿고 있었습니다. 공이 그들을 보호해줄 것을 약속하고 한 곳으로 모이도록 하여, 군선의 뒤에 늘어놓아 군세를 과시하고, 다만 10여 척의 군선만으로 전진하다가 진도珍島의 벽파정碧波亭 아래에서 적과 마주쳤습니다.

적선 수백 척이 내습해오니 그 형세가 마치 산이 짓누르는듯하였지만, 공은 조금도 동요하지 않고 일자진一字陣을 치고 대포와 화살을 사방으로 쏘아대자 적병이 바람에 초목이 쓰러지듯이 패배하였습니다.

그때에 거제현령巨濟縣令 안위安衛가 배를 이끌고 후퇴하려 하자, 공이 뱃머리에 서서 작은 배를 빨리 가도록 재촉하면서 안위의 머리를 베어오도록 명하니, 안위도 드디어 어쩔 수 없이 배를 전진시키며 죽기로 싸웠고, 적병을 크게 깨트리고 그 명장 마다시馬多時를 잡아 목을 베니 군의 사기가 다시 크게 떨치게 되었습니다.

승첩이 보고되자 상께서 품계를 높이 올려주고자 하셨지만, 간하는 사람이 공의 작질爵秩이 이미 높아졌다 하니, 여러 장수들에게 상을 내리는데 그쳤고, 그때 양경리楊經理(명明나라 장수)가 서울에 있었는데, 그도 또한 은과 비단을 보내주면서 찬양하였습니다.

당시에 육로는 병화를 입어서 식량 운송이 이어지지 않았으므로 군중에서 이를 근심했습니다. 공이 어느 날 밤에 피란하고 있는 여러 민간 선박에 격문을 보내어 이런 상황을 알리니, 여러 민간 선박들이 이미 공에 의지하고 있으면서 이를 매우 고맙게 여기고 있었으므로, 자발적으로 다투어 식량을 수송해주고 아울러 의복까지 기부하여 사졸들이 이에 힘입어 배부르고 따뜻하게 지낼 수 있었습니다.

공은 비록 통제사로 복귀하여 전쟁을 치르고 있었으나, 오히려 간소하게 소식素食을 하고 계책을 세우며 고심하느라 밤에도 자지를 못하니, 형용이 매우 초췌해졌습니다. 이에 상께서 특별히 사자를 보내어 너무 자신을 검속하지 말도록 권유하시고, 이어서 맛있는 음식을 하사하시니, 공이 흐느끼고 눈물을 흘리며 마지못해 이를 받았습니다.

무술년(1598, 선조 31) 봄에 진영을 강진康津 고금도古今島로 옮기고, 백성들을 모집하여 둔전에서 농사를 짓도록 하니, 남쪽 지방의 백성들이 어린아이를 들쳐업고 모여들어서 드디어 큰 진영을 이룰 수 있었습니다. 이해 가을에 도독都督 진린陳璘(명나라 장수)이 수군 5천을 거느리고 우리나라로 왔는데, 진린이 사납고 오만하였으므로 상께서 그와 공의 사이가 틀어질까 염려하셔서, 밀지를 내려서 잘 대우해주도록 권유하셨습니다. 이에 공은 성대하게 위엄을 갖추고 먼 섬까지 나아가 그를 맞이하였고, 도착하자 크게 잔치를 열어 잘 대접하니 중국 군인들이 모두 기뻐하였습니다.

그런데도 오히려 그들이 마을과 점포를 돌아다니며 약탈을 자행하여, 우리 백성들이 크게 동요하였는데, 공이 홀연히 군사들에게 명하여 진영의 지붕을 허물고 의복 등을 보따리에 싸서 배로 옮기도록 하니, 진린이 놀라 괴이하게 여기며 사람을 보내어 그 까닭을 물었습니다.

공이, "명나라 군사가 온다하기에 우리는 부모를 맞이하듯이 하였는데, 이제 횡포한 노략질을 당하게 되니, 사졸들이 이를 감내할 수가 없어서 각기 스스로 이를 피해 숨고자 하고 있습니다. 내가 대장으로서 나 혼자만 남아있을 수도 없으므로 장차 다른 섬으로 옮기려 하여 이렇게 하는 것입니다." 하였습니다.

진린이 크게 부끄럽고 두려워서 즉시 공을 찾아가 허리를 굽히고 사과하며 정성을 다해 만류하였습니다. 이에 공이, "대인께서 만일 저의 말을 들어주신다면 제가 즉시 이곳에 머물도록 하겠습니다." 하니, 진린이, "반드시 공의 말씀을 따르겠고 감히 어기는 일이 없도록 하겠습니다." 하였고, 공이, "명나라 군사들이 우리 백성을 노예처럼 취급하며 꺼리고 조심함이 없으니, 대인께서 행여 저에게 상황에 맞추어 이를 막도록 허락해주신다면 두 나라 군사들이 서로를 보호하며 탈 없이 지낼 수 있을 것입니다." 하니, 진린이 이를 허락하였습니다. 그 후에 명군이 법을 범하면 공이 즉시 포박하여 벌을 주었고, 이렇게 되자 온 섬이 평안을 되찾았습니다.

녹도만호鹿島萬戶 송여종宋汝悰이 명나라 군선과 함께 출동해 적을 칠 때에 적선 6척과 적의 수급 70여 급을 베는 성과를 얻었지만, 명군은 얻은 것이 없었습니다. 그때에 때마침 진린이 공과 식사를 하고 있었는데, 이 보고를 받고는 부끄러워하며 성을 내니, 공이, "대인께서 우리나라에 와서 우리 군대를 통어하고 계시니, 우리나라 군대의 승전이 바로 명군의 승전인데, 어찌 감히 개별적으로 공로를 다투겠습니까. 우리 군대가 획득한 것을 모두 드리겠으니, 바라건대 대인께서 이를 모두 얻은 것으로 보고하십시오." 하였고, 진린은 이 말을 듣고 크게 기뻐하며, "평소에 공이 동국의 명장이라는 말을 들었는데, 이제 보니 과연 그렇군요." 하였습니다.

실제로 전공을 세운 송여종이 이를 듣고 실망하여 직접 공에게 호소하니, 공이 웃으며, "적군의 머리가 이미 썩어 문드러졌는데 이를 중국인에게 준 것이 무엇이 아까울 게 있겠는가? 그대의 공로는 이미 내가 올린 보고서에 실려 있느니라." 하니, 송여종도 또한 이에 승복하였습니다.

이로부터 진린은 공이 군을 통솔하고 승리를 거두는 모습을 살펴보고, 그 하나하나를 모두 흠모하고 감복하였으며, 우리나라의 판옥대선을 빌려 타고 다니면서 크고 작은 온갖 군무를 모두 반드시 공의 자문을 받고 시행하였습니다.

그는 공을 소국의 인물이 아니니 만약 중국 조정에서 벼슬을 하였다면 틀림없이 천하의 명장이 되었을 것인데, 어찌하여 이 협소한 땅에서 스스로 곤고를 겪고 있는가라고 번번이 말했습니다. 그가 선조宣祖께 상서한 말에도 "이순신은 천지를 다스릴 재능〔經天緯地之才〕을 지니고 국가에 대공〔補天浴日之功〕을 세웠다" 하였는데, 그 말이 비록 딱 들어맞지는 않는다 해도 대체로 이렇게 심복했던 것입니다.

육군 제독 유정劉綎이 중국 남방 출신의 군사들을 거느리고 와서 소서행장의 군을 진린과 협공하기로 약속하였지만, 항구에서 수군을 출동시켜 미처 승부가 결정되지 않았을 때에 유정의 군사들이 약속을 어기고 호응하지 않았습니다. 이는 소서행장이 이미 관백關伯인 풍신수길豊臣秀吉이 죽었다는 소식을 듣고 급히 철군하기를 도모하면서, 우리 수군이 앞길을 가로막을까 두려워서 유정에게 뇌물을 주어 유혹했기 때문에 그 공격을 늦추었던 것입니다.

또한 비밀리에 진린과도 친교를 맺고 철수할 길을 터 달라고 매우 간절하게 청하였는데, 진린 또한 그의 뇌물을 받았으므로 이를 허락하고자 하였습니다. 이에 공이 목편에 쓰인 진린에게 보낸 밀서를 입수하여 이를 보이면서 그 그릇됨을 비판하니, 진린이 부끄러워 얼굴을 붉히며 중지하였습니다. 소서행장이 이를 알고 다시 공에게도 밀사를 보내고 총검을 선물로 주니, 공은 준렬하게 꾸짖으며 이를 물리쳤습니다.

왜군의 진영에 식량이 떨어지자, 명군과의 왕래를 틈타 명군의 식량을 사들이고는 진영을 폐쇄하고 나오지 않았고, 진린은 전쟁에 승리하지 못한 것을 부끄럽게 여기며 소서행장이 귀국할 수 있도록 놓아주려 하면서, 남해 지방의 도둑을 치겠다는 이유로 공에게 먼저 군사를 발동할 것을 재촉하니, 공이 힘써 항쟁하며 그 말을 따르지 않았습니다.

소서행장이 이에 더욱 곤경에 처하게 되자, 사천泗川에 주둔해 있던 적에게 구원을 청하였는데, 이는 곧 살마주薩摩洲 출신의 군사들로서, 억세고 용맹함을 상대할 자들이 없었으므로, 전투에 투입하기를 신중하게 하면서 반드시 전세가 가장 위중한 곳에만 동원하였는데, 소서행장이 다급하게 되었음을 보고 그 군대를 총동원하여 소서행장의 진영에 이른 것입니다.

이날 밤에 큰 별이 바다 가운데로 떨어져서 군중에서 이를 괴이하게 여겼습니다. 공은 명나라 군선들과 함께 노량에서 적과 밤에 싸우기 시작하여 아침에 이르기까지 수십 차례를 싸우다가, 적병이 패배하고 달아날 때에, 공이 날아오는 탄환에 맞아 사망하였습니다.

공의 조카 완莞은 담력이 있고 용맹하였는데, 즉시 공의 시신을 안고 선실로 들어가 숨기고 곡을 하지 않고 깃발을 휘두르며 전투를 독려하기를 평상시와 같이 하니, 배 안에서는 모두가 공의 사망을 알지 못하였고, 진린 도독이 왜선에 포위되자 우리 군사들이 이를 구제해주었습니다. 정오가 되었을 때에 적은 대패하여 도망쳐 돌아갔는데, 소서행장은 그 틈에 수군들 사이에 끼어 바다 멀리로 숨어서 달아났습니다.

그때에 진린이 사람을 보내어 공의 노고를 위로하려 하였는데, 배 안에는 이미 공의 사망이 알려져 있었습니다. 진린 도독이 이를 듣고 의자 아래로 굴러 떨어지며 땅을 치고 크게 통곡하였고, 두 진영에서 모두 통곡하는 소리가 바다를 진동시켰습니다. 이에 상께서 관리를 보내어 조문하고 제사를 지내주셨고, 특별히 의정부議政府 우의정右議政으로 증직贈職하셨습니다. 영구靈柩가 아산牙山으로 돌아가니, 돌아가는 길가에 사민들이 모여서 크게 소리 내어 울며 제사를 지내주기를 천리 길 내내 그친 일이 없었습니다.

이듬해에 선조先祖의 묘역墓域 아래에 안장하였고, 수군에서 조정에 청하여 수영水營에 사당을 세워주기를 원하니, 이를 허락하고 사액賜額을 '충민忠愍'이라 지어 내려 보냈습니다. 거제巨濟의 군사와 백성들도 또한 사당을 짓고 계절마다 기도를 올리고 제사를 지내고 있으며, 호남 사람들도 차령車嶺에 비석을 세워서 비통함과 존경의 마음을 그에 부쳤습니다.

갑진년(1604, 선조 37) 겨울에 처음으로 임진년 이래의 전공을 기리면서 공을 으뜸으로 삼아서 좌의정左議政으로 올려 증직하고 효충장의적의협책선무공신效忠仗義迪毅協策宣武功臣의 책훈策勳을 내리고 덕풍군德豊君으로 봉하며 관리를 보내어 이를 알리는 제사를 지내게 하고, 전토와 노비를 하사하니, 사망 후에 내려주는 은전의 영예가 갖춰지게 되었습니다.

공의 부인은 상주방씨尙州方氏로 정경부인貞敬夫人에 봉해졌고, 아들 셋이 있는데, 장남 회薈는 현감縣監이고, 차남 예蓺는 정랑正郎이며, 삼남 면葂은 재주 있고 용맹하며 병법을 좋아해서 공이 매양 자신을 닮았다고 칭찬했는데, 정유년 가을에 아산에서 모친을 모시고 있다가 적을 만나 싸우다가 전사했습니다. 딸이 하나 있는데 선비 홍비洪棐에게 출가했습니다. 서출의 아들이 둘인데, 이름이 훈薰과 신藎이고, 모두 무과에 급제하였으나 벼슬을 얻지 못하고 있습니다.

공이 집안에 머물 때에 행실이 독실하였고, 두 형이 먼저 사망하자 공은 매우 마음아파하며 애도하고 조카들을 감싸 길러주며 장가들이고 시집보내고 재산을 물려주는 일 등에 자신의 자식들보다 그들을 우선으로 하였습니다.

그는 절조를 지키기를 곧고 꿋꿋하게 함이 우뚝하게 뛰어나서, 비록 문학을 한 선비로 자신을 법도에 맞게 제어하는 사람이라 해도 그에게는 미칠 수가 없었습니다. 훈련원에서 벼슬을 할 때에 무관직 가운데 가장 아랫자리에 있었지만, 공은 느긋하고 평안하게 지내면서 오직 자신을 곧게 지킬 뿐이었습니다. 당시에 재상 유전柳㙉이 공이 모양이 아름다운 화살통을 가지고 있는 것을 보고 이를 달라 하자, 공이 거절하면서, "이 화살통 하나는 매우 하찮은 물건이지만, 제가 이를 드리고 대감께서 받으시면, 의를 크게 해치는 것이 됩니다."하니 유전이 부끄러워하며 승복하였습니다.

병조정랑兵曹正郎 서익徐益은 호기를 부리며 남과 다투어 이기기를 좋아하니, 가까이 있는 무리들이 모두 그를 꺼렸습니다. 그는 항상 훈련원의 참하관參下官(7품 이하의 하급관리)들보다 우수함을 보이고자 하였습니다. 이에 공이 법도에 맞게 그와 다투니, 서익이 이에 트집을 잡을 수가 없게 되자, 옥에 가두고 법률을 적용해야 한다고 주장하였는데, 어떤 서리胥吏가 아뢰기를, "뇌물을 주어 해결할 수 있는 빠른 길이 있으니 이렇게 하면 처벌을 면할 수 있습니다." 하자, 공이 성을 내며 꾸짖기를, "죽게 되면 죽을 뿐이지, 어찌 구차하게 모면하려 해서야 되겠는가?" 하였습니다. 그 스스로 지키는 절조를 준수할 뿐 아첨을 하지 않음이 이와 같았으므로, 반평생을 하찮은 자리에 몰락해 지내게 되었고 세상 사람들이 알아주지도 않았던 것입니다.

난리를 만남에 이르러 그의 떳떳함이 드러나게 되었고, 정성을 다하여 바른 길을 가고자 위아래 사람들과 다투었지만, 오히려 세상의 여론이 이를 허용하지 않아서, 형옥刑獄에 빠지게 되었던 것도 또한 이 때문이었습니다.

그러나 공이 계책을 세우고 일을 처리할 때에는 전혀 빠트린 것이 없이 완벽하였고, 용맹을 떨치며 상황에 맞게 결단을 내리고 굳건하게 대적한 것이 전에는 없던 일이었으니, 이것이 어찌 평소에 기르고 간직했던 것에 근본을 둔 것이 아니었겠습니까?

그가 군무를 처리할 때에 간결하면서도 법도가 있어서, 한 사람도 도리에 어긋나게 함부로 죽인 일이 없습니다. 그래서 삼도의 수군이 뜻을 함께 하면서 감히 명령을 어기는 일이 없게 된 것입니다. 비록 고집이 세고 남에게 굴하지 않으면서 기세를 뽐내던 사람들이라 해도 바람에 휩쓸리듯 스스로 공에게 굽히고 들어왔습니다.

그가 전투에 임하게 되면 조용히 생각하며 늘 여유가 있었고, 전진할만함을 보거나 곤란을 당하여 물러나게 될 때에, 반드시 세 차례 나팔을 불고 북을 쳐서 병사들에게 뜻을 분명히 전하여 따르게 하였으므로, 그가 사망하는 날에도 기율과 절도가 오히려 그대로 엄정하였고, 끝내 승리를 쟁취할 수 있었던 것입니다. 그가 진영에 있을 때에는 척후병을 멀리까지 보내고 경비를 엄하게 하였으므로, 적이 침범해오면 반드시 미리 이를 알 수 있었고, 그렇게 되자 사졸들이 그의 신명神明함에 탄복하게 되었습니다.

병사들이 쉴 때에는 밤마다 반드시 직접 화살의 깃털을 가다듬고, 늘 군사들과 함께 화살을 장전하지 않은 쇠뇌를 쏘는 연습을 하였고, 적선이 바로 앞까지 오기를 기다려서 그렇게 된 후에야 화살을 나누어주고, 또한 자신도 활을 잡고 함께 쏘니, 장수와 사졸들이 공이 적의 탄환에 다시 부상을 입을까 염려하여, 겨드랑이를 부축하고 활쏘기를 중단하도록 말리면서, "어찌하여 나라를 위해 자신의 몸을 아끼지 않으시는 것입니까?" 하자, 공이 하늘을 가리키며, "내 목숨은 저 하늘에 달려있는데, 어찌 그대들에게만 홀로 적과 맞서도록 할 수 있겠는가?" 하였으니, 그는 죽기를 각오하고 일에 부지런히 힘쓰기를 평소부터 마음에 정해놓고 있었음이 이와 같았습니다.

아아! 나라의 장수와 신하들 가운데 평소에 작은 적을 만나서 공훈을 세워 명예를 드날린 자들이 많습니다. 그러나 공 같은 사람은 나라가 오랫동안 쇠미해져서 전쟁을 꺼리게 된 후에, 천하에 그보다 더 강할 수 없는 적병을 만나서, 대소 수십 차례의 전투에 모두 완전한 승리를 거두어서, 서쪽 바다를 가로막아 적이 수륙으로 병진하지 못하도록 하여, 이로써 국가가 중흥하는 근본이 되게 하였으니, 당연히 한때 공훈을 세웠던 신하들을 높이는 것과 대등하게 대해서는 안 됩니다. 그의 입신立身하는 절조와, 나라의 어려움에 죽기를 각오한 충의와, 군사를 동원해 용병하기를 오묘하게 하였음과, 상황을 종합하여 그에 맞게 일을 처리한 지혜 등은, 이미 겪어보아 알 수 있게 된 것으로, 비록 옛날의 이름난 장군이나 현명한 장수로 한 시대에 한두 명도 나올 수 없는 사람들이라 해도 공보다는 더 나을 수가 없습니다.

공의 사적事績에 대해서는 조야朝野에 기록해 놓은 것이 많이 있고, 그를 군과 민간에서 추모하고 그리워하며 읊조린 것들은 이루다 매거枚擧할 수가 없어서, 이제 우선 그 대략을 기록하는 것으로 이 시장을 지어서 삼가 태상시太常寺(봉상시奉常寺, 시호를 관장하는 곳)에 아뢰면서, 이로써 이름을 바꾸어주는 데(시호를 지어주는 데) 참고하도록 갖추어 올리나이다.

≪澤堂集≫ 別集 권10

2) 율곡선생栗谷先生 시장諡狀

행대제학行大提學 이정귀李廷龜

해설 | 본 시장은 율곡栗谷 이이李珥(1536~1584) 선생의 일생을 기록하여, 그에 맞는 시호를 내려주기를 청한 청시행장請諡行狀이다. 율곡의 사후 28년이 지난 광해군光海君 4년(1612)에 올린 것으로, 율곡의 가계와 생애 49년간의 관직생활과 가정생활 및 그의 인품과 학문의 경지 등을 소상히 기록하여, 그에 맞는 시호를 정해주기를 청한 것으로, 조정에서 이를 근거로 하여 문성文成이라는 시호를 내리게 되었다.

선생의 휘諱는 이珥이고, 자는 숙헌叔獻이고, 학자들이 율곡선생栗谷先生이라 부르고 있으며, 풍덕군豊德郡 덕수현인德水縣人입니다. 덕수이씨德水李氏는 널리 알려진 지가 오래 되었으니, 고려의 중랑장中郎將 휘諱 돈수敦守가 그 비조鼻祖입니다. 10대조 소劭는 합문지후閤門祗候로 자금어대紫金魚袋를 하사받았고 지삼사사知三司事를 지냈으며, 9대조 윤온允蒀은 민부전서民部典書로 첨의정승僉議政丞 덕수부원군德水府院君으로 추증되었고, 8대조 천선千善은 수사공주국守司空柱國 낙안백樂安伯으로 시호가 양간良簡이며, 7대조 인범仁範은 정당문학政堂文學 예문관대제학藝文館大提學을 지냈고, 6대조 양揚부터 비로소 우리 왕조에서 벼슬하여 공조참의工曹參議를 지냈으며, 5대조 명신明晨은 지돈녕부사知敦寧府事로 시호가 강평康平이고, 4대조 추抽는 지온

양군사知溫陽郡事로 좌찬성左贊成에 추증되었으며, 증조 의석宜碩은 경주판관慶州判官으로 대사헌大司憲에 추증되었고, 조祖 휘諱 천蕆은 의정부議政府 우참찬右參贊에 추증되었습니다.

부친 휘 원수元秀는 사헌부司憲府 감찰監察로 좌찬성左贊成에 추증되었고, 정성을 다해 선을 행하기를 좋아하는 옛 성현의 기풍을 지니고 있었으며, 부인은 평산신씨平山申氏였는데, 바로 기묘명현己卯名賢이었던 진사 명화命和의 따님으로, 빼어나게 곧고 정숙하였으며, 고금의 일에 두루 정통하였고, 그림을 잘 그리고 글을 잘 지었습니다.

가정嘉靖 병신년(1536, 중종 31) 12월 26일에 선생이 강릉江陵 임영臨瀛의 북평촌北坪村에서 태어났는데, 태어나던 날 저녁에 신 부인이 흑룡黑龍이 대해에서 뛰어 올라 방안으로 날아 들어오는 태몽을 꾸었으므로, 이 때문에 아명을 현룡見龍으로 지었던 것입니다.

태어나면서부터 평범하지 않아서 말을 배우자마자 곧 문자를 이해했고, 겨우 세 살이 되었을 때에 외할머니께서 석류를 들고서 묻기를, "이 물건과 흡사하게 시구를 지어보아라!" 하니, 선생이 즉시 대답하기를, "붉은 가죽 주머니 속에 부서진 붉은 구슬이 가득 들었도다!〔紅皮囊入碎紅珠〕" 하니, 사람들이 매우 기이하게 여겼습니다.

5세 때에 모친 신 부인이 갑자기 병이 심해져서 온 집안이 황급히 병수발을 하고 있었는데, 선생이 가만히 외조부의 사당으로 가서 기도를 올리고 있었으므로, 사람들이 이를 보고 놀라면서 기이하게 여겼습니다. 전에 어떤 사람이 물을 건너다가 넘어져서 위태로운 지경에 이르자 사람들이 모두 박수를 치며 웃는 것을 보고, 선생은 홀로 기둥을 잡고 그를 눈여겨보면서 근심하는 낯빛을 띠고 있다가, 그 사람이 위기를 모면한 후에야 근심하는 낯빛을 거두었습니다. 그 정성스러운 효심과 사람들을 어질게 사랑하는 마음이 이렇게 천성에서 우러나온 것 같았습니다.

6세 때에 강릉의 외가로부터 부모님을 따라 서울로 들어왔고, 7세 때에 〈진복창[1]전陳復昌傳〉을 지었는데, 그 대략적인 내용은 "군자는 내면에 덕을 쌓기 때문에 그 마음이 평온하고 너그러우나, 소인은 내면에 사욕을 쌓기 때문에 그 마음이 언제나 근심과 불안에 쌓여있다. 내가 복창의 인간됨을 보니, 마음속에 근심과 불안을 품고 있으면서 겉으로는 평안하고 너그러운 듯이 꾸며대고 있으니, 만약 이 사람이 뜻을 얻게 된다면 뒷날에 나라의 근심꺼리가 아마도 극에 달함이 있을 것이다." 한 것이었습니다. 그 때에는 복창이 아직 높은 지위로 오르지 않았을 때이며, 바로 그 때에 이웃에 살고 있었는데, 이렇게 그의 인물됨을 미리 알아보았던 것입니다.

9세 때에는 장공예張公藝의 집에 9대의 자손들이 함께 살았다는 기록을 열람하고 크게 감동하여 그를 흠모하면서, "9세가 동거하다보면 형편상 서로 갈등이 있기도 했을 것이나, 형제간에 이르러서는 서로 헤어져 지내는 것이 옳지 않다." 하면서 손수 형제들이 부모를 모시고 함께 사는 그림을 그리기도 하였습니다. 또한 전적에 기록된 옛날 충현忠賢들의 사적을 모아서 그들의 성명을 써놓고

---

1) 진복창 : 명종明宗 때의 인물로, 소윤小尹 윤원형尹元衡의 심복이 되어 대윤파大尹派를 가혹하게 숙청하여, 독사라는 별명이 붙었고, 명종 15년에 삼수三水로 유배되어 그곳에서 죽은 매우 음험했던 인물이다.

이를 살펴보기도 하였습니다.

12세 때에는 부친 찬성공贊成公의 병환이 위급하게 되자, 선생이 팔뚝을 찔러 피를 내어 마시도록 올렸고, 선조의 사당에 나아가 울며 기도를 하면서 자신이 대신 병을 앓겠다고 청하자, 부친의 병이 드디어 치유되었습니다.

13세에 진사 초시에 급제하고 문장이 날로 진전되어 명성이 널리 퍼졌으나, 오로지 학문에 정진하면서 작은 재능을 닦는 데는 힘쓰지 않았습니다.

16세 때에 모친 신 부인이 세상을 떠나자, 3년간 여묘廬墓살이를 하면서 상복을 벗은 일이 없었고, 상례에 한결같이 주자가례를 준수하면서 몸소 제사 일을 관장하여 비록 그릇을 씻고 음식을 만드는 일이라 해도 동복僮僕에게 맡기는 일이 없었으며, 그 후에 치렀던 상례 때에도 모두 그렇게 하였습니다. 일찍이 모친을 잃게 된 것을 마음아파하면서 밤낮으로 목놓아 통곡하다가, 어느 날 우연히 불경을 읽게 되었는데, 그곳에 쓰인 사생死生에 대한 글에 매우 감동하였고, 또한 그 학문이 간결하면서도 맑고 깨끗함을 좋아하게 되어, 인간세계에서 벗어나 불도에 귀의하고자 하는 뜻을 지니게 되었습니다.

19세 때에 금강산으로 들어가면서 여러 벗들에게 헤어지는 편지를 보내고, 산사에 머물면서 계율과 선정禪定을 굳게 닦으며 침식을 잊는 데까지 이르렀으나, 얼마 지나지 않아 불교가 이치에 가까운 듯하면서도 진리를 어지럽힘이 있음을 간파하고, 드디어 그 학문을 모두 폐기하고 오도吾道(유가의 도)에 전심하면서, 직접 자신을 경계하는 자경문自警文을 짓고, 전적으로 성현을 준칙으로 삼았습니다. 이에 일찍이 학자들에게 말하기를, "내가 젊을 때에 선가의 돈오법頓悟法에 잘못 뜻을 두고 불도로 들어가기를 매우 부지런히 하였으나, 몇 년 동안 이를 생각해도 끝내 깨달을 수가 없었고, 돌이켜 이를 탐구해보고서야 비로소 그것이 그릇된 것임을 알게 되었다." 하였습니다.

23세 때에 도산陶山으로 퇴계退溪 선생을 찾아가 뵈옵고, 그 후에 서찰을 주고받으며 의리義理를 변론하였는데, 퇴계선생도 그의 주장을 따른 부분이 많습니다. 월천月川 조목趙穆은 선생이 지은 도산의 시에 화운한 시를 보고 이를 완호玩好하며 칭양稱揚하기를 그치지 않았습니다. 퇴계선생도, "시는 내가 그만 못하다." 하였고, 일찍이 선생에게 편지를 보내어, "세상에 영재가 어찌 적겠는가만은 그들 대부분이 옛 성현의 학문에 마음을 두려 하지 않는 경우가 많은데, 그대 같은 사람은 높은 재능을 지니고 있으면서 나이도 젊고 바른 학문의 길로 매진하고 있으니, 후일에 성취하게 될 경지를 어찌 이루 다 헤아릴 수 있으리오." 하였습니다.

신유년(1561, 명종 16)에 부친 찬성공贊成公의 상을 당하였고, 갑자년(1564, 명종 19)에 사마시司馬試와 문과에 모두 장원으로 급제하면서, 아울러 초시와 복시에도 모두 제일로 합격하였으므로, 사람들이 '구도장원九度壯元'이라 불렀으며, 곧바로 호조좌랑戶曹佐郎으로 임명되었습니다. 명종明宗께서 '포의를 벗고 용문에 오르다〔釋褐登龍門〕' 이라는 제목으로 시를 짓기를 명하시자, 30운의 율시를 지어 올리니 상께서 가상히 여기며 완상하시고 특별히 많은 하사품을 내리셨습니다.

을축년(1565, 명종 20)에 예조좌랑禮曹佐郎에서 사간원정언司諫院正言으로 전임되자, 자신이 신진新進으로서 갑자기 언관言官의 책무를 맡게 됨이 옳지 않다고 여겨서 사임하고자 하는 소疏를 올렸으나 허락을 받지 못하였고, 동료들과 함께 상께 차자箚子를 올려서, 뜻을 굳게 세우시고 학문에 힘쓰시며 바른 사람을 가까이 두셔서 나라의 근본을 굳건하게 하실 것을 건의하기도 하였습니다.

병인년(1566, 명종 21)에 이조좌랑吏曹佐郎으로 발탁되니, 개연慨然히 공도公道를 넓히는 것으로 자신의 임무를 정하였습니다.

무진년(1568, 선조 1)에 천추사千秋使(황태자의 생일을 축하하러 가는 사신)의 서장관書狀官으로 연경燕京에 갔고, 겨울에 홍문관부교리弘文館副校理로 임명되었는데, 그때가 바로 선조宣祖께서 막 등위登位하셨던 때입니다. 이에 아래와 같이 사직辭職하고자 소疏를 올렸습니다.

> 신이 어린 나이일 때에 도道를 추구하고자 하였으나, 학문의 도를 알지 못하였고, 제가諸家의 학문을 두루 관심을 가지다 보니 정도正道를 배우지 못하였습니다. 기구한 운명으로 태어나서 자모慈母를 일찍이 여의었고, 그 슬픔을 그릇되게 드러내어 불교에 빠져서 차츰차츰 그 교리에 젖어들어 미혹됨을 반복하면서 선문禪門에 종사하던 세월이 1년에 이르렀습니다. 하늘의 신령함에 힘입어서 한 순간 불도의 그릇됨을 깨달아서, 속이는 말과 거짓된 주장을 깨트리고 밝게 드러내었지만, 오장육부 깊숙이 오염된 것

을 씻어내기에는 부족하였습니다. 세상에서 버림받음이 분수에 합당함을 스스로 알아서, 곧 세상일에서 벗어나 독서하며 경전을 궁구하면서 세월을 보내고자 하였습니다. 신의 부친은 신이 문장이나 수식하는 하찮은 재능이나마 지니고 있음을 아깝게 여겨서 과거에 급제할 것을 강력히 명하였는데, 부모가 살아계실 때에는 그 뜻을 살펴 행해야 하므로 이를 어기고 마음대로 할 수가 없었습니다. 신은 또한 집은 가난하고 부모님은 늙었는데 봉양할 방법이 없으므로, 부끄러운 일과 약점이 많음을 감추고 드디어 과거를 준비하는 사람이 되었으나, 과거에 급제하기도 전에 신의 부친이 세상을 떠났으므로, 벼슬을 하여 명성을 드날리려는 마음이 갑자기 사라지고, 하찮은 생각으로 몇 말 몇 되의 녹봉에나 관심을 가지며 이로써 굶주림과 추위에서 벗어나고자 할 뿐이었으니, 어찌 뜻밖의 좋은 관직을 얻게 되는 성은을 함부로 입게 되기를 기대했겠습니까?

하니, 상께서 비답을 내리시기를, "예부터 재덕이 뛰어난 인물들 가운데 불교에 빠짐을 벗어나지 못했던 사람이 많으니, 지난날에 선문에 빠졌던 작은 실수 때문에 중임重任에서 가벼이 벗어나려 마음먹는 것은 옳지 않으며, 또한 과오를 뉘우치고 스스로 새로워지고자 하니, 그 뜻이 가상하다." 하시며, 다시 이조좌랑에 임명하셨습니다. 외조모의 병이 심하다는 말을 듣고 벼슬을 버리고 강릉으로 뵈러 돌아가니, 언관들이 법을 어겼음을 탄핵하였지만, 상께서는 그의 효심을 가상히 여기시며 탄핵을 윤허하지 않으셨습니다.

기사년(1569, 선조 2)에 교리校理로 임명되자 학문의 진전이 없어서 정무에 종사할 수 없음을 아뢰면서, 외조모께 양육받았던 은혜를 입었으니 벼슬에서 물러나 돌아가 봉양하다가 장차 학문이 진전되면 조정으로 돌아와 벼슬할 수 있게 해달라고 청하니, 상께서 답하시기를, "왕래하면서 찾아뵙고 문안을 드려도 될 것이니, 어찌 반드시 해직할 필요가 있겠는가?" 하시고, 이조에 교지를 내려서 "비록 법례에는 어긋나지만 찾아뵙고 문안을 올리는 것을 특별히 허락하도록 하라!" 하시니, 선생이 은혜에 감동하여 직무에 종사하였습니다.

그때에 명종의 담제禫祭(대상大祥을 끝낸 다음 달에 지내는 제사)를 지내신 후에 신하들이 축하를 올리려 하였는데, 이에 선생이, "상께서 상례를 겨우 끝내셨는데 바로 하례賀禮를 받으시면, 이는 백관들이 곡읍哭泣한 후에 즉시 축하를 올리는 것이니, 이는 가歌와 곡哭을 동시에 하는 것으로 예법에 위배됩니다." 하면서, 이에 차자를 올려 축하하는 의식을 위로하는 의식으로 바꾸도록 청한 일이 있습니다.

일찍이 경연석상에서 아뢰기를, "인군이 만약 선치善治를 하고자 하신다면 반드시 먼저 몸을 낮추고 학문에 힘써야 하는데, 학문에 힘쓰신다는 것은, 단지 경연에 납시기를 부지런히 하시는 데에 그치는 것이 아니고, 옛 성현의 글을 많이 읽는 데에 있을 뿐입니다. 반드시 격물格物·치지致知·성의誠意·정심正心에 힘쓰셔야 진실로 그 공효가 있게 되나니, 그런 뒤에야 이를 학문에 힘쓰는 것이라 할 수 있습니다. 전하께서 다스리신 수년 동안에 선치의 효과가 드러나지 않은 것은, 격치성정格致誠正의 효과가 지극하심에 이르지 않음이 있어서인듯하여 삼가 두렵습니다. 만약 느릿느릿 건성건성 다만 학문하는 흉내나 갖추기를 일삼으신다면, 비록 공자와 맹자가 곁에 있으면서 날마다 도리를 강론한다 한들 또한 무슨 이로움이 있겠습니까?" 하였습니다.

당시에 재상이 승지承旨를 통하여 주대奏對하기를 청한 일이 있는데, 이것이 규범에 적합하지 않게 체통을 손상시킨 것으로 여겨 두려워하니, 선생이, "말씀드리려 한 것이 어떤 것인가에 달려있을 뿐입니다. 만약 말씀 올리고자 한 것이 옳은 것이라면 체통에 무슨 해가 되겠습니까. 승지도 또한 경연의 참찬관參贊官이니 주대하기를 청하는 일이 그가 맡은 직책입니다. 지금 선정이 베풀어지지 않고 온갖 제도가 무너졌으니, 만약 분연히 이를 진작시켜서 한 시대의 규율을 일신하지 않고, 다만 상규常規에 얽매여서 구습만을 지키려 한다면 어떻게 적폐를 제거하고 큰 성과를 낼 수 있겠습니까? 대신들이 합당한 도로 군주를 인도하지 않고 오직 행하기 쉬운 규범만을 준수하시도록 한다면, 이는 전혀 바라는 바가 아닙니다." 하였습니다.

상께서 경연에 납시어서 질문에 응하여 대답하시기를 즐겨하지 않으시니, 선생이 상주하기를, "입시入侍하고 있는 신하는 경연의 강석에서 아뢸 내용을 밤이나 낮이나 골똘하게 생각해 준비해서 임금님 앞에 나오지만, 임금님의 위엄에 압도되어 말씀을 올릴 때에 뜻했던 바를 다 드러내지 못하고 열에 여덟아홉은 빠트리게 됩니다. 이에 상께서 비록 마음을 비우시고 응대를 하신다 해도 오히려 아랫사람의 마음이 제대로 전달되지 못할까 염려되는데, 하물며 침묵만 지키시고 말씀을 않으시면서 그의 말을 막아서야 되겠습니까? 200년간 지속된 종묘사직을 명종대왕께서 전하께 물려주셨으니, 전하께서는 그 근심하신 뜻을 잘 받드시고, 즐거움을 누리려 하심은 받아들이지 않으셔야 합니다." 하였습니다.

상께서, "어찌 덕행이 없이 큰일을 성취함이 있겠는가? 그러나 삼대(하·은·주)에 행해졌던 지치至治는 갑자기 이루어질 수는 없는 것이다." 하셨습니다. 이에 선생이, "덕행이 하루아침에 이루어질 수는 없지만, 정사는 하루도 폐지할 수가 없습니다. 진실로 덕이 아직 이루어지지 않았다 해서, 정사에 대하여 묻지 않고 방치해 두면서, 그것이 문란해지는 대로 팽개쳐 놓아서야 되겠습니까? 덕행과 정사는 함께 닦고 아울러 진전시켜야 마땅합니다. 일찍이 독서당讀書堂에서 정례로 시문을 제출하도록 하여, 이를 묻고 답하는 형식으로 작성하고, 왕도王道와 패도覇道 및 나라를 평안하게 다스리는 방도를 진술하고, 그 책 이름을 ≪동호문답東湖問答≫이라 하였습니다." 하였습니다.

상께서 "≪동호문답≫에 문제文帝가 스스로 자포자기自暴自棄 했다 한 것은 무엇 때문인가?"하셨고, 이에 대답하기를, "문제는 아름다운 자질을 갖춘 군주로서 한漢나라 국세가 전성全盛할 때를 당해서 옛 성현의 왕도를 회복해야 하는데도, 잡되게 패도覇道를 이루려함에 그치고, 그 때문에 큰 뜻을 지니지 못해서 비천한 주장만을 좋아하였으므로, 이에 스스로 자포자기했다고 이르게 된 것입니다. 군주 가운데 뜻을 세움이 높지 않은 사람은 대체로 모두가 자포자기했던 것입니다." 하였습니다.

이때에 대궐의 후비后妃를 정하는 제도가 아직 갖추어지지 않았으므로, 선생이 세속의 폐단을 근거로 하여 상소하면서, 아울러 후비를 간택하는 법도에 대하여 진술하기를, "옛날의 제왕이 혼인할 상대를 정할 때에 어질고 현명한 사람의 후손을 간택하지 않은 일이 없어서, 이런 사람을 찾는 방법으로, '품위 있고 얌전한 여인을 자나 깨나 찾았네. 찾아도 찾지 못하게 되면 자나 깨나 찾기를 생각하였네.'[2] 하였으니, 이렇게 하는데 지나지 않을 뿐이었습니다. 대궐 뜰에 여인들을 모아놓고 그들의 우열을 판별하기를 오늘날처럼 했다는 말은 들어보지 못했습니다. 그러하니 청하건대 이제부터는 용모나 자태나 복식 등으로 평가하거나 길흉을 점쳐서 등급을 매기는 일을 중단하시고, 부모가 어진가 어질지 않은가와 그 집안의 가법을 살피고, 그 다음으로는 여인의 거동과 행동이 법도에 맞는가를 살피는 것으로 여인의 덕을 따져보고, 대신들에게도 널리 물어서 여러 사람의 의견이 진실로 합치하면, 그렇게 된 후에 후비로 정한다면 국가의 복이 될 것입니다." 하였습니다.

어느 날 상께서 말씀을 하시다가 을사사화乙巳士禍에 대한 말씀에 이르자, 영의정 이준경李浚慶 공이, "을사사화 때에 선한 인물이 더러 이에 연좌되어 죽은 일이 있습니다."하니, 선생이, "대신께서 말

2) 품위……생각하였네 : ≪시경詩經≫ 〈주남周南·관저關雎〉장(주 문왕이 현숙한 후비를 얻기 위해 불렀다고 하는 노래)을 인용한 것이다.

씀을 올리시면서 어찌 모호하게 말해서야 되겠습니까? 을사사화 때에 사직을 지켰다 해서 받은 공신들의 훈급勳級은 모두 거짓된 것이고, 그 때에 죄를 받게 된 사람들은 모두 선한 사람들이었습니다. 인종仁宗께서 예척禮陟(왕의 죽음을 이름)하시자 중종中宗의 적자嫡子로는 오직 명종 한 분만이 계셨는데, 천명과 인심이 어찌 다른 사람에게 돌아갈 수 있었겠습니까. 그런데 간사하고 흉악한 무리들이 곧 왕위에 오르게 하는 데에 자신들이 공을 세웠다는 업적을 세우고자 하는 데에 탐을 내서, 사림들을 목베어 죽이고 공훈을 세운 듯이 허위로 기록해 놓았으므로, 신과 사람들이 함께 분개해 하고 있는 지가 오래 되었습니다. 이제 성상께서 새로이 등위하셔서 정치를 새롭게 하셔야 할 때이니, 마땅히 허위로 기록된 훈적勳籍을 삭제하여 명분을 바로 세우시고, 이로써 국시國是를 바로잡기를 늦춰서는 안 됩니다." 하였습니다.

이에 이공이 "일이 선대의 조정에서 이루어졌던 것이므로 갑자기 바꾸어서는 안 됩니다." 하자, 선생이 "그렇지 않습니다. 명종께서 아직 어리셨을 때에 등위하셔서 간사하고 흉악한 무리들이 속이고 은폐하는 못된 짓을 바로잡지 못하셨지만, 지금은 하늘에 있는 영령들이 그들의 간악함을 환하게 내려다보고 있으니, 비록 선대의 조정에서 일어났던 일이라 해도, 어찌 고쳐서 바로잡지 않아서야 되겠습니까?" 하였습니다.

경오년(1570, 선조 3)에 다시 홍문관교리弘文館校理로 임명되었는데, 그 때에 백인걸白仁傑 공이 상소해서 을사년(1545, 명종 즉위년)과 기유년(1549, 명종 4)에 억울하게 처형당했던 사람들의 누명을 벗겨

줄 것을 청원했습니다. 이에 정부의 삼사三司에서 함께 이를 주장하였지만 아직 가짜 훈적을 삭제함에는 이르지 못했습니다. 선생은 명분을 바로 세움이 정치의 근본이고, 명분을 그르치는 것으로 거짓된 공훈보다 더한 것이 없다고 여겨서, 이에 옥당玉堂〔弘文館〕에서 거짓된 훈적을 삭제할 것을 힘을 다해 주장하였으나, 이때에 조정에 있던 명현들과 대신 가운데 더러는 이를 곤란하게 여기는 사람도 있었습니다. 선생은 유독 이에 항의하기를 그치지 않으면서 동요되지 않았고, 그때에 옥당에서 41차례나 올린 차자 가운데 5~6차례를 제외하고는 모두가 선생이 써서 올린 것이었습니다.

이에 정축년(1577, 선조 10)에 이르러 선생이 지난날에 주장한 것이 효과를 보아, 마침내 이를 바로잡을 수 있게 되었으므로, 많은 사람들이 이를 기뻐하였습니다.

이보다 앞서서 사암思菴 박순朴淳을 전상銓相(이조판서)에 임명하였는데, 누차 사양하며 출근을 하지 않았습니다. 이에 선생이 박공에게, "오늘날의 상황으로 보아 마땅히 청백한 사람들이 모여서 조용히 사태를 진정시키고 성의를 다해 업적을 이루기에 힘써서 이로써 성상의 뜻에 호응해야 합니다. 공께서 만약 굳이 사직하고 물러나게 된다면, 이는 저속한 무리들에게 정권을 잡도록 하는 것이고, 이렇게 하는 것은 나라를 그르치는 일입니다." 하니, 박순이 드디어 사직하지 않고 나와서 업무를 보게 되었습니다.

김계휘金繼輝 공이 선생에게, "지금의 조정 신하들 가운데 대사大事를 감당할만한 사람이 누구라고 보는가?" 하니, 선생이, "박화숙朴和叔(박순)은 속마음이나 밖으로 드러낸 행동이나 모두가 결백하고, 정성을 다해 나라를 근심하고 있으나, 다만 품부받은 정신과 기백이 약한 것이 한스러울 뿐입니다. 백씨 어르신(백인걸)은 뜻과 사업이 평범하지 않고 뛰어나며, 간절한 마음으로 군주를 모시지만, 기상이 거칠고 학문이 정교하지 못해서 큰일을 할 수가 없습니다. 퇴계선생 같은 분은 학문이 정교하고 덕행이 뛰어나서 큰일을 할 수 있으나, 물러나고자 할 뿐 끝내 큰일을 담당할 의사가 없습니다. 기명언奇明彦(기대승)은 그 기상이 한 세상을 포괄할만하고 또한 호걸스러운 인물이지만, 다만 자부심이 지나치고 따사롭고 겸허하게 남의 좋은 건의를 받아들일 생각을 지니지 못하고 있습니다. 부득이 이분들 가운데 골라야 한다면 화숙和叔(박순)을 골라야 하리라고 봅니다." 하였는데, 그 때에 과연 사암 박순이 큰 벼슬자리에 쓰이게 되었습니다.

고산구곡도高山九曲圖

그해 겨울에 벼슬을 사직하고 해주海州로 돌아갔다가, 신미년(1571, 선조 4)에 파주坡州로 돌아왔고, 이조정랑에 임명되었으나 부임하지는 않았습니다. 얼마 있다가 교리校理로 소환을 받아 조정으로 들어와 검상檢詳과 사인舍人과 부응교副應教 등에 임명되었으나 모두 사양하고, 해주로 돌아가 제자들과 고산구곡高山九曲을 유상遊賞하였고, 그곳의 산수를 좋아하여 구곡九曲 중의 제5곡에 머물러 지냈습니다.

6월에 청주목사로 제수되어 정사를 펼치면서 오로지 교화에 힘썼고 몸소 '향약법'을 지어서 백성들을 교화하다가 얼마 지나지 않아 병으로 교체되었습니다.

임신년(1572, 선조 5)에 다시 부응교에 임명되자 성은에 감사함을 표한 후에 다시 사양하고 임진강 가의 정자로 돌아갔고, 명나라 사신을 맞으러 가는 원접사가 종사관으로 삼고자 불렀으나 사양하였고, 사간司諫과 부응교로 임명하였을 때에도 사양하였습니다. 선생은 자신의 학문이 진전을 이루지 못하여, 정사에 종사함이 가하지 않다고 여겨서 요직要職과 현직顯職을 여러 차례 사양했던 것이고, 주장했던 모든 것이 반드시 요순과 삼대의 지치至治에 대하여 말한 것이었으므로, 상께서는 "이이李珥가 현실에 맞지 않는 이상에 치우치게 가르치려 함이 있다." 라고 여기시게 되었고, 전한과 직제학에 임명했으나 모두 취임하지 않았고, 삼사三司에서 글을 올려 머물기를 청했으나 그의 뜻을 바꿀 수가 없었으며, 군주의 은혜에 감격한다는 〈감군은感君恩〉 사장四章의 시를 짓고서 배를 타고 파주로 돌아갔습니다.

계유년(1573, 선조 6) 가을에 다시 직제학으로 임명하고 세 차례를 부르면서 응하지 않으면 가만두지 않겠다 하시므로 어쩔 수 없이 입조入朝하니, 상께서 불러 보시며 그가 물러나려고만 한다고 꾸짖으시니, 대답하기를, "신은 병이 깊고 능력은 서툴러서 스스로 큰일은 할 수 없음을 알면서도, 다만 봉록만 받아먹을 뿐이니, 물러나서 문책이나 모면하는 것만 못합니다." 하였습니다. 이에 상께서 "그대의 능력은 내가 알고 있는 바이니, 이제부터 다시는 물러나기를 청하지 말라." 하셨습니다.

이에 선생이, "필부도 독서를 하면서 오히려 또한 그 뜻을 세상을 구제하는 데에 두는데, 더구나 전하께서는 큰일을 하실 자질을 품부받으시고 이를 행할만한 권력을 지니고 계시니, 어찌 개연히 분발하고자 하는 뜻이 없으시겠습니까. 전하께서 성심을 다해 나라를 잘 다스리고자 하신다면 다만 이 한 가지만 유념하시면 될 것이니, 그것이 바로 〈관저關雎〉[3]와 〈인지麟趾〉[4]에 함유된 뜻대로 하는 것입니다. 또한 인군은 숭고한 지위에 계시니, 모름지기 신하들의 말을 널리 들으시고, 그 선한 것을 택하여 마음을 비우고 받아들여야 합니다. 그렇게 하신 후에야 여러 신하들이 모두 나의 스승이 될 수 있게 되고, 모든 선이 군주의 한 몸으로 모이게 되어, 덕행과 사업이 이로써 높고 넓게 펼쳐지게 됩니다. 만약 스스로 인덕이 충분히 가득 찼다고 여기신다면, 신하들이 올리는 선언을 어찌 받아들이실 수 있겠습니까. 전하께서 겸손하게 마음을 비우시고 겸양하시는 뜻이 말씀에는 흘러넘치지만, 공론을 따르지 않으시고 자신이 옳고 남이 그릇되었다고 여기시면서, 도리어 남이 자신의 뜻과 같지 않음을 병으로 생각하심에 이르게 된다면, 삼공三公이 비록 건의를 할 일이 있다 해도, 성상의 뜻을 거스르게 될까 두려워하며 침묵하면서 날을 보내게 될 것입니다. 만약 성상의 뜻이 선치善治를 추구함에 있게 되면, 대신들도 또한 반드시 건의를 극진하게 할 것이고, 조정의 모든 신하들도 선치를 위해 품은 뜻을 각

3) 관저關雎 : ≪시경≫ 〈주남周南〉의 편명으로 후비后妃의 덕을 노래한 것이다.
4) 인지麟趾 : ≪시경≫ 〈주남〉의 편명인 〈인지지麟之趾〉의 약칭이다. 인덕과 재능이 있는 현자를 비유한 것이다.

기 진술할 것입니다." 하였습니다.

얼마 지나지 않아 동부승지로 승진하였는데, 경연 때마다 상께서 큰 뜻을 이루기에 분발하실 것을 권하였고, 이어서 말하기를, "예부터 사람들의 견해가 같지 않아서, 우활迂闊한 선비는 요순의 지치를 아침이나 저녁이면 이룰 수 있다고 여기기도 하고, 속된 인물은 옛 道는 절대로 행할 수 없다고 여기기도 하는데, 이는 모두 잘못된 것입니다. 다스릴 때에 모름지기 요순의 지치를 이루기를 기약하되, 이를 이루고자 하는 일은 모름지기 점진적으로 행해야 마땅합니다.

신이 번번이 성인이 다스리던 당우唐虞와 삼대의 일을 임금님 앞에서 말씀 올린 것이 갑자기 그 효과를 보고자 해서가 아니었고, 다만 오늘 한 가지 일을 행하고 내일 또 한 가지 일을 행해서 차츰차츰 훌륭한 경지로 나아가고자 한 것일 뿐입니다.

기묘년(1519, 중종 14)간에 조광조趙光祖가 크게 치군택민致君澤民의 뜻을 갖게 되자 이에 동조한 나이 젊은 인사들이 일을 점진적으로 추진하지 않고 황급하게 하다가 끝내는 사림의 화를 초래하게 된 것이니, 지금에 일을 담당한 사람들은 바로 기묘년의 일처럼 될까를 경계하게 되었지만, 기묘년에 일을 처리하면서 점진적으로 하지 못했음이 오늘날 당우 삼대처럼 되고자 하는 일을 전혀 하지 않고 있는 것보다는 어찌 오히려 낫다 하지 않을 수 있겠습니까.

또한 군주는 모름지기 털끝만큼도 사사로운 뜻을 지니지 않으셔서, 이로써 사람들의 마음을 감동 분발하도록 하셔야 하는데, 근자에 언관들이 일에 대해 비판하면서 궁내宮內의 일에 대해 언급하게 되면, 성상께서 반드시 제지하고 감옥에 가두시므로, 아랫사람들이 전하께서 사심이 있으신가 의심하고 침묵하는 것으로 몸을 보존하려 할 뿐이게 되었으니, 신처럼 어리석게 이런 말씀을 올리는 사람이 누가 있겠습니까?" 하였습니다.

또한 여러 차례 과거급제자가 아니라도 사헌부司憲府의 대사헌大司憲이 될 수 있는 길을 열어달라고 청하니, 상께서는 대신들이 의논해서 이를 행하도록 하셨습니다.

여러 신하들이 퇴계선생에게 시호를 내려주기를 청하였지만, 상께서는 시호를 청할 때에 올리는 청시행장請諡行狀이 없음을 이유로 허락하지 않았습니다. 이에 선생이, "이황李滉은 평생 동안 의리를 궁구하는 학문에 침잠했고, 논의한 것이나 풍격과 지취가 비록 옛적의 명현들이라 해도 또한 이분보다 더 나을 수는 없었습니다. 시호를 청하는 행장이 있건 없건 무엇을 더 보태거나 줄일 것이 있겠습니까. 이미 사망한 어진 인물로 그의 행적이 밝게 드러난 사람인데도 전하께서 오히려 높이 찬양하기에 인색해 하신다면, 더구나 이 시대에 살아있는 인물들이 어떻게 선을 좋아하는 정성을 지닐 수 있겠습니까. 이황의 시호야 비록 1・2년 늦게 내린다 해도 크게 해로울 것이 없지만, 이렇게 한다면 사방의 선비들이 전하께서 선을 좋아하시는 정성이 부족하다고 여기게 될 것이니, 그렇게 되어 야기되는 해가 어찌 적다 할 수 있겠습니까?" 하였습니다.

이때에 선생은 성상의 은혜로운 예우에 감격하여 부지런히 관직에 종사하고 있었는데, 우계牛溪 성혼成渾 선생이 말하기를, "유학에 종사하는 선비는 군주를 바로잡는 것을 의무로 여기고, 만약 군주의 마음을 돌이킬 수 없으면 속히 물러나야 마땅하다. 군주의 마음을 얻지 못하면서 앞장서서 일이 성취되기에 힘쓴다면, 이는 굽은 자로 나무를 재어서 곧게 하고자 하는 것과 같으니, 선비가 일삼을 일이 못된다." 하니, 선생이, "이 말씀이 본시 옳기는 하나, 다만 군주의 마음을 급히 돌이킬 수 없다면 천천히 정성을 쌓아서 이로써 느끼고 깨달으시기를 기대해야 마땅하지, 만약 잠깐 동안의 천박한 정성으로 열흘이나 한 달 사이에 효과가 나타나기를 재촉하다가, 뜻대로 되지 않으면 즉시 몸을 이끌고 물러나고자 한다면, 이 또한 신하으로서의 의리가 아닙니다." 하였습니다.

갑술년(1574, 선조 7)에 〈만언소萬言疏〉를 올려서 당시의 일에 대하여 극진하게 진술하니, 상께서, "상소한 글을 살펴보고서 요순시대의 군주와 백성의 뜻을 알게 되었으니, 사리를 밝힌 것이 훌륭하도다! 옛 사람이라 해도 이에 덧붙일 것이 없도다! 이와 같이 건의하는 신하가 있으니, 나라가 잘 다스려지지 않는 것을 어찌 근심할게 있으리오! 그 충심이 매우 가상하니 감히 명심하지 않을 수 있겠는가. 또한 건의한 일에 관계되는 것들 가운데 제도를 바꾸어 새롭게 해야 할 것이 많은데, 갑자기 모두 변경해서는 안 되니, 대신들과 상의해서 처리함이 마땅하다." 하시면서, 곧 이를 문서로 기록하여 올릴 것을 명하셨습니다. 이렇게 선생이 비록 성상의 보살핌을 받기는 하였으나, 건의한 말이 쓰이지 않게 되자, 어떤 사람은 그런데도 떠나지 않고 있음에 의문을 표하기도 하니, 선생이 "물러나고자 하면 군주의 마음이 혹 바뀌게 될까 두렵고, 머물고자 하면 건의한 말이 채택되지 않고 있으니, 이 때문에 진퇴를 결정짓지 못하고 있다." 하였습니다.

어느 날 상께서 선생에게, "한漢나라 문제文帝는 어찌하여 가의賈誼를 쓰지 못했던 것인가?" 하고 물으시니, 선생이 "한나라 문제가 비록 현명하기는 하였으나 뜻을 세우고 나아가려는 의지가 높지 못했습니다. 그래서 가의의 말이 원대함을 보고 이를 의심하며 쓰지 못했던 것입니다. 대체로 사람이 큰 뜻을 지니게 된 이후에야 큰일을 할 수 있게 됩니다. 비유해서 말씀드리자면, 어떤 사람이 몇 칸의 작은 집을 짓고자 하는데, 목수가 고대광실을 짓고자 한다면, 어찌 그의 말을 듣고 이를 따를 수 있겠습니까." 하고서 이어 상께 아뢰기를 "지금 백성들의 곤고가 날로 심해지고 있어서 만약 이를 새롭게 바꾸지 않으면 나라를 제대로 다스릴 수 없게 됩니다. 이는 선대부터 내려오는 법을 바꾸려는 것이 아닙니다. 공안貢案(각 지방 특산물을 나라에 바치는 제도) 같은 경우는 연산군燕山君 때에 고쳐 정한 것으로 선대부터 내려오던 법이 아닙니다. 신이 선대부터 내려오는 법을 바꾸려 하는 것이 아니고, 민폐를 구제하고자 하는 것일 뿐입니다." 하였습니다.

상께서 나라를 다스리는 법도가 제대로 떨쳐지지 않음을 탄식하시자, 선생이 "나라를 다스리는 법도가 국가에 있어야 함은 호연한 기상이 일신一身에 있어야 함과 같습니다. 호연지기는 의가 모여 결집되어야 일어나는 것이지, 어떤 한 가지 일만이 우연히 의와 합치되게 되었다 해서 갑자기 얻을 수 있는 것이 아닙니다. 오직 아침에 하나의 의를 실천하고 저녁에 다시 한 의를 실천하여 이러게 실천한 의가 몸에 쌓여서, 우러러 하늘에 부끄러움이 없고 굽어 땅에도 부끄러움이 없는 경지에 이르게 된 후에야 호연지기가 온 몸에 가득 차서 행동으로 흘러넘치게 되는 것입니다. 나라를 다스리는 법도인 기강도 또한 그러해서 하루아침에 분발한다 해서 바로 세울 수 있는 것이 아닙니다. 모름지기 공평하고 정대한 마음을 지니고 이를 정사에 적용해서 곧은 사람은 반드시 들어 쓰고 굽은 사람은 반드시 해임하며 공을 세운 사람에게는 반드시 상을 주고 죄를 지은 사람에게는 반드시 벌을 준다면, 기강은 자연히 확립되게 될 것입니다." 하였습니다.

당시에 성균관의 유생들이 나이에 따라 서열을 정하는 관례가 있었는데, 많은 사람들이 이를 비판하면서 "장원급제자를 존경하는 것은 이 또한 예부터 전해오는 관례이다. 그런데 나이가 많다 해서 어찌 장원보다 위에 있게 해서야 되겠는가?" 하니, 선생이 "장원을 높임은 합격자들의 모임에서 행하면 되는 것이고, 성균관 안은 곧 윤서倫序를 밝히는 곳(명륜당明倫堂)이니, 장유의 차서를 어지럽혀서는 안 된다. 세자가 성균관에 입학해도 오히려 나이에 맞추어 좌석을 정하는데, 장원을 높이기를 어찌 왕세자보다도 더해서야 되겠는가?" 하였습니다.

전에 병으로 승지承旨를 사퇴하고자 청한 일이 있는데, 상께서 답하시기를 "그대가 나의 좌우에 있으면서 부덕한 나를 보필해야 한다." 하시며 허락하지 않으셨습니다. 대사간大司諫으로 임명하자 누차 사직의 소를 올렸으나 허락하지 않으셨습니다. 어느 날 상께서 의영고義盈庫(기름·꿀·황랍黃蠟·부추 등을 맡아 보는 관아)에 황랍 500근을 들이도록 명하셨는데, 세상 사람들은 이것을 어디에 쓸 것인지 알 수 없었고, 어떤 사람은 이를 불사佛事에 쓰려 하는 것이라고 하니, 선생이 건의하기를 "이를 쓰려 하심이 만약 바르다면 빨리 성상의 뜻을 밝히셔서 사람들의 의혹을 풀어주시고, 만약 바르지 않은 곳에 쓰시려 한 것이라면 곧 궁내로 들이라는 명을 거둬 주십시오." 하니, 상께서 "궁내에서 쓰는 물건에 대하여 아랫사람이 감히 물어보아서는 안 된다." 하셨습니다.

이에 다시 건의하기를 "궁중에서 황랍을 그렇게 많이 쓸 곳이 별로 없으니, 이는 반드시 정당하지 못한 곳에 쓰려 하면서 사람들에게 소문이 나게 해서는 안 되기 때문에 그렇게 하시는 것일 뿐입니다. 옛적 사마광司馬光이 평생토록 한 것 가운데 남에게 말해서는 안 될 것이 일찍이 없었다 하였습니다. 이제 신 등이 바로 이런 바른 마음과 정성스러운 뜻을 지니시기를 전하께 바라고 있는데, 다만 이 한 가지 일을 펼쳐 보여주실 수 없으시다면, 이는 아무도 모르는 곳에 홀로 계시게 되면 조심하지 않고 함부로 행동을 하려 하시는 것이니, 방의 구석진 곳에 있는 신神에게 부끄럽지 않을 수 있겠습니까? 청컨대 성상의 뜻을 확연하게 보여주시기를 청천晴天의 백일白日처럼 하셔서 여러 아랫사람들로 하여금 환하게 볼 수 있도록 해 주십시오."하니, 상께서 "옛적 양梁 무제武帝가 입이 써서 꿀을 찾다가 얻지 못했다 하더니, 오늘날 이런 꼴을 다시 보게 될 줄은 몰랐도다." 하셨습니다.

그러자 선생은 동료들을 이끌고 사직을 청하면서 "해당 관서의 물건은 전하의 소유이니, 이를 바르게 쓰신다면 여러 아랫사람들이 그 뜻을 받들기에도 겨를이 없을 것이고, 만약 바르지 않은 곳에 쓰려 하신다면 비록 해당 관서에서 옳지 않다고 예상해도 당연합니다. 더구나 언관言官으로서 바깥 세상에 떠들썩하게 퍼진 말에 대하여 어찌 감히 침묵을 지키고만 있을 수 있겠습니까. 어떤 사람들은 이것으로 불상을 주조하는 데 쓰려 하시는 것으로 여기기도 하니, 신 등이 어찌 근심하고 두려워하는 마음을 갖지 않을 수 있겠습니까.

전하께서는 다만 안으로 마음을 살펴서 그런 일이 있으면 이를 고치시고 없으면 더욱 힘쓰셔야 마땅한데, 비밀로 삼고 밝히기를 꺼리시며 준엄하게 한결같이 거절하시기를 이에 이르도록 하시니, 이는 어인 까닭이십니까.

옛적 순舜임금이 옻칠을 한 그릇을 만들려 하자 이를 간한 사람이 10인이 있었고, 무왕武王이 소금에 절인 생선을 좋아하자 태공太公이 조정에 출근을 하지 않고 "소금에 절인 생선은 제사 그릇에 올리지 않습니다." 하였는데, 이렇게 했던 것이 어찌 군주를 사랑하고 받드는 마음이 부족해서 그런 것이겠습니까. 진실로 충신이 군주를 사랑하는 덕으로써 군주를 예에 맞게 공경했던 것이고, 군주의 뜻을 받들어 순종하기만 하는 것은 도리어 군주를 애경愛敬하는 뜻에 해가 되기 때문이었습니다." 하였습니다.

상께서 "가령 불교를 숭상해 받들려 한다면 옛날이 이미 주조해 놓은 불상이 또한 많이 있는데, 새로 만들 필요가 어디에 있겠는가. 그런 헛소문을 누구에게서 들은 것인지 모르겠다. 내가 그런 말을 한 놈들을 잡아서 국문을 하겠다." 하셨습니다.

이에 다시 아뢰기를 "전파된 소문이 한 사람의 입에서 나온 것이 아닌데, 만약 반드시 하나하나 모두 잡아서 국문을 하신다면 사리에 어긋난 일을 지키고자 여론을 억압함과 무엇이 다르겠습니까. 전하께서는 신 등이 함부로 말씀을 올린 죄만을 다스리시면 될 것인데, 어찌 기어이 위엄을 세우시고자 사람들의 입을 틀어막아서 사방에서 보고 들은 사람들을 놀라게 하려 하십니까." 하니, 이에 답하시기를 "감히 소문을 퍼트린 사람을 꺼려서 비호하려 한다면 이것이 과연 군주에게 숨김이 있어서는 안 된다는 도를 지키는 것이라 할 수 있겠는가. 마땅히 거짓말을 꾸며낸 사람에게는 죄를 주어야 한다." 하셨습니다.

다시 아뢰기를 "이미 전파된 말은 그 근원을 밝히기가 어려움을 전하께서도 모르지 않으실 터인데, 이처럼 급박하게 문초를 하려 하신다면, 이는 뇌정雷霆 같은 위엄으로 기세를 꺾어서 이로써 언로言路를 틀어막으려 하는 데 지나지 않습니다. 대간臺諫에서 들은 것들 가운데 비록 전파된 소문에서 나온 것이 있다 해도 감히 아뢰지 않을 수 없는 것은, 이렇게 하는 것이 바로 군주를 섬기면서 숨김이 있어서는 안 된다는 도를 지키는 것입니다. 만약 반드시 전파된 말의 근원을 끝까지 추구해서 말을 꾸며낸 죄로 간신諫臣들에게 죄를 가하신다면, '한 마디 말 때문에 나라를 잃게 되었다.' 한 것에 거의 가깝게 되지 않겠습니까." 하면서, 여러 차례 아뢸 때마다 말이 더욱 간절하고 곧으면서 조금도 꺾이지 않았습니다. 이렇게 되자 상께서 이를 매우 뉘우치시며 황랍을 되돌려주도록 명하셨습니다.

선생은 여러 차례 엄한 꾸지람을 들었으므로 조정에 있기가 편치 않아서 입시할 때마다 병이 많음을 아뢰면서 물러나기를 청하니, 상께서 "병이 이와 같다면 어쩔 수 없고, 은거하는 것이 가장 좋소. 옛 시에 '인간의 일 들리지 않게 귀를 씻고, 청송을 벗 삼고 사슴과 한 무리가 되네.' 하였으니, 그렇게 지내는 것이 어찌 즐겁지 않으리오." 하시자, 이에 대답하기를 "신은 그렇게 살 수가 없습니다. 옛날의 은사隱士는 인주人主와 군신의 관계를 맺지 않았기 때문에 서로 잊고 아름다운 산수를 즐기며 유유자적할 수 있었지만, 지금 신은 성상의 은혜를 입었음이 깊고 중하므로 비록 농촌으로 돌아가 있는다 해도 마음은 성상에게 매어 있을 수밖에 없으니, 물러나 산다 한들 무어 즐거울 것이 있겠습니까. 다만 이렇게 벼슬자리에 있을 뿐 직책을 다하지 못하고 녹만 받아먹는 것을 어렵게 여겨서 어쩔 수 없이 물러나고자 하는 것일 뿐입니다." 하고 드디어 병을 이유로 사직을 청하여 물러났으나, 곧바로 다시 승지로 임명되었지만, 병을 이유로 사임하고 파주坡州로 돌아가려 하였습니다.

떠나려 할 때에 최영경崔永慶 공이 "그대가 이와 같이 처신하는 것은 당연하나, 이 시대가 처한 일의 처리는 어찌해야 하는가." 하니, 선생이 "자신의 처신을 극진하게 하지 못하면서 시대가 처한 일을 구제할 수 있었던 사람은 있은 일이 없습니다." 하였습니다. 이에 노수신盧守愼 공이 사람들에게 말하기를 "이모李某가 경연석상에서 말을 많이 해서 상께서 듣기 싫어하셨으므로 사단事端이 야기될까 두려워서 내가 그를 제지하려 하였지만 그렇게 할 수가 없었다." 하니, 선생이 이 말을 듣고 웃으면서 "내가 물러나면 말하는 사람이 없을 것이니 소재蘇齋(노수신의 호)는 근심을 하지 않아도 될 것이다." 하였습니다.

황해도 관찰사로 임명되자 외직이기 때문에 이를 받아들였고, 소를 올려 백성들의 어려움을 말씀드리고, 오로지 학교를 일으키고 교화에 힘썼고, 민생고의 해결에 마음을 쓰며 군정의 처리에 힘썼습니다.

이듬해에 병으로 교체되어 파주로 돌아왔는데, 곧바로 부제학으로 임명되니, 병을 이유로 사직하고자 하였으나 허락을 받지 못했습니다. 때마침 인순왕후仁順王后의 상을 당하였으므로 급히 수레를 몰아 서울로 왔습니다. 지평持平 민순閔純이 졸곡卒哭 후에 송宋 효종孝宗의 고사古事에 의거해서 흰색 의관을 착용하고 일을 보도록 청하니, 이를 정신廷臣들이 의논하도록 회부했는데, 모두가 "오례五禮(길吉·흉凶·가嘉·빈賓·군례軍禮)의 의범은 옛 군주들이 다스릴 때에 문서를 만들어 정해놓은 것이고, 그대로 행해진 지가 오래되었으므로 지금 바꾸는 것은 옳지 않다." 하였습니다.

선생이 옛 예법을 근거로 하여 건의하기를 "반드시 선왕 때부터 행해진 예법에 모두 맞추려 한다면 상하 관원들이 마땅히 최질衰絰(상복과 수질首絰 및 요질腰絰)을 갖추어야 하고, ≪의례儀禮≫에서 정한 대로 하려면 별도로 삼베로 갓과 의복과 띠를 만들어 입는 것으로 업무에 종사할 때의 복식으로 삼아야 하는데, 지금 이미 이에 어긋나게 행하고 있으니, 차라리 송 효종 때의 제도에 의거하는 것이 고례에 가깝게 됩니다. 검은 관과 검은 띠를 착용하게 한 제도는 송 고종高宗 때에 나점羅點이 건의했던 것으로, 주자께서 군신의 상복에 대해 이를 비판하면서 매우 상세하게 변론한 것이 있는데, 어찌 주자의 주장을 따르지 않고 나점의 주장에 얽매여서야 되겠습니까? 오례의를 정할 때에 유신儒臣이 예법에 무식하여 선왕들을 바른 예법에 맞게 인도할 수 없었던 것인데, 어찌 오늘에 이르러서도 거듭 그런 과오를 범해서야 되겠습니까?" 하였고, 상신相臣 박순朴淳과 노수신 및 대사간 김계휘金繼輝 등의 주장도 그와 합치되었으므로, 마침내 백색 의관을 입는 제도를 쓰게 된 것입니다.

상께서 조회를 하실 때에 특별히 선생을 불러 앞으로 나오게 하고서 "부제학이 향리로 돌아갔다가 이어서 감사로 있었으므로 오랫동안 서로 만날 수가 없었다." 하시며 이어서 해서海西(황해도) 지방 백성들의 어려움에 대해 물으시며 오랫동안 따사롭게 말씀하셨습니다. 이에 선생이 묻기를 "전하께서 시신侍臣에게 이르시기를 '내가 학문에 힘쓰고자 하나 일이 많아서 급히 착수하지 못하고 있다.' 라고 하셨다고 들었는데, 그런 일이 있었습니까?" 하니, 상께서 "그렇소." 하셨습니다.

그러자 "신이 이 말씀을 듣고 한편으로는 기쁘게 여기면서 한편으로는 근심을 했습니다. 기뻐한 것은 상께서 학문에 힘쓰고자 하시는 뜻이 계신 것을 기뻐한 것이고, 근심한 것은 상께서 학문의 이치를 살피지 않으심을 근심한 것입니다. 학문을 한다는 것이 오뚝하게 단정히 앉아서 날이 다하도록 글을 읽는 것을 이르는 것이 아닙니다. 다만 일상생활을 하는 사이에 행하는 처사를 하나하나 이치에 합치되도록 함을 이르는 것입니다. 오직 이치에 합치되느냐의 여부를 스스로 판별할 수 없으므로 독서를 통하여 그 이치를 궁구하는 것일 뿐이므로, 만약 다만 글만을 읽는 것을 학문을 탐구하는 것으로 여기면서, 일상생활에서 행하는 처사가 이치에 합당하냐를 추구하지 않으신다면, 어찌 이른바 학문에 종사하는 것이라 할 수 있겠습니까? 성상께서는 훌륭한 바탕을 지니시고 사욕이 적으시나, 학문에 대해서는 하지 않으신 것이지 할 수 없으신 것이 아닙니다." 하였습니다.

다시 말하기를 "어제 본관에서 올린 차자에 답하시면서 '매우 뛰어난 의론이었으나 그대로 처리하지는 못했다.' 하셨다 하는데, 만약 다만 전하께서 겸사로 그렇게 말씀하셨다면 좋지만, 만약 실제로 신 등의 주장을 현실에 적용할 수 없는 뛰어난 의론으로 여기신 것이라면, 종묘사직과 백성에게 복이 되지 않게 될까 두렵습니다. 한漢 문제文帝가 삼대의 통치에 대한 주장을 현실에 적용하기 어려운 뛰어난 의론으로 여겼기 때문에, 그가 이룬 공적이 저처럼 낮았던 것인데, 어찌 이를 본보기로 삼으려 하십니까?" 하였는데, 상께서 이런 선생의 말을 모두 기쁘게 받아들이셨습니다.

상께서 선생에게 이르시기를 "사서四書의 소주小註(본주 아래에 작은 글씨로 자세히 풀어놓은 주석)에 온당하지 않은 부분이 많이 있어서 약간 깎아 내거나 고쳐서 이로써 살펴보는 데에 편의를 제공하려 하는데, 경이 이를 맡아서 해주면 좋겠다."하시니, 대답하기를 "이는 신의 학문 능력으로 혼자 감당할 수가 없으니, 학문에 종사하는 사람들을 과거의 합격 여부를 따지지 마시고 이에 참여하게 하여 함께 의논할 수 있도록 하십시오." 하였습니다.

상께서 "전에 대신들이 나에게 성혼成渾을 불러 만나 보는 것이 좋겠다 하였고, 나도 또한 그를 만나보고자 하였으나, 다만 '〈성혼은 과거에 응시하지 않았는데〉 과거에 급제하지 않은 사람이 경연석상에 들어와 참여했던 예는 없습니다.' 하였으니, 비록 현자를 초빙한다 한들 한번 만나보는 것만으로야 무슨 도움이 되겠는가?" 하셨습니다.

이에 "전하께서는 비록 예부터 전해오는 관례에는 없는 일이라 해도 또한 상황에 맞게 변통變通하실 수는 있으니, 학문하는 선비들을 한직에 배치하시고 그들을 윤번輪番을 정하여 경연에 입시入侍하도록 하신다면, 덕성을 기르시는 데 도움이 됨에 크게 유익한 바가 있게 될 것입니다." 하였습니다.

당시에 궁중의 노예가 분수에 지나친 행위를 하자 사헌부의 관리가 그를 체포하려 하니, 그 노예가 관리를 때리고 달아나 왕자의 저택으로 들어갔습니다. 이튿날 사헌부에서는 다른 관리를 시켜서 그 궁중의 노예를 잡아서 옥에 가두었습니다. 상께서는 사헌부의 관리가 함부로 왕자의 저택으로 들어와서 사람을 잡아갔다는 보고를 받으시고, 사헌부의 관리를 의금부에 가두도록 명하시고, 교지를 내리기를 "사헌부에서 왕자의 저택으로 들어와 사람을 잡아가는 것은 부당하다." 하시니, 사헌부에서는 이 관리를 의금부에 가두기를 회피하며 관리가 왕자의 저택에 들어가지 않았음을 밝히고자 하였습니다.

이에 선생이 차자를 올려서 말하기를 "이 일은 위와 아래가 모두 잘못한 것입니다. 사헌부 관리가 한 일은 대관臺官(사헌부의 관원)이 눈으로 본 일이 없는데 어찌 그가 왕자의 저택에 들어가지 않았음을 알겠으며, 그가 들어간 일이 있다고 직접 말했다 해도 또한 전하께서도 눈으로 보신 일이 없으시고 다만 여인과 환관宦官의 말을 들으신 것뿐입니다. 여인과 환관의 말을 다 믿어서는 안 되며, 또한 왕자의 하인들이 평소에 멋대로 날뛰며 방자하다는 소문이 났으니, 엄중하게 단속해야 마땅합니다. 후씨侯氏는 한 사람의 아녀자일 뿐이었지만, 오히려 자식을 가르치는 방도를 알아서 일찍이 말하기를 '자식이 남에게 굽히지 못함을 근심할 뿐이요, 남에게 뻣뻣하게 펴지 못함은 근심하지 않는다.' 하였으니, 전하의 아드님이 뻣뻣하게 펴지 못함을 어찌 근심해서야 되겠습니까?" 하였습니다.

이어서 건의하기를 "근자의 사헌부 관리의 사건은 법을 지키고자 상의 뜻을 거스른 신하를 상께서 매우 싫어하셔서 야기된 것이므로, 신은 삼가 이를 안타깝게 여기고 있습니다. 예부터 아첨하며 빌붙는 사람은 후에 반드시 군주를 배반하였고, 정도를 지키며 아부하지 않은 사람은 후에 반드시 충성을 다했습니다. 주창周昌(한漢나라 건국의 유공자로 조趙나라의 재상이 되었던 사람)의 사례를 통하여 살펴보면, 주창이 조정에서 쟁론하기를 매우 강경하게 하여 조왕趙王을 사랑하지 않았다고 이를 수 있지만, 후에 조나라의 재상이 되었을 때에 정성을 다해 왕을 보필하며 보호하였으며, 여후呂后가 조왕을 죽일 때에 주창은 동조하지 않았습니다. 오직 그가 평소에 정도를 굳게 지키는 절의를 지니고 있었기 때문에 후일에 그를 보호할 수 있었던 것입니다. 이런 뜻은 주상만이 알고 계셔서는 안 되고, 비빈妃嬪들 또한 마땅히 알고 있어야 합니다." 하니 상께서 하실 말씀이 없으셨습니다.

선생은 한결같은 마음으로 군주를 바르게 모시고자 경전 및 역사서에 수록된 학문과 정사에 절실한 중요한 말들을 뽑아 모아서 수기修己와 치인治人에 해당하는 것들을 차례로 모아 분류하고서 이름을 ≪성학집요聖學輯要≫라 붙였습니다. 차자와 함께 이를 바쳤는데, 후에 입시入侍했을 때에 상께서, "그 글이 치도治道에 매우 큰 도움이 되기는 하나, 나처럼 불민한 군주로서는 이를 행할 수 없을까 두렵다." 하시니, 선생이 일어나 대답하기를, "옛적 송宋 신종神宗이 '이는 요와 순이라는 성군이 다스릴 때의 일이니, 짐이 어찌 감히 감당할 수 있겠는가?' 하니, 정백자程伯子(정호)가 근심하는 낯빛을 띠면서 '폐하의 이 말씀은 종묘사직과 신민臣民들에게 복이 되지 않는 말씀입니다.' 하였으니, 이제 전하께서 하신 말씀이 곧 이에 가깝다 하지 않을 수 있겠습니까?" 하였습니다.

이보다 앞서 심의겸沈義謙이 사인舍人으로 있을 때에 영상領相인 윤원형尹元衡의 집을 방문했다가, 어떤 사람의 침구寢具가 그의 사위의 방에 있는 것을 보고 누구의 침구인가 물어서, 김효원金孝元의 것임을 알게 되었습니다. 김효원이 그 때에 아직 과거에 급제하지는 않았으나 글을 잘 짓는다는 명성이 있었는데, 심의겸은 이 때문에 그를 비루하게 여기면서 사람들에게 이르기를 "어떻게 선비가 권문세가의 집에서 숙식을 하며 지낼 수 있는가?" 하였고, 그 후에 김효원이 장원급제하여 재능과 명성이 날로 성해졌고, 전형銓衡을 맡은 관리가 그를 추천하여 낭관郎官으로 삼고자 하니, 심의겸이 즉시 앞의 사례를 이유로 이를 저지하였습니다.

그 후 김효원이 마침내 전랑銓郎이 되자, 여러 차례 심의겸의 단점을 지적하며 공공연히 그를 배척하는 말을 했습니다. 이에 사림들 가운데 선배들은 심의겸이 사화 때에 사림을 비호했던 공이 있으므로, 심의겸을 두둔하면서 김효원이 일을 꾸며 물리치고자 이렇게 말하는 것이라 여겼고, 김효원이 낭관이 되어서 신진 사림들을 많이 발탁했으므로, 김효원에 동조하는 무리들은 또한 심의겸을 왕실의 외척으로 권세를 부린다 하여 배척했습니다. 이 때문에 사림들의 선배와 후배사이에 화합을 하지 못하여, 드디어 이것이 동인東人과 서인西人으로 당파가 갈리는 실마리가 되었습니다.

이에 선생은 심의겸과 김효원의 대립이 조정을 불안하게 하는 근심거리가 된다고 여겨서, 상신相臣 노수신盧守愼 공에게 말하기를 "두 사람이 모두 사류士類들인데 끝까지 서로 다투어서 떠도는 말이 밤낮없이 어지러우니, 대신들이 건의하셔서 그들을 지방관으로 내보낸다면 행여 진정이 될 듯합니다." 하니, 노수신도 그렇게 여겨서 이에 경연석상에서 이를 아뢰었습니다.

선생도 건의하기를 "이것이 혐의로운 틈이 깊이 형성되는 조짐이 될 것이라고 반드시 확신할 수는 없지만, 다만 이 두 사람의 친구들이 각기 자신들이 들은 것만을 전해서 드디어 어지러운 상황을 야기하였으므로, 대신들이 건의한 이 말은 이를 진정시키고자 한 것입니다. 만약 소인들이 이를 붕당이라 지목하면서 양 쪽을 모두 벌을 주는 계책을 세우려 한다면, 사림의 화〔士禍〕가 다시 일어나는 계기가 될 것입니다." 하였습니다.

이에 특명을 내려서 김효원을 부령富寧(현 함북 부령군 지역)부사府使로, 심의겸을 개성유수開城留守로 임명했는데, 김효원은 병 때문에 부임하지 못했습니다.

이에 선생이 단독으로 건의하기를 "두 사람을 외직에 보補하도록 한 주장은, 사실은 신이 주장한 것입니다. 비록 이것이 사림의 공론이 되었으나, 김효원이 병이 심중하지만 장차 체력을 길러서 북방 변경 방어 임무에 종사하도록 해야 한다 하는데, 그렇게 한다면 어떻게 이리저리 계산해 계책을 수립하여 변방을 공고히 할 수 있겠습니까. 또한 대신들의 뜻도 다만 대립을 진정시키려 한 것일 뿐이고 김효원이 죄가 있다고 여겨서 그를 내쫓으려 한 것은 아닙니다. 그러하니 청컨대 국경지방이 아닌 내지로 옮겨 주어서, 안으로 군신 간의 의리를 다하도록 하고 밖으로 변경방어를 위한 대비를 굳건히 할 수 있도록 해 주십시오." 하였으나, 상께서는 선생도 김효원의 일파라고 여기셔서 엄히 꾸짖으시며 들어주지 않으셨습니다. 그 후 경연석상에서 더욱 간절하게 건의하니, 비로소 삼척부사로 바꾸어 임명했습니다.

선생은 인재들을 보호하고 이들을 하나로 합치게 하고 그 가운데 현자를 골라 임용하고자 하였습니다. 이에 어떤 사람이 선생에게 이르기를, "천하에 양쪽 다 옳거나 양쪽 다 그른 경우는 없는데, 공이 근일에 한 일들을 보면 옳고 그름을 가리지 않고 양쪽을 모두 온전하게 하는 데에 힘쓰고 있으므로, 이 때문에 인심이 불만을 품게 되었으니, 이를 어찌해야 하는가?" 하였습니다.

선생이 "심의겸과 김효원의 일은 국가에 관계된 것이 아니고, 곧 서로 개인적으로 알력軋轢을 하는 것일 뿐인데, 이 때문에 조정이 조용해지지 않음에 이른다면, 이는 진실로 양쪽 다 잘못하는 것이 된다. 비록 이들 양쪽이 모두 그르다 해도 이들은 같은 사류들이니 다만 마땅히 서로 감정을 해소하고 화합함이 마땅하지, 반드시 이쪽은 옳고 저쪽은 그르다 하면서 서로 알력하는 형세를 이룬다면, 그 대립이 어느 때인들 끝나겠는가?" 하였지만 동료들조차 그의 말을 받아들이지 않았으므로, 선생이 드디어 이들과 작별하고 향리로 돌아가니, 심을 옳다 하는 사람이나 김을 옳다 하는 사람이나 모두 찾아와 전별의 인사를 하였습니다.

이에 선생이 "내가 이제 이 일에 대해 결론을 내리고자 하니 여러분들께서는 들어보십시오. 권세 있고 간사한 무리들이 나라를 혼탁하게 하고 어지럽힐 때에, 이들을 제지하며 깨끗이 몰아내어 사림들의 주장이 펼쳐지게 한 것이 어찌 방숙方叔(심의겸) 등 여러 분의 공이 아니었다 할 수 있겠소? 인백仁伯(김효원)이 사사로운 감정 때문에 그를 배척하고 억제하여 선배들이 분개하는 마음을 품도록 하고, 사림들 사이에 서로 소통이 막히도록 한 것은 인백이 잘못한 것이오. 이미 일이 이와 같이 전개되었으므로 공적으로 의론하여 그들을 제재하고 억제하고자 지방의 외임을 맡도록 한 것이니 이로써 이미 적절하게 처리가 된 것이오. 그런데도 오히려 미워하기를 지나치게 심히 하면서 서로 조화를 이루고 협조하려 하지 않고 있으니, 이는 방숙을 비롯한 선배들이 잘못한 것이오." 하였습니다. 이렇게 판단한 것은 사정을 정확히 짚은 것이었으므로, 모두가 선생의 말을 공정한 주장으로 여겼습니다.

3월에 벼슬에서 물러나 파주로 돌아갔다가, 승지·대사간·이조참의·전라도관찰사·병조참의 등으로 임명되었으나, 모두 부임하지 않았습니다.

정축년(1577, 선조 10)에 해주로 돌아갔고, 형님들이 일찍 사망해서 선조先祖의 신주가 홀로 된 형수의 집에 있게 된 것을 항상 한으로 여겼는데, 이때에 이르러 옛날에 정해두었던 고산 땅에 사당을 짓고 큰 형수 곽씨에게 청하여 종가의 신주들을 받들도록 하고, 형제들과 여러 조카들을 크게 모아 함께 한 방에서 머물게 하니, 이로써 평생의 뜻을 이룬 것입니다.

이에 원근의 학도들이 소문을 듣고 그에게 배우고자 날마다 모여들어, 그들을 모두 수용할 수 없는 지경에 이르니, 선비들이 힘을 합쳐 재목을 모아서 거실의 동쪽에 정사精舍를 지어 독서와 학문에 힘쓰는 곳으로 삼고, '은병정사隱屛精舍'라 이름을 지었습니다. 염락濂洛의 학통[5]을 이은 여러 어진 분들 가운데 그 학문을 집대성한 사람으로 주자만한 사람이 없고, 우리 동방에서 주자의 학문을 성실히 궁구하고 지켜서 본보기가 되는 분으로 정암靜庵(조광조)과 퇴계退溪(이황) 두 선생만한 분이 없다고 여겨서, 이에 주자의 사당을 정사의 북쪽에 지으면서 이 두 선생을 배향하도록 하고, 춘추마다 여러 제자들을 이끌고 제사를 올리고 있으며, ≪학규學規≫ 및 ≪격몽요결擊蒙要訣≫을 지어서 여러 학생들을 가르치고 있습니다. 사창社倉을 설치하고 곡식을 비축하여, 이로써 사민들 가운데 식량이 떨어진 사람을 구제하기를 여씨향약呂氏鄕約[6]에 준해서 행하면서 향속을 진작시켰습니다.

---

5) 염락濂洛의 학통 : 염락濂洛은 염계濂溪에 있던 주돈이周敦頤와 낙양洛陽에 있던 정호程顥·정이程頤 등을 지칭한다. 이들의 학문을 계승하여 집대성한 사람이 주자(朱熹)라 한 것이다.

6) 여씨향약呂氏鄕約 : 송 여대균呂大鈞이 지은 고을의 규약으로, 덕업상권德業相勸, 과실상규過失相規, 예속상교禮俗相交, 환난상휼患難相恤 등의 강령은 후세 향약의 모범이 되었다.

그때에 상께서 직접 대원군大院君[7)] 사당에 제사를 지내었는데, 홍문관에서 차자를 올려 그것을 옳지 않은 일이라 하니, 상께서 매우 화를 내셨습니다.

선생이 이를 듣고, "주상께서 대원군의 사당에서 친히 제사를 지낸 것은 예법에 어긋나지 않고, 인정으로 보아도 아니할 수 없는 일인데, 옥당玉堂에서 무엇을 근거로 하여 중지하기를 청한 것인가? 예禮에는 공조례公朝禮(조정의 제사 예법)와 가인례家人禮와 학궁례學宮禮가 있는데, 공조례에서는 군주를 높여야하기 때문에 비록 아버지의 형제들이라 해도 군주에 대하여 신하의 예법을 공손히 행해야 하지만, 단 친부는 신하로 삼을 수 없는 법이다. 가인례에서는 존속(부친 항렬 이상의 친족)을 높이 받들어야 하므로, 인군도 부형의 아랫자리에 있어야 하나니, 한漢 혜제惠帝가 궁중에 있을 때에 제왕齊王의 아랫자리에 앉았던 것 같은 경우가 이 예를 따른 사례이다. 학궁례學宮禮에서는 스승을 높여야하기 때문에, 비록 천자天子라 해도 노 스승에게 절을 하는 예법이 있었으니, 한漢 명제明帝가 환영桓榮[8)]에게 행했던 예 같은 경우가 이에 해당한다. 더구나 대원군께서는 성군을 탄생하게 하신 분이므로, 가령 아직 생존해 계시면서 궁중에서 국왕과 만나게 되면 국왕이 반드시 절을 올려야 하는데, 이제 그 사당에 들어갔을 때에 조카가 숙부를 제사지내는 예를 적용한 것에 어찌 불가함이 있겠는가? 속된 유신들이 다

---

7) 대원군大院君 : 당시 군주였던 선조宣祖의 친부이고, 중종中宗의 서자였던 덕흥대원군德興大院君을 말한다. 대원군은 국왕의 생부로 왕위에 오르지 않았던 사람의 칭호이다.

8) 환영桓榮 : 후한 광무제光武帝의 태자를 가르쳤으므로, 명제明帝로부터 스승의 예로 존경받았고, 관내후에 봉해졌다.

만 군주를 높이고 신하를 억제하는 것만이 예에 맞는다는 것만 알고, 사친 간의 예도 끊을 수가 없는 것임은 모르니, 진실로 탄식할 일이다." 하였습니다.

무인년(1578, 선조 11)에 공의恭懿 왕대비王大妃(선왕의 비妃)의 상을 당하자, 대사간으로 임명하고 소환하니, 서울로 들어와 은혜에 감사를 표하고 파주로 돌아가면서, "배 타고 떠나되 차마 남산을 멀리 벗어날 수가 없어서, 뱃사공에게 돛을 올리지 말라 하였네.〔舟行不忍終南遠 爲報篙師莫擧帆〕"라 한 시구를 남기기도 하였습니다.

5월에 다시 대사간으로 임명하니, 사직의 소를 올리면서 말하기를, "신이 올린 건의가 만약 받아들여져 쓰이게 된다면, 신의 몸이 비록 물러나 있다 해도 조정에 있는 것과 같게 됩니다." 하자, 상께서 답하시기를, "만약 품고 있는 뜻이 있다면 임명을 받아들이고 이를 보고하는 것이 마땅하다." 하셨고, 이에 만여 언의 소를 올려서 당시의 폐단을 바로잡을 것을 극진하게 진술하였는데, 핵심을 지적한 적절한 말들이었습니다.

우계牛溪 성혼成渾이 그 소를 읽고서, "진실로 이른바 세상을 다스릴 방책을 직언으로 극간한 것이라 하겠다." 하였으며, 이 소가 올라오자 대사간을 교체하도록 명하셨고, 승정원과 홍문관에서 교체하는 것이 선비를 예우하는 도에 맞지 않는다고 건의했지만 허락하지 않으시다가, 얼마 지나지 않아 이조참의吏曹參議로 임명하였고, 기묘년에 다시 대사간으로 임명하였으나 모두 취임하지 않았습니다.

선생은 사림들이 서로 분열되어 대립함을 근심하였고, 정철鄭澈

(서인)과 이발李潑(동인)이 모두 사람들의 존경과 신망을 받았지만, 견해가 한 쪽으로 치우쳤으므로 편지를 보내어 꾸짖기를 "그대들이 서로 협조하고 화합하기를 도모한다면 국사가 잘 처리될 것이다." 하였는데, 이발이 이를 받아들이지 않아서 당시의 여론이 크게 꾸짖고 배척하게 되었습니다.

선생이 이에 상소하여 말씀을 올리기를 "심의겸이 왕실의 외척으로 권세를 자행했다 하여 비록 지방으로 쫓겨나기는 하였으나, 사실은 선한 사람입니다. 지금 심의겸을 함정에 빠트리고 죄를 들춰내어 그 형벌이 다른 사류들에게까지 미치려 하고 있습니다. 정철鄭澈은 충성스럽고 청렴하며 강직하고 절개가 굳은 사람으로 한결같은 마음으로 나라를 근심하고 있고, 김계휘金繼輝는 청백하고 바른 선비로 정치의 큰 근본에 통달한 사람이고, 한수韓脩는 마음이 평안하고 고요하며 경험을 많이 쌓아 일에 익숙하면서 선을 좋아하고 선비들을 사랑하고 있는데도, 모두 나쁜 사람들과 작당하여 선량한 사람을 해친다는 죄명을 씌워서 조정에 얼씬거리지도 못하게 하고 있습니다. 이 세 사람이 저지沮止당하고 있음이 이미 애석한 일인데, 더구나 억지로 작은 허물이라도 밝히고자 꼬치꼬치 찾기를 이에 그치지 않고 있으니, 더 말할 것이 있겠습니까." 하였지만 살펴보지 않으셨습니다.

참찬參贊 백인걸白仁傑이 소를 올려서 동인과 서인의 파당을 씻어내려 하였지만, 늙고 병이 들어서 문장을 제대로 지을 수 없었으므로 선생에게 문장을 윤색해주기를 청하자, 선생은 그의 구국의 정성을 아름답게 여겨 이를 허락하였습니다. 송응형宋應泂이 이를 탄핵하면서 "이이李珥가 자신을 숨기고 백인걸의 이름으로 대신 소문疏文을 기술하여 올렸다." 라고 하니, 백인걸이 소를 올려 해명하기를 "송나라의 정이程頤가 팽사영彭思永을 대신해 복왕濮王의 전례를 논하는 소를 지은 일이 있고, 부필富弼을 대신해 영소릉永昭陵을 논하는 소를 지은 일이 있으니, 이와 같은 일은 선유들도 또한 일찍이 행했던 것이므로, 신도 이이의 문장능력을 이용하면서 이를 꺼리지 않았고, 이를 사람들에게 숨긴 일도 없는데, 일을 꾸며서 고의로 이를 전하는 사람들이, '이이가 신을 유혹하여 소를 올리게 했다.' 라고 하니, 신이 비록 무례한 사람이라 해도 어찌 감히 신의 본의에 어긋난 일을 남의 꼬임에 빠져서 행하기까지야 하겠습니까." 하였습니다.

경진년(1580, 선조 13) 겨울에 다시 대사간으로 임명했는데, 이때에 상께서 병으로 앓아 누우셨다가 새롭게 쾌유되시자 선생을 불러 만날 생각을 하셨고, 그 부르시는 뜻이 간절하고 절실하셨으므로, 선생이 감격하여 명을 받자 서울로 들어오니, 불러 보시고 위로하며 물으시기를, "오랫동안 서로 만나지 못했는데, 하고 싶은 말이 있는가?" 하시자, 대답하기를 "옛 역사를 두루 살펴보아도 큰 일을 했던 군주가 드물었는데, 전하께서 왕위를 이어받으신 초기에는 백성들이 태평한 시대가 올 것이라는 희망을 가졌었습니다. 그 후 우물쭈물 옛 제도만 따르면서 크게 떨쳐 일으키신 것이 없었습니다. 이제 전하께서 큰 병을 앓으신 후 새로이 일어나셔서 선하신 마음이 싹트는 계기를 여셨으니, 이를 행하도록 명령을 내리신다면 백성들이 기쁜 마음으로 복종할 것이고, 신민들이 바라는 것이 처음 정사를 보실 때와 다름이 없게 될 것입니다. 그러하니 전하께서는 모름지기 지치至治를 추구하시는 의지를 굳게 정하시고, 뛰어난 인재들을 불러들여서, 뜻을 이루실 책임을 부여하신다면, 큰 업적을 이루실 것입니다. 만약 다만 그릇된 규범을 그대로 지키신다면, 지치를 이룰 수 있는 도는 이룰 수 없게 될 것입니다." 하였습니다.

전에 야대夜對(군주가 밤에 신하를 불러 강서講書하게 함)했을 때에 건의하기를 "옛 사람들은 야대를 주강晝講보다 더 낫게 여겼습니다. 온갖 생물들의 활동을 멈춘 밤에, 군주와 신하가 고요한 가운데 서로 마주하게 되면, 오로지 사려를 한 곳에 집중할 수 있게 되어, 사심없이 사뢰어 효험을 볼 수 있기 때문이었습니다. 오늘 밤에도 성상께서는 학문에 의심이 났던 부분이나 지금 행하고 있는 정사의 득실에 대하여 신 등에게 하문하셔야 마땅합니다." 하니, 상께서 "학문을 탐구하면 반드시 얻는 바가 있어서, 이에 의심났던 것을 깨달아 알게 되므로 묻지 않는 것이다." 하셨습니다.

이에 선생이 "옛적 맹자孟子가 제齊 선왕宣王에게 묻기를 '온 나라 안이 다스려지지 않는다면 이를 어찌해야 합니까?' 하자, 왕은 주변을 둘러보며 그와 관계없는 다른 말을 하였습니다. 이에 주자는 그런 왕은 큰일을 할 수 없다고 비판하였습니다. 지금도 사방 영토 안이 다스려지지 않고 있는데 전하께서는 이를 어찌해야 마땅하시겠습니까?" 하니, 상께서 답을 할 수가 없었습니다.

상께서 전에, 인신人臣으로 나라의 녹을 받게 되면 마땅히 죽을힘을 다해야 한다고 가르쳐야 한다 하신 일이 있는데, 이에 선생이,

"인신은 마땅히 인신으로서의 분수를 지켜 의를 행함을 중히 여겨야 하지, 만약 다만 녹을 받는 은혜만을 받들게 한다면, 사람들이 모두 은혜로운 봉록에만 이끌리게 될 것입니다. 그러므로 분수를 지켜 의를 행함을 중하게 여기는 사람이라야 인군이 나를 후하게 대하느냐 박하게 대하느냐를 따지지 않고 모두 절개를 굳게 지키며 의를 위해 죽을 수 있게 됩니다. 만약 단지 은혜로운 봉록만을 중하게 여기도록 한다면, 그렇게 된 사람의 마음은 믿을 수가 없게 됩니다." 하니, 상께서 이를 옳게 여기셨습니다.

또 말하기를, "상께서 성혼成渾에게 은택을 더해주심이 근고 이래로 드문 바입니다." 하니, 상께서, "성혼의 현명함은 내가 이미 들어 알고 있다. 그러나 그의 재능이 어떠한지는 모르겠다." 하셨습니다. 이에 선생이 "재능도 또한 보통사람과는 다르지만, 특별히 천하를 경영하여 다스릴 책무를 맡길 만한 사람도 있고, 선한 사람을 좋아하여 여러 인재를 발탁해 쓸 수 있는 사람도 있는데, 성혼의 재능이 만일 천하를 경륜할 수 있다고 이른다면 지나치지만, 그 사람됨이 선인을 좋아하고 선인을 좋아함이 천하에 뛰어나다 할 수는 있으니, 이를 어찌 등용해 쓸 만한 인재라 아니할 수 있겠습니까." 하였습니다.

신사년(1581, 선조 14)에 크게 가뭄이 들어서 나라 안에 비축해 놓았던 곡식이 비게 되자, 선생이 이를 깊이 근심하다가 경연 자리에서 건의하기를, "만약 그릇된 법을 변통해서 이 시대의 어려움을 구제하지 않고 다만 곡식을 옮겨서 백성을 살리는 일만 하려 한다면, 곡식 또한 옮길 만한 것이 없게 될 것입니다." 하고, 물러나 동료들과 함께 차자를 올려서 그릇된 법을 고쳐 현실에 맞게 하고 공안貢案(특산물 납부의 품목과 수량을 기록한 문서)을 개정할 것을 청하였습니다.

오랫동안 관찰사를 역임하면서 아울러 주현州縣을 잘 살펴보았으므로, 그때의 경험을 토대로 하여, 자신을 수양하는 것으로 다스리는 근본을 맑게 하고, 사사로운 고집을 제거하는 것으로 조정의 화합을 도모하도록 하기를 청하였습니다.

당시에 국계國系를 변무辨誣하는 일[9)]이 아직도 시원하게 풀리지 않았으므로, 선생이 개연히 말하기를, "어떻게 국군의 조상을 엉뚱한 사람으로 그릇되게 표현한 무고를 당하고 200년이 되도록 이를 밝혀 바로잡는 일이 이루어지지 않을 수 있단 말입니까. 이는 적임자를 골라 사신으로 보내지 못하여 야기된 것입니다. 변무를 주청하러 간 사신은 마땅히 지성으로 상대를 감동시킬 수 있어야 하고, 이를 이루지 못하게 되면 연경燕京에 뼈를 묻을 각오를 해야 하나니, 청컨대 사신으로 가서 능히 응대를 잘할만한 능력을 지닌 사람을 택하여 보내시기 바랍니다." 하였습니다.

이에 조정에서 의논할 때에 어떤 사람이 선생을 사신으로 보낼만하다 하니, 대신이 "이이는 단 하루도 조정을 떠나게 해서는 안 된다." 하여, 이에 사신으로 보내려는 뜻을 중지했습니다. 선생이 왕명에 의하여 명明나라에 보낼 주문奏文을 지어서 올리니, 상께서 열람하시고, "훌륭하도다! 더 덧붙일 말이 없으니, '국계변무'의

---

9) 국계國系를……일 : 조선 태조의 가계가 잘못 기록된 것을 바로잡는 일을 말한 것이다. 명나라 ≪태조실록太祖實錄≫과 ≪대명회전大明會典≫에 조선 태조가 고려의 권신인 이인임李仁任의 아들로 잘못 기록되어 있었는데, 선조 17년에 황정욱黃廷彧이 변무주청사로 가서 비로소 이를 바로잡았다.

대사가 장차 반드시 부드럽게 풀릴 것이다." 하셨습니다.

6월에 특명으로 대사헌으로 승진시켰는데, 그때에 조정의 의논이 더욱 두 패로 갈리어서 기어이 심의겸을 배격하여 제거하려 하였습니다. 그때에 장령 정인홍鄭仁弘이 회의석상에서 심의겸을 제거할 것을 발의하니, 선생이 "심의겸이 권세가 없는 한산한 지위에 머물고 있는지가 이미 오래 되었고, 다만 선후先后의 지친至親이라는 이유 때문에 그의 봉록을 끊지 않고 있을 뿐이니, 이렇게 한 것이 국가에서 은의를 베풂에 무슨 불가함이 있다고 기어이 제거할 의논을 하려 하는 것인가?" 하였으나, 여러 사람의 의논이 더욱 과격해져서 선생도 이를 제지할 수가 없었으므로, 다만 과격한 조치가 없도록 하고 다른 사람에게까지 파급되지 않도록 경계할 뿐이었습니다.

정인홍이 그 후에 건의한 것에 심의겸을 밀어주거나 그에 동조한 사류들에 대한 말을 첨부하니, 상께서 그렇게 한 사류가 누구인가를 물으셨고, 정인홍이 정철鄭澈 등 여러 사람을 열거하면서 대답하기를, "그들이 서로 사귀며 한 패를 이루고 형세를 엿보고 있습니다." 하였습니다.

이에 선생이 정인홍에게 이르기를, "계함季涵(정철)은 지조 있는 선비인데, 만약 그를 심의겸과 한 패를 이루고 형세를 엿보고 있다고 한다면, 그릇되게 억울한 누명을 씌움이 너무 심한 것이다." 하니, 정인홍이 즉시 선생의 말을 따르고 단독으로 건의하는 혐의를 피했습니다.

이렇게 되자 삼사三司(홍문관·사헌부·사간원)의 의논이 분분해져서, 정언正言 윤승훈尹承勳은 선생을 정철의 당여黨與라 하며 배척하였고, 선생은 집의執義 남언경南彦經·지평持平 유몽정柳夢井 등과 함께 아뢰기를, "정철은 고집이 세고 성급하여 남의 비판을 용납하지 못하고, 선비들이 과격하게 비평함을 분히 여겨서 이를 말과 낯빛으로 여러 차례 드러냈을 뿐인데, 사람들 가운데는 정철의 심사를 깊이 따져보지도 않고 그의 과실을 배척하고 있고, 선비들의 정철에 대한 의심이 더욱 심해지니, 정철의 불평도 더욱 심해지자, 말을 만들어 사단을 일으키는 사람들이 양쪽 사이에 서로 얽혀 있어서 엎치락뒤치락하며 서로 저지하고 가로막음이 이런 지경에 이르게 된 것입니다. 정철은 본시 이렇지 않은데, 정철을 심의겸과 한 패거리를 이루고 있다고 하는 것은 또한 공정한 주장이라 할 수 없습니다. 서 윤승훈이 무슨 특별한 식견을 가졌다 할 수 있겠습니까. 다만 사류들의 여론을 따라서 그들에게 영합하는 데에 지나지 않습니다." 하였습니다.

양사兩司에서는 선생을 꺼려서 벼슬을 바꾸어주기를 청하니, 상께서 준엄하게 꾸짖으며 허락하지 않으시다가, 누차 사직을 청하자 이에 교체를 허락하셨습니다. 상께서 특명을 내리셔서 윤승훈을 신창현감으로 내보내니, 선생이 그 때문에 입시入侍하여 허물을 자신에게 돌리면서, "윤승훈의 말이 세상 여론에 영합함이 있는 것 같기에 신이 우직한 성격으로 곧바로 그의 말을 배척했던 것인데, 전하께서 그를 억누르시기를 너무 지나치게 하신듯합니다. 이 때문에 직언하는 선비가 직언을 못하고 속으로만 우물거리게 될까 두렵습니다." 하였습니다.

이에 박순 공이 "숙헌叔獻(이이) 같은 사람은 유림들이 스승으로 받들 종장宗匠으로 삼아야 하는데, 젊은이들의 식견이 어두워서 국사와 관계도 없는 일로 논쟁을 함이 이 지경에 이르렀고, 국사는 치지도외하고 있으니, 사슴을 쫓느라 태산을 보지 못하는 것이라 이를 수 있도다." 하며 탄식하였습니다.

예문관제학과 대사간으로 임명하자, 소를 올려 사직하고자 하였는데, 윤허하지 않았습니다. 탁지度支(재무 담당) 자리가 비게 되자 상께서 그 적임자를 찾지 못해 곤란해 하시니, 대신이 제1순위로 선생을 천거하였습니다. 이에 자헌대부로 특별히 승진시켜서 호조판서로 임명하였습니다.

그 때에 천재天災가 있자, 나라에서 사람을 각 지방으로 널리 보내어 자문을 구하게 하였는데, 선생이 아뢰기를 "예부터 잘 다스려질 것이냐 어지러워질 것이냐 하는 상황이 이미 정해져 있게 되면, 재앙의 이변은 없게 됩니다. 재앙의 이변은 장차 잘 다스려질 것이냐 어지러워질 것이냐의 조짐이 이루어질 때에 반드시 일어나게 됩니다. 우리 왕조는 나라를 세운 지 거의 200년이 되었으니, 지금이 바로 진실로 장차 나라가 잘 다스려질 것이냐 어지러워질 것이냐의 기미機微가 이루어질 때입니다.

만약 이런 때에 떨쳐 일으켜 나라의 기풍을 진작시킨다면, 국운이 억만년 끊임없이 지속되는 아름다움이 이루어질 것이고, 그렇지 않게 되면 장차 궤멸되어 망하게 됨을 구제할 수가 없게 될 것입니다.

인군은 반드시 한 시대의 폐단을 안 연후에야 한 시대의 바른 다스림을 일으킬 수 있는 것이, 마치 의사가 병의 근원이 어디에 있는가를 안 연후에야 이에 맞는 약을 써서 치료할 수 있게 되는 것과 같습니다.

폐단을 개혁하는 일에 대해서는 신에게 건방지지만 계책이 있사오니, 청컨대 대신에게 명하셔서 해당 부서의 설치를 상의하게 하시고, 그 명칭은 경제사經濟司라 짓고서 대신으로 하여금 이를 이끌도록 하시고, 상황에 맞게 업무를 처리할 능력을 가진 밝은 사람을 택하여, 그에게 갖추어 행해야 할 일을 건의하게 하십시오. 이로써 그릇된 정사를 개혁한다면, 진실로 훌륭한 치적을 이룰 수 있게 될 것이고, 그렇게 된다면 하늘의 마음도 돌릴 수 있게 될 것입니다. 또한 교화를 밝게 행하고자 하신다면, 반드시 선현의 뜻을 높이고 상려하여 후학들로 하여금 이를 준수할 기준으로 삼음이 있도록 하시옵소서.

그런데 성상께서는 번번이 이를 너무 어려운 일로 여기고 계십니다. 비록 우리 왕조의 선현들을 모두 제사를 지내주는 전례에 포함시킬 수는 없다 해도, 조광조 같은 사람은 도학을 앞장서서 밝혔고, 이황은 도리를 밝힘에 침잠하였으니, 우선 이 두 분이라도 서둘러 먼저 문묘에 신주를 모시고 제사를 지내주기를 허락하셔서, 이로써 선비들의 여망을 크게 고무시켜 주도록 하십시오." 하니, 상께서 이를 모두 옳게 여기기는 하셨으나, 이를 시행할 준비가 되어 있지 않아서, 제도를 고쳐 바로잡는 일을 꺼리셨습니다.

얼마 지나지 않아 대제학에 임명하였다가, 임오년(1582, 선조 15)에 이조판서로 임명하였는데, 모두 여러 차례 사직의 소를 올렸으나 윤허를 받지 못하였고, 오로지 옛 폐습을 개혁하고 벼슬길을 맑게 하는 데에 힘쓸 뿐이었습니다. 가을에 우참찬으로 전임하고, 곧 숭정대부로 올려주고 우찬성으로 임명하고서, 상께서 인심도심설人心道心說을 지어 올리도록 명하셨고, 선악기도善惡幾圖 및 〈김시습전金時習傳〉과 《학교규범學校規範》 등을 지어 올렸으며, 얼마 지나지 않아 만언萬言의 봉사封事(밀봉해 올린 상서)를 올려서 당시의 폐단에 대해 극진하게 말씀을 올리니, 답을 내리시기를, "충성스럽고 간절한 뜻을 잘 살펴보았노라. 채찍질하고 면려함을 행하려 하지 않는 것이 아니라, 못난 과인이 재능과 식견이 미치지 못하여 지금에 이른 것이고, 일과 마음이 서로 어긋남을 나 또한 삼가 탄식하고 있노라." 하셨습니다.

겨울에 명나라에서 한림편수 황홍헌黃洪憲과 급사중 왕경민王敬民을 우리나라에 사신으로 보내어 황자皇子 탄생의 조서詔書를 반포하도록 하였습니다. 선생이 원접사遠接使가 되어 강상江上에서 이들을 맞이하던 날에 두 사신이 선생을 한참동안 바라보다가 역관譯官에게 묻기를, "자못 산림처사山林處士의 기상을 띠고 있으니, 아마도 산림 속에서 은둔하고 있던 선비를 불러내어 우리를 맞이하려 하는 것인가?" 하였습니다.

이에 역관이 대답하기를 "세 차례의 과거에 모두 장원을 하였고, 오랫동안 군주를 가까이에서 모시다가 중년에 병으로 사직하고 산림 속으로 물러나 있었습니다. 지금은 국왕께서 그를 신임하여 국정을 맡기기를 이미 오래도록 하고 있으므로, 실은 산림에 은둔하고 있는 처사가 아닙니다." 하니, 다시 묻기를 "그렇다면 이 사람이

〈천도책天道策〉을 지었던 사람인가?" 하였습니다.[10] 이에, "그렇습니다." 하니, 두 사신이 머리를 끄덕였습니다.

서울로 오는 도중에 서로 시를 주고받을 때에 선생이 붓을 잡자마자 즉시 시를 이루었고 시구와 의미가 모두 아름다웠으며 자연스럽게 시의 격률에 들어맞게 지으니, 조서를 전하러 오던 사신들이, "뛰어난 문장가로다! 뛰어난 문장가로다!" 하면서 예를 다해 공경하기를 매우 극진하게 하면서, 반드시 그를 이름으로 부르지 않고 율곡선생이라 불렀습니다.

문묘에 이르렀을 때에 선생에게 "자기의 사욕을 제어하고 예로 돌아감이 인을 행하는 것이다.〔克己復禮爲仁〕"[11]의 의미를 풀어 밝히기를 청하니, 선생이 즉시 그 의의를 해설하는 글을 지어 올렸고, 두 사신이, "이 해설이 지극히 훌륭하니, 중국에 전하여 널리 알리는 것이 좋겠다." 하였습니다.

그들이 돌아갈 때에 강가에 이르러 정사正使가 오랫동안 구상했던 칠언장편七言長篇과 장율長律을 갑자기 꺼내어 보이며 화운시和韻詩를 짓기를 청하였습니다. 이로써 별안간 급하게 닥친 일에 신속히 응대할 재능이 있는가를 시험해보려 한 것인데, 선생이 바로 그 자리에서 즉시 차운시次韻詩를 직접 써서 올리니, 두 사신이 돌려보

---

10) 다시……하였습니다 : 선생이 과거에 응시했을 때에 〈천도책〉에 대한 대책對策(과거 시험에서 정치문제나 경의經義를 답하도록 한 일종의 논술시험)으로 1등을 하여, 그 글이 온 세상에 회자되었고, 중국에까지 전해져서 두 사신도 전에 이를 본 일이 있어서 평소에 흠앙하고 있었으므로 이렇게 물은 것이다.

11) 자기의……것이다 : ≪논어≫ 〈안연顔淵〉에 나오는 말이다. 안연이 공자께 인仁에 대하여 묻자, 공자께서 이렇게 대답하시면서, 이어서 '일일극기복례一日克己復禮 천하귀인언天下歸仁焉'이라 하셨다.

며 완상하고 거듭거듭 칭양稱揚하였으며, 헤어질 때에 손을 잡고 아쉬워하면서 눈물을 흘렸습니다. 이에 사람들이 명나라에서 온 조사詔使가 자신들을 접대하고 보좌했던 사람을 이토록 사랑하고 공경했던 일은 이전에는 없었던 일이라 하였습니다. 명나라 사신을 전송하고 돌아오자 병조판서로 임명하였는데, 사직을 청했지만 허락하지 않으셨습니다.

계미년(1583, 선조 16)에 면직해 주기를 청하는 글을 올렸고, 또한 문형(대제학)으로써 국방까지 주재하는 것은, 두 가지 모두 막중한 임무이니 병조판서는 해면해주기를 청하였는데, 상께서 답하시기를, "경이 항상 그릇된 정사를 바로잡아 새롭게 하고자 거듭거듭 정성을 다했으니, 이것이 바로 경이 평소에 지니고 있었던 뜻이다. 이제 경이 진실로 기이한 계책을 내어 그동안 이어져온 폐단을 모두 혁신해서 양병養兵의 법도를 바로세운다면, 이것이 바로 국가의 행운이라 할 수 있으니, 경은 물러나려 하지 말고 노력을 다하라." 하셨습니다.

바로 이때에 함경도 변방의 오랑캐가 침입하였으므로 선생은 사임하고자 하는 뜻을 접고 직무를 보기 시작했는데, 병조의 사무에 번거롭고 복잡한 일이 많았으며 때마침 급히 경계할 일도 있었고, 처리해야 할 공문서가 구름처럼 쌓여 있었는데, 이쪽 사람에게 지시하고 저쪽 사람에게 응답하며 물 흐르듯이 판단을 내리고 결재를 하면서, 큰 기준에 맞추어 세목을 결정하기를 크고 작은 일에 빠트림이 없었습니다.

여섯 조항의 방략을 올렸으니, 현명 유능한 사람을 임용함, 군민을 잘 기름, 재용을 풍족하게 함, 변경 방어를 공고鞏固하게 함, 전마戰馬를 갖춤, 교화를 밝게 행함 등이었습니다.

또한 봉사封事를 올려서, "조정을 화합하게 하여 폐정弊政을 혁신함이 본本이고, 군의 식량을 조달하고 방어를 굳건하게 하는 것은 말末에 속합니다. 비로 지금 당파대립이 날로 격화돼서 사화가 일어나려 하고 있으니, 청컨대 이를 깨끗이 씻어내어 사그라지도록 하고, 이들을 억눌러 진정시켜 조화를 이루도록 하며, 선하고 유능한 사람은 올려주고 악하고 무능한 사람은 내치기를 한결같이 공도公道에 따른다면, 이로써 국시國是가 바로잡힐 것입니다. 이렇게 하여 조정이 화합한 연후에야 적임자를 얻어 폐단을 혁신할 것을 의논할 수 있게 됩니다." 하였습니다.

또한 "서얼이나 관청 및 개인이 소유한 천인賤人들 가운데 무재武才가 있는 사람을 뽑아서 북변北邊의 수호에 채우고, 무재가 없는 사람은 변경에 곡식을 대도록 하여 이로써 군용에 충당하게 하며, 이를 이행한 서얼에게는 벼슬할 수 있는 길을 터주고, 천민은 양민이 될 수 있도록 해야 합니다. 이는 모두 세조 때에 이미 시행했던 규범이고, 북방을 경계해야 할 일이 매우 다급하며, 국가의 군사와 식량이 모두 모자라니, 이런 임기응변의 계책을 중단해서는 안 됩니다." 하였습니다.

전일에 건의했던 공안貢案에 대한 개혁과 군적軍籍에 대한 개혁에 대해 거듭 건의하니, 상께서 답하시기를, "내가 경이 전에 올린 소疏를 우연히 보고 있을 때에, 지금 경이 올린 소가 마침 도착했소. 과거부터 지금까지 간절하게 근심함을 보고, 이 어리석은 군주에 대해 홀로 바치고 있는 경의 지극한 충정을 알게 되었소." 하셨습니다.

대체로 선생의 뜻은 오직 연산군 때의 폐정 가운데 아직 다 없애고 개혁하지 못한 것들을 모두 제거하고, 또한 근래의 그릇된 규정으로 옛 제도를 어지럽힌 것들을 개혁해서, 한결같이 조종대부터 내려온 옛 일을 준수하여, 쇠퇴한 것을 일으켜 세우고 피폐한 것을 보완하여 옛 제도와 문물을 기준으로 삼고자 한 것이니, 다시 떨쳐 일으키고자 한 것이 실은 옛 제도를 회복하고자 한 것입니다.

또한 문소전文昭殿(태조와 태종의 위패를 모신 전각)과 연은전延恩殿(성종成宗의 생부인 덕종德宗의 위패를 모신 전각)에 하루에 세 차례씩 제물을 올리는 일과, 산릉山陵(군주의 무덤)에 매월 초하루와 보름에 제를 올리는 것은 예에 맞지 않는다고 하면서, 산릉에는 네 계절마다 한 차례씩만 제를 올리고 문소전과 연은전에는 하루에 한 차례씩만 제물을 올려서, 제사 의식을 삼가고 백성의 부담을 줄여주기를 청하였는데, 이는 선생이 전후 여러 차례 건의하기를 중단하지 않은 것이지만, 갑자기 경솔하게 바꾸는 것을 어렵게 여기신 것이 바로 상의 뜻이었습니다.

상께서 이런 일들의 논의에 대하여 혹 듣기 싫어하기도 하셨지만, 선생의 공변된 충심과 불편부당함과 지성을 다해 나라를 근심함을 아셨으므로 신임하고 전적으로 일을 맡기셨던 것입니다. 시세를 쫓는 무리들은 날로 더욱 꺼리고 배척하면서 해칠 빌미를 찾고자 모의하였지만, 선생이 도달한 재능과 학식과 덕망에 지적할 만한 결함을 찾을 수가 없었고, 오직 상께서 폐단의 개혁에 대해 듣기 싫어하신다는 것을 간파하고서는, 폐단을 극복해 바로잡기를 원해서 건의하는 바가 있게 되면 그때마다 곧 저지하고 흔들어대어, 떠도는 비판이 어지럽게 난무하며 작은 허물을 들추어내기를 더욱 교묘하게 하니, 선생은 조정에 있으면서 바른 낯빛으로 남이 하는 원망을 몸소 떠맡기를 회피하지 않았습니다.

여름에 북쪽 오랑캐가 다시 전쟁을 일으켜서 오랫동안 종성鍾城을 포위하고 있었으므로, 변방에서 날마다 위급함을 보고하니, 국내가 소란해졌습니다. 이에 선생은 아침 일찍부터 저녁 늦게까지 부지런히 이에 대처하기에 심력을 다했습니다.

낮에는 저녁 늦게까지 병조에서 일을 처리하고, 밤에도 의대를 풀지 않고 등불을 밝힌 채 아침에 이르렀습니다. 공적인 일에는 즉시 응대하여 지체됨이 없었고, 지휘해 명령할 때에는 분명하고 엄숙하며 완급에 따라 순서에 맞게 처리하니, 사람들이 신뢰하여 복종하였고, 흐트러짐이 없이 일이 처리되었습니다. 이 때문에 상께서는 더욱 선생과 뜻이 맞아서 의지하게 되셨는데, 그렇게 되자 질투하고 미워하는 사람들이 죄를 짓도록 유도하여 함정에 빠트리려 함이 더욱 심해졌습니다.

그때에 활 잘 쏘는 군사를 뽑아 보내려 하였는데, 관청에 전마戰馬가 없었고 갑자기 구하기도 어려웠으므로, 선생은 을묘왜변乙卯倭變[12] 때에 전사들이 말을 노략질 했던 일처럼 되어 난이 차츰 커질까보아 이를 근심하고 경계했습니다.

이에 뽑기로 한 사수射手들 가운데 늙었거나 몸이 약한 사람이 이

---

12) 을묘왜변乙卯倭變 : 명종 10년 을묘년(1555)에 왜구가 전라도 남쪽 지방에 침입한 사건을 말한다. 왜구가 60여 척의 배를 이끌고 침입하여 영암을 점령하고 진도·강진·장흥 등지에서 약탈을 자행했던 사건이다.

를 면제받는 대가로 말을 바치기를 원하면 이를 받아들이고, 이렇게 얻게 된 말을 모아 군사들에게 공급하고자 하였으나, 이에 응할 사람이 있을지 없을지를 예단할 수가 없었으므로, 먼저 영令을 내려서 이런 사람들을 모집했습니다.

이렇게 하자 말 바치기를 원하는 사람들이 구름같이 모여들었고, 전사들은 급히 떠나야 했으므로 때를 늦출 수가 없어서, 한편으로는 보고를 올리며 한편으로는 명을 반포하였는데, 상께서도 이를 즉각 윤허해주셨습니다. 이에 떠나는 사람은 말을 얻게 되어 다행으로 여겼고, 머물게 된 사람은 징집을 면하게 되어 기뻐하였으므로, 관에서나 민간에서나 이를 좋게 여겼습니다.

어느 날 변경에서 보고가 들어오자 상께서 불시에 선생을 부르셨습니다. 선생은 평소부터 지니고 있던 병환으로 눈이 아찔하고 머리가 어지러운 현기증을 앓았는데, 이때에 이르러 피로해 초췌해짐이 갑자기 더욱 심해졌지만, 명을 따르고자 힘써 달려오면서 병환이 심한 것도 살피지 않다가, 병조 안으로 들어와 쓰러져 눕게 되었습니다. 이렇게 되자 삼사三司에서는 권력을 오로지 멋대로 휘두르면서 교만 방자하게 상을 얕잡아 보았다고 탄핵했습니다.

이른바 권력을 멋대로 휘두르면서 교만하게 상을 얕잡아 보았다고 한 것은, 위에 말한 두 가지 일을 지적한 것이었습니다. 이보다 앞서서 박근원朴謹元·송응개宋應漑·허봉許篈 등이 모두 전에 선생에게 배척을 받은 바가 있었는데, 이에 유감을 품고 있던 세 사람이 합세하였고, 그들을 돕는 사람도 많았으며, 그들이 오래도록 해코지할 마음을 기르며 핑곗거리를 축적해오고 있다가, 이때에 이르러 여러 차례 탄핵을 건의한 것이고, 상께서 윤허하지 않으시니 어쩔 수 없이 중단했습니다.

이에 선생이 소를 올려 뜻을 밝히며 허물이 자신에게 있으니 죄를 달라고 청하였고, 이에 상께서 답하시기를, "경은 일의 조짐을 민첩하게 간파하고 재능이 높으며, 충성으로 나라와 한 몸이 되고 있소. 이제 국경에서 사건이 많이 일어났으나 경의 계책에 힘입어서 북방을 진무하여 안정시켰고, 병사들과 백성들이 평안할 수 있게 되었으니, 그들의 모함에 저지당하지 말고 나의 기대에 부응하도록 하라." 하셨습니다.

모두 여섯 차례 소를 올렸으나, 상께서 정성스럽고 절실하게 말씀하시며 출근해 집무하기를 촉구하셨고, 이어 교서를 내리시기를, "아득하게 오랜 역사 가운데 군신이 뜻이 맞아서 공업을 이룰 수 있었던 경우가 매우 드물고 겨우겨우 있어왔으니, 경은 지난날의 이런 가르침을 듣지 않았는가? 내가 물러나라고 명하면 그 이후에나 물러나야 한다는 간절한 이 말을 귀신도 또한 이해할 것인데, 경은 어찌하여 오늘날 사임하고 떠날 마음을 품고 있는가?" 하셨습니다.

선생은 어쩔 수 없이 대궐에 나아가 자신을 탄핵하기를, "대간에서 신을 정직停職시키라는 건의를 올렸으나 오랫동안 윤허를 받지 못하고 있는데, 또한 신이 전혀 부끄러이 여길 일이 없는 것도 아니니, 반드시 신이 스스로 물러나야 함을 알고 있습니다. 신이 만약 상께서 너그러이 용납해 주심을 다행으로 여기면서 버젓이 정무에 종사한다면, 종전에 여러 차례 소를 올렸던 것이 다만 총애를 굳게 받고자 획책한 것이 되어, 매우 의롭지 못한 것이 됩니다. 먼저 자신의 체통을 잃는다면 어떻게 군주를 섬길 수 있겠습니까. 청컨대 신의 죄를 열거하여 좌우에 자문해 보셔서, 만약 용서해줄만하다 한다면, 신이 비록 마음이 편치 않다 해도 어찌 감히 힘을 다해 노력하며 따르지 않을 수 있겠습니까. 만약 진실로 범법을 했다고 여기신다면, 비록 쫓겨나 유배되거나 죽임을 당한다 해도 신은 이를 달게 여기겠습니다."하였습니다.

상께서 답하시기를, "경이 자처하는 도는 비록 이와 같이 함이 합당하다 할 수 있겠지만, 내가 만약 좌우에 자문을 구한다면, 이에 한 터럭만큼이라도 경을 의심해서 자문을 구하는 것이라는 오해를 면할 수 없게 될 것이니, 내가 어찌 감히 이런 일을 할 수 있겠는가." 하셨습니다.

이에 대간 송응개·집의 홍여순洪汝諄 및 전한 허봉 등이 다시 대간의 건의를 무시하고 공론을 깔아뭉갰다는 이유로 탄핵을 하면서, "아랫사람들을 가로막아 상과 소통하지 못하게 하고 있으니, 그의 뜻이 장차 무슨 짓을 하려 하는 것인가?" 하는 말에까지 이르게 되었습니다.

이에 상께서 직접 대신에게 교서를 내리셔서, "근자에 이이의 말을 꼬투리 잡아 일을 가로막고 대간에서 서로 충동질 하면서 그를 나라를 그르친 소인에 비유하고 있는데, 이는 우연히 나온 것이 아니다. 대체로 이이가 전에 신진들을 제재 억제했던 것은 그들이 시세를 쫓으며 당파에 붙는 것을 싫어해서였고, 여러 차례 그런 의지를 펼치자, 시속에 따르는 주장을 했던 자들에게 미움을 받게 된 것이 오래 되었다. 그들은 마침내 시세를 타고서 틈을 엿보며 반드시 탄핵해 제거한 이후에야 그치려 하고 있다. 무릇 공경들 가운데 관직을 주어 불러도 응하지 않고 오지 않는 사람이 많으나, 이들이 상을 깔보아서 그렇게 한 것이라고 비판하는 것은 들어보지 못했는데, 이에 어찌하여 대간에서 하는 말을 이유로 유독 곧바로 이이를 끊어낼 수 있겠는가? 그가 군마를 바치게 하는 일을 결재가 끝나기 전에 추진한 일도 또한 허다한 일을 처리하는 사이에 미처 이르기 전에 처리한 것에 불과할 뿐이지, 이것이 어찌 권세를 멋대로 휘두르기 위해 그렇게 한 것이라 할 수 있겠는가. 대저 권세를 멋대로 휘두르고 상을 모멸하는 것은 인신으로서 극형을 받아야 할 죄이다. 인군은 일반 백성에 대해서도 오히려 실정에 부합하지 않는 죄명을 씌워서 함부로 그 몸에 형벌을 가해서는 안 되는데, 더구나 재상 자리에 있는 사람이야 더 말할 것이 있겠는가. 이미 말하기를 '권세를 멋대로 휘두르고 상을 능멸했다.' 하였으면, 어째서 그 죄를 왕법에 비추어서 엄중하고 밝게 바로잡으려 하지 않고, 이에 감히 파직만을 청해서야 되겠는가. 을사사화乙巳士禍를 일으켰던 간신배들을 반역자로 지목한 것 같은 일이 있다면, 그들을 죄주기를 오히려 파면해 교체함에 그쳐서야 되겠는가." 하셨습니다.

대신들이 이에 회답하는 보고를 올리자, 다시 말씀하시기를, "이렇게 된 이상 이이가 벼슬에 종사할 리가 없고, 군사에 관한 업무는 매우 급하니, 우선 그의 마음을 편안하게 해주고자 한다. 지금 북방에서 전쟁이 일어나서 국가의 존망이 달려있는 때인데, 조정은 시끄럽게 분쟁을 일삼고 있어서, 어진 자와 사악한 자를 분간할 수 없게 되었으니, 어떻게 나라를 다스릴 수 있겠는가. 나는 마음이 아픔을 감내하지 못하겠다. 아아! 이이가 고향으로 돌아가 청산백운 속에서 고상하게 지내려 하고 있으니, 누가 그를 얽어매둘 수 있겠는가." 하셨습니다. 이에 벼슬아치들이나 백성들이나 선생이 물러나게 된 것을 지극히 분개해하고 떠나는 길을 전송하며 탄식하였습니다.

우계牛溪 성혼成渾 선생이 소환되어 서울로 올라와서 선생에 대한 실상을 아뢰니, 상께서 답하시기를, "그대의 상소를 살펴보니 충심으로 그릇된 것에 분개함이 격렬하니, 간사하고 사악한 무리들로 하여금 이 말을 듣게 한다면, 그들의 간담을 오그라들게 하기에 족하도다. 군자의 한 마디 말이 국가에 얼마나 중요한 것인가를 진실로 알 수 있도다!" 하셨고, 삼공을 부르도록 명하셔서, 그들에게 말씀하시기를, "이이를 배척한 것이 누가 저지른 일인가? 그에 동조한 간사한 패거리들은 또한 누구인가? 이들을 가려내어 보고하도록 하라!" 하셨습니다.

이에 영상 박순이 독대를 청하여, 선생이 자신의 안위를 잊고 나라를 위해 죽기로 애썼던 실상과, 허봉과 송응개 등이 시세를 타고 없는 일을 사실인 듯이 날조하여 모함했던 상황을 자세히 아뢰었습니다. 그러자 양사에서 다시 선생 및 성혼과 박순을 탄핵하면서 그들을 매우 심하게 비방하니, 태학생太學生 유공진柳拱辰 등 470인과 전라도 유생 서태수徐台壽 등 240인과 황해도 유생 유대춘柳帶春 등 180인이 선생을 위해 서로 연이어 항소를 올렸고, 관문을 가로막고 억울함을 호소했습니다.

이에 상께서 답하시기를, "그대들이 상소한 글을 살펴보니 충직한 마음으로 떨쳐 일어나고자 하는 의기가 이와 같으니 다시 무엇을 염려할 것이 있으리오! 바로 지금의 선비들의 기풍은 한漢나라나 송宋나라의 사풍士風보다도 더 높도다." 하셨습니다.

왕자의 사부師傅인 하락河洛이 상서한 말에 "삼현三賢(선생과 성혼 및 박순)은 곧 사림의 영수領袖들인데, 삼사三司에서 허위사실을 꾸며 배척함을 당했습니다." 하였습니다. 그런데도 도승지 박근원 등이 하락이 편당을 조성한다고 보고하니, 상께서 답하시기를, "그대들이 사람들의 언론을 막아서 나의 총명을 가리려 하는가. 이와 같이 하면서 끝내 무슨 짓을 하고자 하는 것인가? 대체로 공론이 세간에 있는 것은 물이 땅속에 있는 것과 같아서, 반드시 대간의 주장만이 옳은 것도 아니고 반드시 무식한 꼴꾼과 나무꾼의 말이라 해서 그른 것도 아니다. 지금 대간에서 주장하는 것은 인심이 반대하고 의사義士들이 분개하고 있으므로, 이제 사방에서 들고일어나게 된 것이니, 그대들이 비록 힘을 다해 틀어막고자 해도 할 수 없게 될 것이다." 하셨습니다.

승정원에서 다시 유생들이 도리에 어긋난 짓을 하여 세상을 어지럽힌다고 보고하였고, 양사에서 박근원 등이 직언을 한 것이라고 보고하니, 상께서, "송나라 때에 육적六賊이 정권을 좌지우지하자, 이강은 조정을 떠났고, 태학생 진동陳東 등이 소를 올려 이를 힘을 다해 비판한 일[13]은 천 년이 지난 지금에도 그 기풍과 절조

---

13) 송나라……일 : 북송 말에 채경蔡京・동관童貫・왕보王黼・양사성梁師成・이언李彦・주면朱勔 등 여섯 사람이 작당하여 사리사욕을 꾀하고 나라를 그르치다가 태학생 진동陳東 등에게 배척당한 것을 말한다.

가 전해져서, 오히려 지금도 팔을 걷어붙이고 떨쳐 일어나게 하고 있다. 지금의 이들 유생들도 조정의 의론이 정도에 어긋남을 보고 의를 주창하며 이에 맞서는 글을 올린 것이다. 그 충의로운 마음의 늠름함이 범할 수 없는 기상이 있으니, 진실로 그들이 배운 정도를 저버리지 않았음이, 도도히 흐르는 격류에 버티며 우뚝하게 서 있는 지주砥柱와 같다. 태학은 공론이 존재하는 곳으로, 조정에서 옳으니 그르니 하는 것이 한때를 어지럽힐 수는 있으나, 태학의 공론을 어떻게 막고 가릴 수가 있겠는가. 설사 미친 사람이 혹 지나가며 한 말이라 해도 오히려 이처럼 무시해서는 안 되는데, 더군다나 그 바르고 곧은 기상으로 청송青松처럼 지조를 굳게 지키기에 매진하고 높은 절의를 지니기에 힘쓰는 사람들의 말이야 더 말할 것이 있겠는가. 저 하찮은 몇 명의 신하가 서로 붙어 어울리며 국왕의 지근거리에 있음을 기화로 멋대로 패거리를 이루어, 사람들의 말을 틀어막아 끊고 군주의 총명을 가리고 덮으려 하면서, 도리어 감히 태학의 제생諸生들을 패란悖亂을 일으키는 무리로 지목하니, 이는 패거리를 따르며 선행을 참칭하는 무리들이 하는 짓으로, 진실로 못된 짓을 거리낌 없이 행하는 소인들이다. 내가 즉시 이들을 유배 보내어 추방하거나 극형에 처하는 법전을 적용하지 않아서, 장차 도깨비 같은 무리들이 어두운 밤을 타서 날뛰도록 내버려둔 것이, 이미 형벌을 가해야 할 법을 어긴 것인데, 양사에 있는 너희들이 도리어 이런 무리를 구제하여 하는가?" 하시고, 어필御筆로 직접 교서를 작성하셔서 박근원·송응개·허봉 등을 유배하도록 명하셨습니다.

그 교서에, "간사한 사람들이 벼슬자리에 있어서 조정이 안정되지 않았고, 형벌을 담당한 관청에서 형벌을 내림에 실수를 범해서 국시國是의 안정이 무너졌으므로, 이에 유배 보내 추방하는 법을 적용하여, 길이길이 내세의 귀감이 되도록 하노라. 박근원 등이 간사하고 악한 성격으로 벼슬자리에 있게 된 것을 기화로 하여, 경박한 무리들과 패거리를 만들어 사익을 위한 붕당을 조성하고, 서로 이끌어주며 요직을 점거하여, 어떤 자는 비서로서의 역할을 더럽히고, 어떤 자는 대관이나 시신侍臣이 되어 그 기세를 드날리며 그릇된 논리를 멋대로 펼치면서, 관서官署의 공정성을 멋대로 희롱하고, 조정을 협박 제압하여 대신들을 모함하고 충성스럽고 현명한 사람들을 배척하였다. 서로 파당을 이룬 행위가 이미 드러났는데도, 자신들의 주장을 오히려 공론이라 강변하고, 조정을 뒤흔들어 어지럽힌 작태가 모두 노출되었는데도, 자신들이 곧고 방정하다고 일컬으며, 사안이 이미 가리고 덮을 수 없게 되었는데도, 그들의 주장은 모두 거짓을 꾸민 것으로 무고하여 충성스럽고 선량한 사람들을 억압하였으며, 죄악이 또한 나라를 극도로 혼란하게 하면서 여러 소인배들이 그 뜻을 이루어서, 그 범한 죄가 나라를 그르치고 있음을 피하기 어렵게 되어, 이를 멀리 있는 사람이나 가까이에 있는 사람이나 모두 알고 조야가 함께 분개하고 있다. 그런데도 오히려 저자에 효수하는 처형에서 너그러이 벗어나게 해주고, 오직 가벼운 형벌을 관대하게 적용하였노라.……" 하셨습니다.

이어서 하교하시기를, "이이가 붕당을 이루었다 운운하는데, 이런 주장으로 내 뜻을 흔들려 할 수 있는가. 아아! 진실로 군자라면 뜻을 같이하는 당이 있음을 근심할 것이 없고, 오직 그 당에 속한 사람이 적음을 근심할 뿐이라 한 주자의 주장을 본받아서, 나도 또한 이이와 성혼의 당에 들어가고자 하나니, 이제부터는 나를 이이와 성혼의 당원이라 해도 좋을 것이고, 이이와 성혼을 비난하고 배척하는 사람에게는 반드시 죄를 주고 용서하지 않겠다." 하셨습니다.

다시 하교하시기를, "삼사에서 주장한 것이 심의겸을 나라를 그르친 척신이라 하여 그를 함정에 빠트리려 한 것에 지나지 않는데, 이 시대의 명신 현사 가운데 자기들의 주장과 다른 사람들을 모두 반드시 그 함정에 함께 밀어 넣으려 하면서, 그들이 같은 당이라 성토하였고, 그들이 한 번 이런 이름을 뒤집어씌우려 마음먹은 사람이면, 사람들이 감히 나서서 구제하지 못하도록 하였다. 군주가 이를 의심하는데도 그들은 자신들의 뜻을 이룰 수 있고 자신들의 생각을 행할 수 있다고 하면서, 군자다운 마음으로 이를 보아야 함을 전혀 모르고 있는 그들의 속셈이 환히 보이니, 비록 그들이 10년을 변함없이 주장한다 한들, 어찌 내 마음을 동요시키고 내 뜻을 미혹시킬 수 있겠는가." 하셨습니다.

선생이 파주에서 해주로 내려간 지 얼마 지나지 않아 판돈녕부사로 임명하고 부르니, 소를 올려 사직을 청했습니다. 이에 상께서 답하시기를, "아아! 하늘이 우리나라를 태평하게 다스리려 하지 않는 것인가? 내 생각에는 하늘이 경에게 곤경을 겪게 하고 마음을 흔들어대면서 이를 인내하도록 하여, 그 행하기 어려운 바를 거듭 가해서 고통을 준 것은, 이렇게 단련시켜서 장차 주즙舟楫과 임우霖雨가 될 책무[14]를 후일에 맡기고자 그렇게 한 것이어서, 하늘이 경에 대하여 차근차근 이루게 하여 그대를 주옥 같은 인물로 삼고자 한 것이니, 그런 시련이 경에게 무슨 해가 될 것이 있겠소." 하셨습니다.

겨울에 특별히 이조판서로 임명하였으나 선생은 또한 소를 올려 간절하게 사의를 표했는데, 이에 상께서, "경은 조정의 중신으로 산림에 은둔하고 지내는 선비에 비할 바가 아니므로, 경은 진퇴를 스스로 마음대로 해서는 안 되니, 내 뜻을 거절하지 말라. 설령 달아나 숨고자 한다 해도, 경이 오기를 바라는 내 마음이 배고프고 목마른 사람이 음식과 물을 바라는 것보다 더하다. 그러하니 설령 사직하고자 한다 해도 반드시 내 앞에 와서 사의를 표해야 예에 맞을 것이오." 하셨으므로 선생이 부득이 명을 받들어 서울로 들어오자, 상께서 즉시 불러 보셨습니다. 선생이 자신의 허물을 말하며 사과하고, 자신을 비판하다가 유배를 당한 세 사람을 풀어주어 돌아오게 해 달라고 힘을 다해 주청하고, 벼슬에서 물러나게 해 달라고 애걸하였으나, 모두 허락하지 않으셨습니다.

선생이 우계 성혼이 한 일에 대해 말하면서 "세 사람이 언관으로서 죄를 얻어서 멀리 유배됨에 이른 것은, 어쩔 수 없이 반복해서

---

14) 장차……책무 : ≪서경≫ 〈열명說命 상〉에 은나라 고종(무정)이 부열傅說을 만나서 그를 재상으로 삼으면서, "만약 내가 큰 내를 건너게 되면 그대로 나의 주즙舟楫(뱃사공. 왕의 보필자)을 삼을 것이고, 어느 해에 큰 가뭄이 들게 되면 그대는 임우霖雨(충분히 내리는 단비)가 되어 달라.〔若濟巨川 用汝作舟楫 若歲大旱 用汝作霖雨〕" 하였는데, 이 '주즙'과 '임우'를 인용하여, 선생을 군주를 보필할 천하의 명재상이 되게 하고자 하늘이 우선 시련을 주고 있는 것이라 한 것이다.

보고를 드려서 군주의 뜻을 돌리고자 한 것일 뿐입니다." 하고, 우계 성혼과 함께 입시하였을 때에 함께 간절하게 말씀을 올렸으나, 상께서는 노여움을 끝내 풀지 않으셨습니다.

가까이 지내는 사람이 없이 외롭게 상을 모시면서 특별한 총애를 받았고, 오로지 사류들의 화합에 힘쓰면서 이쪽이냐 저쪽이냐를 따지지 않고 오직 양쪽의 사류들을 화합시켜 대립을 가라앉히기에 앞장섰으나, 시속을 따르며 이미 두 패로 갈라진 무리들이 모두 대각에 포열布列되어 있으면서 의심의 눈초리로 흘겨볼 뿐, 선생과 일을 함께 할 마음을 품지 않았습니다.

이에 선생이 탄식하기를, "시속을 따르는 사람이라 해도 공정한 마음을 지닌 사람이라면, 오랫동안 내가 하는 일을 보았을 것이고, 나의 참마음을 반드시 환하게 알 것인데, 계속 부화뇌동하고 있음을 어찌 할 수가 없도다!" 하였습니다.

대사동大寺洞의 셋집에서 사망했는데, 그날 밤 가족이 꿈에서 흑룡이 침실에서 지붕을 뚫고 하늘로 날아 올라가는 것을 보았고, 이튿날 아침에 선생이 운명하였으니, 갑신년(1584, 선조 17) 정월 16일이었습니다. 조정으로 돌아와 정무에 복귀한 지 겨우 60여 일만이었고, 향년은 49세였습니다.

이보다 이틀 전에 서익徐益이 순무어사가 되어 북변北邊을 진무할 명을 받았다는 말을 듣고 그를 불러서 방략을 일러주려 하니, 자제들이 모두 말렸으나, 선생은, "이는 곧 국가의 대사인데, 내가 어찌 신병을 염려하여 그냥 지나쳐버려서 국가의 형세를 좌우할 중요한 일을 빠트릴 수가 있겠는가. 더구나 죽고 사는 것은 명에 달려있는 것인데, 내가 어찌 반드시 이 일을 했기 때문에 죽기야 하겠는가." 하고, 부축을 받아 일어나서 입으로 불러주며 아우인 우瑀에게 기록하도록 하였는데, 모두 여섯 조항이었고, 이것이 곧 마지막 글이 되었습니다.

기록하기를 마치자 숨이 끊길 듯이 목숨이 다한 모습으로 병이 심해져서 절명에 임박했는데도, 간절하게 꿈속에서 하는 말처럼 한 것이 모두 국사에 관한 것이었고, 한마디도 집안일에 관해서는 언급하지 않았습니다.

사망한 후에 집안에 작은 양의 식량도 없었고 남의 옷을 빌려 염殮을 하였으며, 서울에 집이 없어서 처자들이 의탁할 곳이 없어 떠돌아다니면서 굶주림과 추위를 면하지 못하니, 벗들과 선비들이 쌀과 포목을 출연하여 서울이 집 한 채를 사 주고, 또한 서자 두 사람을 위해 곡식을 바치며 벼슬길을 터주기를 청했습니다.

선생의 병이 심해졌을 때에 상께서 날마다 태의太醫를 보내서 약과 음식을 연이어 보내주셨고, 부고를 접하시고는 매우 심하게 애통해 하셔서 곡성이 밖에까지 들렸습니다. 식사를 간소하게 올리도록 명하시고, 사흘 동안 조회를 중단하시고, 예관禮官을 파견하여 위로하는 제를 지내주시고, 상여가 지나갈 길가에 있는 주군州郡에 명하셔서 일가를 호송하도록 하셨습니다.

함께 교유했던 인물들 및 소문을 듣고 그 분의 의리를 사모하는 사람들 및 궁벽한 시골 백성들까지 모여서 애통해하지 않는 이들이 없었고, 목놓아 울면서 유족을 위로하며 "우리 백성들이 복이 없어서 이 분이 일찍 가셨도다." 하였습니다. 태학생 100여 명과 금군 및 저자의 상인들을 비롯하여 백관의 모든 관리들, 각 기관의 서리들도 모두 와서 곡하고 예를 표하며 애도하였습니다.

발인하던 날 교외에서 바라보니 횃불을 잡고 전송하는 사람들이 수십 리에 뻗혀 있었으며, 거리를 메우고 흐느끼고 통곡하는 소리가 온 들을 진동시켰습니다.

이해 3월에 파주의 자운산紫雲山 선산에 안장하였습니다.

부인 노盧씨는 곡산谷山의 명망이 있는 집안으로, 종부정宗簿正 경린慶麟의 따님인데, 어질고 순종하며 자애와 화합에 힘쓰면서, 군자의 배필로서 덕을 어긴 일이 없고, 어른들과 손위 동서들을 받들어 모시면서 정성과 공경을 극진히 했습니다. 선생이 사망하자 조석으로 올리는 상식을 반드시 자신이 직접 갖추어 올렸으며, 삼년상이 끝난 후에도 초하루와 보름에 곡하고 제사지내기를 중단하지 않았습니다. 종족들을 예우하고 여러 첩들을 감싸 보호하기를 한결같이 선생이 생존해 있을 때에 했던 일을 기준으로 하였습니다.

임진년(1592, 선조 25) 왜변이 있자 자질들에게 말하기를, "왜적의 대군이 천하에 가득하니, 목숨을 살릴 땅이 어디에도 없다. 그러하니 이리저리 떠돌다가 타향에서 죽느니 보다는 차라리 이 파주 땅에서 죽는 것이 낫다. 너희들은 나를 염려하지 말고 후일에 내 유골이나 잘 거두어 남편의 묘 곁에 묻도록 하라." 하였습니다.

자질들이 여러 차례 피란을 가자고 말렸지만, 부인은 "내가 남편의 상을 당한 지 이미 8년이 되었으니, 내가 지금까지 목숨을 이어온 것이 또한 너무 오랫동안 산 것이 아닌가. 더구나 대란을 만났는데 구차하게 살려 한다면 어찌 의리에 맞겠는가." 하였습니다.

국왕의 어가가 서쪽으로 몽진蒙塵(임금이 먼지를 쓰며 피난함을 일컫는 말)했다는 말을 듣고, 이에 신주를 받들고 파주의 선산으로 돌아갔고, 적이 이에 이르자 적을 꾸짖으며 적에게 굴하지 않다가 마침내 선생의 묘 곁에서 해를 당해 사망했습니다. 본 고을에서 이 일을 보고하니, 상께서 정려旌閭를 세워 그 절의를 드러내도록 명하셨습니다.

측실이 낳은 아들이 둘이니, 경림景臨과 경정景鼎이고, 딸이 하나 있습니다. 경림은 아들 다섯을 두었는데, 그 가운데 제穧는 진사이고, 나머지는 아직 어립니다. 경정도 아들 둘을 두었는데 아직 어립니다. 딸은 진사 김집金集의 소실이 되었습니다.

선생은 타고난 자품資品이 지극히 고매하고, 재주와 지혜가 남보다 뛰어나며, 맑고 밝고 따사롭고 순수하며, 속마음이 순후하고 느긋하고 화락하며, 너그럽되 절제함이 있고, 잘 어울리되 파당에 휩쓸리지 않으며, 옛 성현을 연모하되 얽매이지는 않으며, 속인들의 뜻도 받아들이되 뒤섞이지는 않고, 사람들을 대할 때에 마음을 열어놓고 탁 트이게 드러내며 숨기는 것이 없고, 일을 처리할 때에 온당하게 하고, 남의 의견을 가로막는 일이 없으며, 종일토록 화락한 모습을 지니고 성내어 꾸짖는 모습을 드러낸 일이 없고, 휘황한 광채가 투철하게 관통하며, 아름다운 시문은 뛰어나게 밝아서, 바라보면 마치 상서로움을 드러내는 구름이나 태양과 같으므로, 그가 덕이 성盛한 군자임을 즉시 알게 됩니다.

어릴 때에 비록 제자백가의 학문을 두루 섭렵했고 불도로 빠져든 일도 있기는 하나, 오직 그 기질이 밝고 맑기 때문에 곧 환하게 깨우치고 즉시 바른 유도로 돌아왔습니다. 이렇게 한 이후부터 학문에 힘쓰기를 더욱 깊게 하고, 오로지 유학만을 더욱 갈고 닦아서, 뜻을 집중해 깊이 사유하며 정교한 학술이 도달한 깊은 경지에 맞게 실천하였고, 그 의리에 대해서는 큰 근원을 통달하게 깨달아서, 스승의 가르침을 기다리지 않고도 도의 오묘한 이치에 합치되게 되었으며, 그 학문 진척의 순서가 한결같이 염락(송 주돈이와 정호·정이)의 종지를 근본으로 삼았고, 고정考亭(주자)의 학문을 통하여 더욱 많은 것을 터득하였습니다. 그러므로 학문 계통의 올바름은 비록 앞선 성현들과 대조해 본다 해도 의심할 바가 없고, 육경의 심오한 뜻을 깨닫게 된 데에 이르러서는 끝까지 연구하고 깊이 탐구하여 밝히지 않은 것이 없어서, 환하게 마음속으로 판별할 수 있게 되었습니다.

사람들을 가르칠 때에는 반드시 뜻을 바르게 세움을 우선으로 하고, 몸소 실천함에 힘쓰도록 하며, 조리가 정연하게 단계별로 순서 있게 탐구하도록 하고, 바른길로 유도하기에 싫증을 내지 않았습니다. 그 사람이 지닌 능력에 맞추어 정성을 다해 인도하였으며, 강론을 할 때에는 정미하게 분석하여 내면에 함축하고 있는 뜻을 극진하게 모두 밝혀내었고, 뜻을 드러낼 때에는 앞 사람들이 밝히지 못했던 부분을 밝힌 것이 많습니다.

일찍이 운봉雲峯 호씨胡氏(원 호병문)가 지은 〈심성정론心性情論〉을 보고 글을 지어서 이를 의혹이 없도록 밝힌 일이 있고, 또한 퇴계선생과 이기理氣에 대하여 논하고 우계선생과 인심도심에 대해 논하면서 주고받은 장문의 편지가 수십 편에 달하는데, 모두 스스로 터득한 경지를 드러낸 것으로, 진부한 옛사람의 주장을 이어받은 것이 없으며, 명백하게 전거를 이끌어 증명하면서 두루 인용하여 자상하게 밝히고 이리저리 설명한 것에 이치에 합당하지 않은 것이 없습니다.

평생 동안 ≪소학小學≫을 믿고 따르며, 그 옛 주석의 잘못되고 틀린 곳과 자상하거나 소략함이 서로 다른 것을 안타깝게 여겨서, 이에 여러 사람의 견해를 공정하게 취사해서, 그 정교한 핵심을 취하고 번잡하게 중복된 것을 깎아내고, 뜻이 미진한 부분은 자신의 의견으로 보완하여 책을 간행하고 이름을 ≪소학집주小學集註≫라 하였습니다.

사서와 오경의 토를 달아 놓은 부분과 뜻을 풀이한 부분 중에 미진한 곳을 바로잡은 곳이 많고, 여러 사람의 견해를 적은 소주小註 가운데도 취하거나 버린 부분이 많으며, 또한 초학자들이 학문의 방향을 알지 못할까 염려하여, ≪격몽요결擊蒙要訣≫과 ≪학규學規≫ 등의 책을 지었습니다. ≪성학집요聖學輯要≫에 이르러서는 격물格物・치지致知・성의誠意・정심正心에 대한 노력과 수기치인修己治人의 방도를 갖추어놓지 않음이 없으며, 바른 학문을 밝히고 이단을 배척한 논리를 더욱 상세하게 기술해 놓았습니다.

그 이론이 밝고 뜻이 정교하며 교양이 깊음을 성盛하게 축적하여 가득 채우는 것을 덕행의 기준으로 삼고, 이를 밖으로 발현함을 자신이 해야 할 일로 삼은 것이, 모두 근본을 밝게 드러내고 적합하게 활용하는 학문이었으니, 실로 마음을 가라앉혀 깊이 생각을 모으고 이를 굳게 지킨 것은, 세상 사람들이 힘쓰는 것과는 비교할 수가 없습니다.

집안에 거처할 때에는 효성과 우애로 도탑고 화목함을 도모한 것이 천성에서 나온 것으로, 홀로 된 형수를 집안에서 받들면서 그 자녀를 감싸 기르기를 자신의 소생처럼 하였고, 형제들이 낳은 조카들을 한 방에 모아놓고 베개를 나란히 하고 잠을 잤으며, 명절이 되면 술과 음식을 마련하고, 아우에게 거문고를 타게 하면서 어린이와 젊은이들에게 노래를 불러 이에 맞추도록 하였습니다.

새벽마다 의관을 정제하고 조상의 사당에 예를 올렸고, 초하루와 보름에 제물을 바친 후 제사를 올린 본채의 방에 앉아서 아들딸과 조카들의 절을 받고, 함께 살며 서로 조심해야 할 것을 글로 지어서 이를 읽고 경계하도록 하고, 그 밖의 가족들도 모두 뜰아래에 나누어 서서 예를 행하도록 하였습니다.

또한 경계하는 글을 쉬운 말로 풀이해 자상하게 정성을 다해 가르치고 이를 준수하도록 하면서, 솔선하여 이를 변함없이 실천하였고, 제사를 받들 때에 철저하게 ≪주자가례朱子家禮≫에 정해놓은 예법을 준수하며 정성과 공경을 극진히 하였습니다.

서모庶母의 성격이 사납고 술을 좋아했는데, 선생이 친어머니처럼 섬기면서, 출입할 때에는 반드시 면대해 뵙고 아뢰었고, 아침이면 반드시 술국과 술을 가지고 침실로 가서 편안히 지내셨는지 문안을 드렸고, 녹봉도 마음대로 쓰지 않고 허락을 받았으며, 혹 기뻐하지 않는 낯빛을 띠게 되면 부드러운 말로 공경을 다해 풀어드려서 서모의 마음이 기뻐진 후에야 그쳤습니다. 서모도 후에는 이에 감화되어 선생이 사망하자 3년간 상복을 입었습니다.

중형仲兄을 받듦에 사랑과 공경이 지극하였고, 응대하며 뜻을 받들기를 엄부를 섬기듯이 하였으며, 신분이 귀해진 후에도 한결같이 그대로 하였습니다. 문하생 가운데 어떤 사람이 너무 지나치다고 의문을 표하자, 선생이, "붕우 사이에는 지나친 공손이 비례非禮가 되지만, 부형의 앞에서는 과할 정도로 공손한 것이 바로 예에 맞는 것이다." 하였습니다.

자신을 보양하는 데는 검소했고, 가산을 유지하거나 늘리는 일에는 관심이 없어서, 집이 가난하여 굶주리는 일이 많았으나, 매일 새벽에 일어나 반드시 먼저 서모와 형수의 밥을 지어 바치게 하면서, 밥이 쌀밥이 아니거나 반찬에 맛있는 것이 없으면 감히 올리지 못하도록 엄하게 단속하니, 집안의 안팎이 차츰 엄숙하게 이를 이행하게 되어, 희첩이나 동복들도 감히 이에 어긋나는 말을 할 수 없었습니다.

어떤 사람이 위급함에 처하면 달려가 구제하기를 마치 물에 빠진 사람이나 불속에 있는 사람을 구제하듯이 하였고, 사람들을 대할 때에는 친소나 귀천을 구별하지 않고 한결같이 지성을 다했으며, 여러 사람이 모여 즐겁게 지낼 때에는 화기를 가득 띠었습니다.

평생 다른 사람과 비밀 이야기를 한 일이 없고, 가슴이 넓게 트여서 겉과 속이 일치하였습니다. 남의 장점을 이야기하기를 좋아하였고, 남에게 모든 것을 완벽하게 갖추기를 요구하지 않았으므로, 현명한 사람에게나 어리석은 사람에게나 선한 사람에게나 악한 사람에게나 모두 그들의 마음을 극진하게 살 수 있었습니다.

본래부터 산수를 좋아하여, 일찍이 율곡의 옛 집에 과거에 있던 화석정花石亭의 정자 자리를 가다듬은 후에 석담정사石潭精舍를 개축하여 한 방에 도서를 비축하고, 고상하고 밝은 마음으로 이를 완상하며 마음을 비워 세욕을 버린 아취를 함양하고, 평온한 마음으로 학문에 전일하도록 노력하였습니다. 이로부터 학문은 더욱 정밀해졌고, 행실은 더욱 잘 닦여졌으며, 도는 날로 더욱 우러러볼만하게 되니, 명성은 날로 더욱 높아져서, 따르며 배우고자 하는 사람들이 날로 더욱 많아졌습니다. 학습하고 연마하다가 겨를이 생기면, 때때로 청소년들과 산수를 즐기며 시를 읊고 노래를 부르고 즐기면서, 고요히 세속에서 벗어날 생각을 지녀서, 일체의 세속적인 일에는 관심을 두지 않았습니다.

조정에 나아가 관직에 종사할 때에는, 반드시 자신이 옛 선현들처럼 현철하게 되기를 기약하고, 군주를 모시기를 반드시 요순과 삼대의 성군처럼 되게 할 것을 기약하면서, 오직 마음과 정성을 다하기를 생각하며 내가 마땅히 해야 할 일을 극진하게 할 뿐이라 하였고, 일상적인 것이나 따르면서 옛 관행이나 준수함에는 마음을 두지 않았습니다.

부귀・빈천・훼예毁譽・영욕榮辱 등에 대해서는 전혀 관심을 둔 일이 없고, 오직 선인 군자의 도에 형통하냐 그렇지 않으냐에 맞추어 기뻐하거나 슬퍼할 뿐이었고, 나라의 일이 잘 다스려지느냐 어지러워지느냐에 맞추어 근심하거나 즐거워할 뿐이었습니다.

늘 군주가 어떤 마음을 갖느냐가 선치善治를 행하느냐의 여부를 결정하는 근본이 된다고 여겨서, 경연에서 강론하며 권고할 때나 소를 지어 올려서 부지런하고 간절하게 뜻을 말씀드릴 때에, 모두

인仁과 의義를 근본으로 삼았습니다. 군주 앞에서 치도에 대해 말씀드릴 때나, 특별히 일을 마땅하게 함을 건의할 때에는, 정의와 사리私利, 공과 사를 판별하고, 천도天道와 인도人道 및 왕도王道와 패도覇道를 살펴 분간할 것과, 백성을 잘 다스리고 변방의 방어에 대비해야 할 계책에 대하여 충심을 다해 펼쳐 보여드리지 않은 것이 없었으며, 고금의 역사를 인용해 논지의 근거로 삼았습니다. 이에 상께서도 마음을 비우고 귀를 기우리고 들으시며 감탄하고 칭찬하신 일이 많습니다. 경연이 혹 날이 저물 때까지 계속되기도 하니, 상께서 이에 응대하기에 지치시자, 김응남金應南 공이 경연석상經筵席上에서 나와 사람들에게, "뜻밖에도 오늘날 다시 삼대를 뛰어넘는 성세를 보게 되었다."라고 말하기도 하였습니다.

사류들의 주장이 둘로 갈라져서 이것이 조정의 고질적인 병폐가 되었다고 여기면서, 동인과 서인의 당파를 타파하고 함께 국사를 처리하도록 하고자 노력하였습니다. 비록 사람들의 마음이 내 마음과 달라서 끝내 그 서로 어그러지고 배격함을 조정할 수가 없었지만, 그가 지녔던 공평하고 정대한 마음은 천지신명도 증명할만하였습니다. 그의 외로운 성심을 상께서 아시게 되자, 은우恩遇에 감격하여 한결같은 마음으로 나랏일에 종사하며, 아는 것을 실천하지 않은 일이 없고 말씀을 극진하게 올리지 않은 일이 없습니다.

일찍이 경연석상에서 10만의 군사를 미리 양성하여 국가의 완급緩急에 대비할 것을 청하면서, 그렇게 하지 않으면 10년이 지나기 전에 장차 국토가 무너지는 재앙이 있을 것이라 하니, 서애西厓 유성룡柳成龍 공이 큰일도 없는데 군사를 양성하는 것은 화를 기르는 것이라 하였습니다. 그때는 오랫동안 평안했고 안일에 빠져 있었으므로, 경연에 참석했던 신하들이 모두 선생의 말을 지나치다고 여겼습니다. 선생이 경연이 끝난 후 나와서 유성룡에게 이르기를, “국가 형세의 위태로움이 계란을 쌓아놓은 것과 같은데, 속된 선비들이야 이 시대에 힘써야 할 일을 제대로 알지 못하니, 다른 사람들에게는 본시 기대할 것이 없지만, 그대까지 이런 말을 해서야 되겠는가? 지금 미리 양성해놓지 않으면 반드시 이미 때가 늦어서 손을 쓸 수가 없게 될 것이오.” 하면서, 정색을 하고 기뻐하지 않았습니다.

임진란을 겪은 후에야 서애가 조정에서 여러 재신들에게 말하기를, “당시에 나도 또한 그의 10만 양병 주장이 시끄러운 사단을 일으킬까보아 비판했는데, 지금에 이르러 살펴보니 이문성李文成[15)]이야말로 진짜 성인이다. 만약 그때에 그의 말이 채택되었다면 나라의 일이 어찌 이런 극단의 지경에야 이르렀겠는가? 또한 그가 전후에 지어 올린 차자에서 밝힌 계책들을 그때 사람들은 더러 헐뜯고 비판하기도 하였지만, 이제 보니 모두 귀감이 될만한 선견지명이 있는 말들이었으니, 진실로 범인凡人이 미칠 수 없는 능력을 지녔던 분이다. 율곡이 만일 지금까지 살아 계시다면 반드시 오늘날의 난제를 해결하는 큰 업적을 남겼을 것이다. 그러하니 진실로 이른바 백년후의 일을 기다리지 않고도 미리 알았던 분이라 할 수 있

15) 이문성李文成 : 문성文成은 율곡선생의 시호이다. 시호가 아직 정해지지 않았는데 시호를 내려달라고 올린 이 시장에 율곡선생의 시호가 쓰인 것은, 선생의 문집인 《율곡전서栗谷全書》 편찬시에 편찬자가 선생을 높이기 위해 바꾸어 넣은 것으로 보인다. 《월사집月沙集》에는 이 부분의 문성을 ‘문정文靖’으로 기록했는데, 이도 오기誤記한 것이다.

다." 하였습니다.

문장을 짓거나 주장한 것들이 반드시 성리性理에 근본을 두었고, 문장이 구름이 떠가고 물이 흐르듯이 매끄러워서, 애초에 아름답게 꾸밀 생각을 않았는데도 말을 했다 하면 아름다운 문장을 이루고, 웅혼하고 드넓기가 끝이 없으면서도 늘 먹는 채소와도 같고 고기와도 같이 평이하였으며, 마치 큰 바다의 일렁이는 물결과도 같고, 천마天馬가 하늘로 솟구쳐 오르는 것과도 같아서, 이를 읽으면 사람들로 하여금 마음으로 동조하게 되고 이치를 투철하게 이해하게 하며 마음의 때를 씻어내게 하니, 진실로 세상을 바르게 이끌고 도를 지킬 문장이라고 이를 수 있습니다. 그의 문집 10권이 세상에 널리 퍼져 있습니다.

아아! 하늘이 인군人君에게 태평한 시대를 열게 하고자 하면, 반드시 세상에 이름을 드날릴만한 능력을 지닌 사람이 나와서 그 일에 쓰일 수 있도록 하는데, 선조宣祖께서 분발해 힘쓰고자 하실 때를 당하여 바로 이 사람이 있어서 보좌하도록 한 것이니, 하늘이 이런 큰 임무를 띤 사람을 내려 보내준 것이 우연이 아니었던듯합니다. 현명하신 군주와 충량한 신하가 만날 수 있게 되는 것은 천년에 한 번 있을까 말까한 일이니, 훌륭했다 이를 수 있습니다.

그러나 세상이 현인을 쓰거나 현자가 세상에 쓰일 때에 또한 한 가지 방도만 있는 것이 아니어서, 그를 작은 일에 쓰면 작은 공효만 이룰 수 있고 큰일에 쓰면 큰 공효를 이룰 수 있는데, 선생 같은 사람은 차라리 쓰이지 않을지언정 작게는 쓸 수가 없었습니다. 선생의 학문의 정밀 심오함과, 덕행이 두텁게 갖추어졌음과, 논의의 뛰어나게 빼어남과, 벼슬에 나가고 물러남의 정대함 등은 모두 속된 선비의 천박한 식견으로는 엿볼 수도 헤아릴 수도 없는 경지였으니, 마치 상서로운 기린이나 우아한 봉황이 세상을 상서롭게 함과 같고, 태산의 드높은 봉우리가 만물을 굽어보고 있는 것과 같으며, 태양과 별들이 하늘에서 빛나는 것과 같고, 만물을 휩쓸듯이 내달려 흐르는 강 가운데 꿋꿋이 우뚝하게 버티고 서 있는 지주와 같았습니다.

그 드높은 재능과 원대한 식견은 고금을 관통하고, 위대한 방략과 드넓은 계책은 우주에 높이 올라 굽어보듯 당당하여, 이미 이 백성들을 책임질만하였습니다. 또한 군주의 알아줌을 입어서 퇴폐해진 세도를 돌이켜서 요순시대처럼 도야할만하였고, 한 시대의 예악을 진흥시켜서 백 년 동안 퇴폐했던 것을 진작시킬 만하였으니, 그가 지닌 포부에 대한 기대가 어떠하였겠습니까.

그런데 퇴폐한 세속에 휩쓸린 무리들이 이를 알아보지 못하고, 파당으로 나뉘어 서로 알력하고 비판하며, 옛 도에 맞게 행하고자 하면 이를 현실에 맞지 않는 허황한 주장이라 하고, 그릇된 법을 제거하려 하면 뒤바꾸어 혼란을 야기하려 한다고 하며, 당파로 나누어진 사류들을 화합시키려 하면 어느 한쪽을 지지하는 결단을 내리지 않고 우물쭈물 한다 하고, 시대의 급선무를 담당해 해결하려 하면 독단적으로 멋대로 일을 처리한다 하면서, 떼지어 배척하고 무리지어 떠들어대어서, 조정에서 하루도 평안하게 지낼 수 없게 하였습니다.

비록 도를 실천해서 세상을 구제할 마음을 지니고, 군주를 사랑하고 나라를 근심하는 생각을 마음속에 정성스럽게 지니고 있으며, 벼슬에 나가기를 어렵게 여기고 물러나기를 쉽게 여기면서, 구차하게 용납됨을 추구하지 않으려 함을 본시 평생토록 굳게 지켰으면서도, 충성을 다하여 건의한 말이 상上의 마음을 감동시켜서 채납되게 할 수 없게 된 경우에는 벼슬에서 물러났습니다.

정성을 다해 조정의 의론이 화합하기를 추진하다가, 의리에 맞지 않음이 있으면 떠났으니, 이런 일들을 통하여 선생이 조정에 있을 때에 진실로 일찍이 하루도 물러나기를 잊었던 일이 없음을 알게 되고, 물러났을 때에도 또한 하루도 세상을 바로잡을 마음을 잊은 일이 없음을 알게 됩니다. 선생이 지녔던 뜻과 행했던 일이 또한 선성先聖의 뜻에 가까웠다 할 수 있고, 벼슬에 나가고 물러나는 큰 절의는 배운 학문을 저버리지 않았다고 이를 만합니다.

나라를 다스리는 중요한 임무를 맡아서 큰 결단을 내릴만하게 되어, 상께서 신임하고 맡김이 가까스로 융성하려 할 때에 이르러, 선생은 이미 병환이 깊어서 반백년도 채우지 못하고 사망하여, 지위는 재상에 이르지 못하였고, 끝내 그 뜻을 크게 펼칠 수가 없었으니, 하늘이 이렇게 주려 하다가 빼앗은 것이 과연 무슨 뜻이었는지 모르겠습니다.

아아! 조정의 의론은 날로 더욱 어그러지고, 어진 사람의 벼슬길은 날로 더욱 험난하게 되었습니다. 이렇게 군자가 세상에 용납되지 않음이 예부터 그러했던 것이니, 비록 선생으로 하여금 오랫동안 국권을 담당하게 했다 해도, 어떻게 큰일을 시행할 수 있었겠으며 큰 공업을 펼칠 수 있었겠습니까. 선생처럼 큰 뜻을 지녔다

해도 본시 그 성취를 기약할 수가 없었으니, 또한 위기를 맞아 낭패를 당해 죄를 범했다는 누명을 쓰고 굴러 엎어짐을 당하지 않았으리라고 어떻게 장담할 수 있겠습니까. 이것이 사림들이 길이 한스럽게 여기는 것입니다. 아마도 이 때문에 선생이 인간세계를 헌신짝 버리듯이 버리고 훨훨 멀리 하늘나라로 떠나게 된 듯하니, 선생에게는 본시 유감으로 여길 것도 없었던 것입니다. 그러나 그가 교화를 베풀고 남겨 놓은 말과 글은 후학들을 계도하기에 족하고, 남겨놓은 풍치와 여운은 쇠미해진 습속을 크게 깨우쳐 바로잡기에 족하니, 그렇다면 선생의 도가 비록 생존시에는 크게 행해짐에 미치지 못했다 해도, 선생의 은혜로운 혜택이 후세에 무궁토록 전해지며 미치게 될 것이라고 말할 수 있으니, 아마도 이 또한 하늘의 뜻이었던 것인지도 모르겠습니다.

만력 임자년(1612, 광해군 4) 봄에 올리다.

≪月沙集≫ 권53

3) 숙종대왕肅宗大王 시장諡狀

송상기宋相琦

해설 | 본 시장은 숙종이 훙서薨逝한 후, 명을 받고 숙종의 생애와 업적을 기술하여, 그에 맞는 시호를 올리는 바탕으로 삼고자 지은 것으로, 이를 바탕으로 하여 숙종의 시호를 '현의광륜예성영렬장문헌무경명원효顯義光倫睿聖英烈章文憲武敬明元孝'로 짓게 된 것이다.

국왕의 성은 이李씨이고, 휘는 모某(돈焞)이고 자는 모某(명진明晉)이십니다. 장각왕莊恪王(현종)의 아드님이고 충선왕忠宣王(효종)의 손자이십니다. 모비母妃 김씨는 돈녕부사敦寧府事 청풍부원군淸風府院君 우명佑明의 따님이십니다.

신축년(1661, 현종 2) 8월 15일에 태어나셨습니다. 왕께서는 어려서부터 빼어난 자질을 지니셔서, 뛰어나게 우수함을 일찍부터 이루셨으므로, 선부왕께서 매우 기특하게 여기며 사랑하셨습니다.

5세가 되자 조정의 신하 가운데서 특별히 뛰어난 인물을 골라서 보필하며 가르치는 관리로 삼았고, 처음으로 ≪효경孝經≫을 가르쳤는데, 스승이나 빈객 및 막료를 만나서 행하는 읍양과 절하고 꿇어앉고 하는 행동이 예절 규범에 맞았습니다.

일찍이 기르던 새 새끼가 죽자 이를 매장해주었고, 송아지가 우는 소리를 듣고는 식사에 우유와 유제품을 올리지 못하게 하였으니, 그

만물을 사랑하는 어진 성품이 어려서부터 이와 같으셨습니다.

정미년(1667, 현종 8) 봄에 세자로 정해졌고, 기유년(1669, 현종 10)에 입학례入學禮(세자나 왕자 및 종친이 성균관에 입학할 때 행하는 예)를 행했는데, 예를 지키는 모습이 잘 닦여졌고 강송하시는 음성이 맑고 유창하니, 뜰에서 둘러싸고 있던 많은 선비들이 놀라워하며 기뻐하고 경축하지 않는 사람이 없었습니다.

경술년(1670, 현종 11)에 관례를 행하였고, 이에 보좌할 속료屬僚를 널리 선발하고 학식과 덕망이 높은 선비를 맞이하여, 보필하고 인도하기를 더욱 극진히 하니, 문리文理가 크게 진전되었고 깊고 밝은 덕이 날로 닦여지셨습니다.

신해년(1671, 현종 12)에 가례嘉禮(왕의 혼례)를 행하셨는데, 왕비는 김씨로, 영돈녕부사 광성부원군光城府院君 만기萬基의 따님이었습니다.

갑인년(1674, 현종 15) 8월에 선부왕께서 병환이 심해지시자, 왕께서 밤이나 낮이나 애를 태우고 근심하며 대신을 보내어 종묘사직과 산천에 쾌유를 빌었습니다.

대척大戚(부왕의 상)을 당하자 슬퍼하며 몸이 훼손됨을 돌보지 않기를 심하게 하셨고, 왕위를 이어받으시던 날도 호곡을 그치지 않았으며, 흐르는 눈물이 얼굴을 가득 적시시니, 백관들과 호위하는 군졸들도 오열하며 울음을 삼키지 않는 사람이 없었습니다. 즉위의 예를 마친 후에 다시 여막으로 돌아가 곡하는 소리가 밖에까지 들렸습니다.

왕위에 오르신 후에 온 정신을 다 쏟아 선치善治를 도모하시며 옛 성인의 법도를 준수하시고 그에 맞게 명령을 내리시니, 모든 일이 백성들의 마음과 일치하였습니다. 이에 대신들을 불러 말씀하시기를, "과인이 어린 나이로 이 왕위에 올랐으므로 여러 정령을 혹 법도에 위반되게 내리게 될까 두렵소. 오직 여러 대신들이 법도에 맞게 잘 인도해주기를 바랄 뿐이오." 하셨으니, 그 마음을 비우고 도와주기를 청하는 정성이 얼마나 간절했는지를 알게 됩니다.

제일 먼저 여러 도道에 명을 내려서 곤궁한 백성들을 구제하게 하고 밀린 세금을 탕감해주도록 하니, 백성들이 크게 기뻐하며 모두가 성군이라 칭했습니다.

발인할 때에 이르러 궁문 밖으로 걸어 나가셔서 이슬을 맞으며 한밤중까지 서 계시면서 곡하시는 소리가 끊이지를 않으니, 가까이 모시는 신하가 잠시 쉬시기를 청했지만 듣지 않으셨습니다. 조석으로 상식을 올리는 일을 반드시 모두 몸소 하시며 슬퍼하심이 좌우에 있던 사람들을 감동하게 하였습니다.

일찍이 말씀하시기를, "당 태종은 생일에 잔치를 벌이는 것을 언짢아하며 중지해야 한다고 말했다 하는데, 지금 나는 슬퍼하며 상을 치르고 있으면서 어찌 평안한 마음으로 평소처럼 지내서야 되겠는가?" 하시며, 특별히 생일에 지방에서 예물을 바치는 일과 맛있는 음식 올리는 일을 중단하도록 하셨습니다.

상께서 증조왕비曾祖王妃 및 모비母妃를 모시면서 안색을 살피고 뜻을 받들기에 정성과 효를 중단 없이 극진히 행하시니, 궁궐 안에 화기가 감돌았습니다.

일찍이 모비를 위해 잔치를 열려 하셨다가 흉년에 행하는 것을 꺼려서 행하지 못했는데, 얼마 아니 되어 모비께서 훙서薨逝하시니, 왕께서는 이를 지극한 한으로 여기시며 더욱 비통해 하셨고, 친히 제문을 지으시면서 한 자를 쓰실 때마다 한 번씩 우시니 보는 사람들이 모두 감동해 흐느꼈습니다.

증조왕비曾祖王妃께서 연세가 많으셔서 병환이 잦으시니, 왕께서는 밤이나 낮이나 곁을 떠나지 않으시고 조섭調攝하고 받드시기에 정성을 다하시고, 약과 음식을 드리고 기도를 올리기를 최선을 다하지 않으신 일이 없습니다. 장례를 모실 때에 이르러 하관을 비롯한 모든 절차에 한결같이 예법을 준수하고 어기신 일이 없으며, 슬퍼하고 연모하시는 마음이 오랜 시간이 지나서도 더욱 독실하셨습니다.

선대의 원침園寢(왕릉 곁에 제사를 위해 세운 건물)들이 기내畿內(경기도 내)에 있는데, 해마다 춘추에 차례로 성묘하며 선조들의 사망을 슬퍼하는 뜻을 드러내셨습니다.

종묘에 제사를 지낼 때에 병환이 심하지 않으실 경우에는 반드시 몸소 행하시고 대리로 하는 것을 허락하지 않으셨고, 엄숙하고 공경하는 마음으로 일에 임하시며 정성을 다하기에 힘쓰셨습니다.

종족들에게는 한결같이 도타운 화목을 도모하시며 은혜로운 마음으로 후덕하게 대하시고, 법을 범하여 처벌을 받게 된 종친에게 비록 사사로운 은혜를 베풀어서 조금이라도 그릇되게 처리함은 없으셨지만, 반드시 그 가솔들에게는 가엽게 여겨 은혜를 베푸시고 그 재산을 돌려주어, 몸을 둘 곳이 없는 지경에는 이르지 않도록 하셨습니다.

숙안淑安·숙명淑明·숙휘淑徽 세 분 공주님은 왕께는 고모가 되고, 명안明安공주님은 누이가 되시는데, 모두 병환이 있으면 몸소 보살피시고, 사망하면 친림하셔서 곡을 하셨고, 가까이 하고 사랑하시는 마음이 시종여일하셨습니다. 그러나 또한 한 터럭만큼도 사사롭게 특별한 은전을 베풀지는 않으셔서, 윤리와 은의의 양쪽에 모두 그 도를 지키시자, 내외의 친척과 외척들이 모두 두려워하고 조심하여 법도에 벗어나는 일이 없었으니, 그 가법을 엄히 지킴이 이와 같으셨습니다.

늘 백성이 나라의 근본이라 하시고 먹고 사는 일이 백성의 하늘이 된다 하시면서, 번번이 새해가 되면 몸소 농사를 권하는 교서를 지어 모든 도에 선포하여 밝게 깨우쳐주며 독려하셔서, 실효를 거둘 수 있도록 하셨습니다.

혹 천지운행의 변고로 수해나 한발의 재앙을 만나게 되면, 단지 잠자리를 옮기고 음식을 줄이는 데 그칠 뿐이 아니시고, 불안해하고 면려하며 경계하고 두려워하심이 마치 직접 이 일을 당한 듯이 하시며, 애통해 하시는 교서가 진심에서 우러나온 것이었고, 말씀하신 뜻이 측은지심에서 우러나온 간절한 것이어서, 천지신명을 감동시키기에 족했습니다.

기우제를 지낼 때에는 궁궐 뜰에서 이슬을 맞으며 서 계셨고, 친히 사직단에 납시기 전에 재계를 하며 경계하셔서, 정성을 다해 경건하게 임하시니, 여러 차례 신명의 호응을 받아 효험을 본 일이 한두 번이 아니었습니다.

흉년을 만나 굶주리게 되면 굶주린 백성들을 구휼하는 정책에 유감이 없도록 강구하셨고, 가까이로는 도성으로부터 멀리는 먼 변방 구석까지 모두 그 은택을 입을 수 있도록 하여, 버림받아 굶주리는 사람이 없도록 하였습니다. 궁궐에 일상적으로 공급하는 것과 여러 도에서 매월 바치는 것들을 모두 줄이거나 없애서 조금도 어려운 일이 남아있지 않도록 하셨습니다.

정해진 조세를 납부하지 못하는 사람들에 대하여 늘 여러 차례 명을 내려 너그럽게 감해주도록 하셨고, 미납액이 오랫동안 쌓여서 곤궁한 백성이 억압을 받게 되면 모두 면제해주도록 하셨습니다.

전염병과 못된 병이 아울러 일어나게 되면 의원을 파견하고 약을 주어 구제하도록 하여, 널리 구제해 살릴 방안을 시행하셨습니다. 굶주려 죽은 사람의 시신은 즉시 거두어 매장해주었고, 노숙생활을 하는 사람에게는 거적 집을 만들어 공급하니, 이 때문에 비록 흉년을 맞는다 해도 백성들이 근심하지 않게 되었습니다.

또한 벌을 주어 감옥에 가두는 일에 신중을 기해서, 혹독한 추위나 더위가 오면 특별히 근신을 보내어 옥에 갇힌 죄수들을 관대하게 풀어주기를 해마다 되풀이하셨고, 재난을 맞으면 죄수를 심리하여 석방하도록 하신 일이 많았습니다. 사형에 처할 일에 대해 의논을 하게 되면, 반드시 대신과 공경과 삼사의 관원이 참여하여 두 번 세 번 상세히 반복 협의하여 살릴 수 있는 방도를 반드시 찾아보도록 하셨으며, 지방에서 형벌의 판결이 지체되는 일이 많이 일어나니, 여러 차례 엄중하게 경계하는 교서를 내려서 옥에서 미결수로 굶주려 죽는 사람이 없도록 하셨습니다. 만약 함부로 형을 가한 관리가 있으면 즉시 그 죄를 물어 묶어 가두니, 중앙과 지방의 관리들이 조심해 법을 준수하였고, 그렇게 되자 법령에 벗어나게 감히 낮추어주거나 높여주는 일이 없게 되었으며, 그렇게 살려주기를 좋아하시는 군주의 덕이 민심을 흡족하게 하였습니다.

또 말씀하시기를, "우리나라의 부정한 수단으로 재물을 취한 죄를 다스리는 법이 엄하지 않아서, 한 사람도 법에 의거해 합당한 형벌을 받은 사람이 없다. 아대부阿大夫를 삶아 죽인 솥[16]이 궁궐 뜰에 설치되지 않아서, 탐관오리들이 날마다 함부로 가렴주구를 일삼고 있으니, 백성들이 어떻게 곤궁해지지 않을 수 있겠는가? 이제부터는 뇌물죄에 대한 처벌을 엄하게 하는 법을 세워서 처형을 주저하는 일이 없도록 하라!" 하셨습니다.

일찍이 맹자께서 "어진 정치는 반드시 토지의 경계를 바르게 하는 데에서 시작된다." 하신 말씀[17]을 예로 드시면서, 우리나라 토지제도의 문란과 부역의 불공정함이 한 번의 바로잡음으로 끝날 일이 아니니, 비록 여러 의견이 통일되지 않는다 해도 이를 과단성 있게 시행하고, 검약을 정성껏 숭상하고 사치스러운 풍조를 배척하며, 안으로는 편안히 놀고 즐기려는 사사로운 욕망을 없애고 밖

---

16) 아대부阿大夫를……솥 : 아대부는 전국시대 제나라 아현阿縣의 태수로, 직무는 돌보지 않고 왕의 측근들에게 뇌물을 바치고 칭찬을 듣다가 솥에 삶겨 죽은 것을 말한다.

17) 맹자께서……말씀 : ≪맹자≫ 〈등문공滕文公 상〉에, "인정仁政은 반드시 농토의 경계를 바르게 함에서 시작된다. 경계를 다스림이 바르지 못하면 정전법井田法에 정한 토지가 균등하지 못하게 되고, 곡록穀祿이 균등하지 못하게 된다. 이러하기 때문에 폭군과 오리汚吏는 반드시 그 경계를 바르게 하기를 태만히 하나니, 경계를 다스림이 이미 바르게 이루어지게 되면 토지를 분배하고 곡록을 제정해줌을 가만히 앉아서도 제대로 정할 수가 있게 된다.〔夫仁政 必自經界始 經界不正 井地不均 是故暴君汚吏 必慢其經界 經界旣正 分田制祿可坐而定也〕" 라 한 말을 단장취의斷章取義한 것이다.

으로는 즐거이 노는 오락을 끊도록 하시고, 옛적 현철했던 군주와 어지럽힌 군주의 사적을 그림으로 그리게 하여 늘 이를 보시며 본보기로 삼아 경계하셨으며, 또한 주수도舟水圖[18]를 그리고 그 위에 글을 지어 붙여놓은 후 이를 벽에 걸어놓고 살펴보시며 반성하셨습니다.

전에 어떤 사람이 백색 족제비의 모피로 만든 갖옷을 바친 일이 있는데, 국산이 아니었습니다. 경연에서 신하가 이를 지적하자, 즉시 대궐 앞에서 이를 불태우도록 명하셨고, 법으로 정해진 정식 의복 외에는 화려한 비단 옷을 입지 않으셨으며, 단청을 해 놓은 거처하는 전당의 색이 이미 낡았어도 다시 칠한 일이 없으시고, 안팎에 친 휘장은 모두 검은 베를 썼고, 문지방이 닳아 낮아졌어도 또한 바꾸지 않으셨으니, 그 질박하고 검소하심을 알 수 있었습니다.

병환으로 누워 계실 때에 의원이 생우황生牛黃이 효험이 있다고 말하자, 처음에는 이를 찾아 들이도록 명하셨다가, 이를 찾기 위해 많은 짐승을 죽였다는 말을 전해 들으시고, 즉시 명을 내려 생우황을 올리지 말도록 하셨습니다. 강에서 잡은 오리를 약으로 드실 음식으로 올리고 내국〔內醫院〕의 여러 신하들이 이를 계속 올리는 것을 허락해 달라 청하자, 왕께서, "지금 만물이 따사로운 봄을 맞아 새끼를 낳고 기를 때이므로, 차마 이를 해쳐서는 안 된다. 둥지를 파괴하지 말고 짐승의 새끼나 새알을 빼앗지 말라고 ≪예기≫에서

18) 주수도舟水圖 : ≪통감절요通鑑節要≫ 권7에, 당 태종이 태자에게 훈계하기를 "물은 배를 띄우는 일도 하지만 배를 엎어버리기도 한다. 백성은 물과 같고 군주는 배와 같다." 하면서 이 비유를 통하여 민심을 잃으면 군주는 존립할 수 없음을 밝혔는데, 숙종이 이를 그림으로 그려 벽에 걸어놓고 늘 바라보며 스스로를 반성했다는 것이다.

말하지 않았는가? 병을 치료하는 다른 약도 있을 것인데 어찌 이런 것을 취하고자 동물을 해쳐서야 되겠는가?" 하시니, 사람들이 모두 감동해 탄복하였습니다.

조정의 신하가 건의한 것은 받아들여 시행하시고, 가끔은 상을 주어 이를 장려하고 그런 사람을 발탁해 임용하시며 정려旌閭를 세워주기도 하셨습니다. 일찍이 경연석상에서 신하들에게 말씀하시기를, "대체로 사람들이 이해를 계교計較하게 되면 반드시 권세 있는 사람에게 붙어서 이익을 도모하는데, 꾸밈이 없고 곧은 사람은 이런 것을 따지지 않고 바르게 행하나니, 이에서 두 부류의 우열이 현격하게 드러나게 된다." 하셨고, 또 말씀하시기를, "어찌 회남왕淮南王만이 홀로 급암汲黯[19]을 두려워했다 할 수 있겠는가? 이 점이 급암 같은 이런 꾸밈없고 곧은 신하를 두려워해야하는 것이다." 하셨습니다. 이 때문에 마음에 맞지 않는 건의를 하면 비록 처음에는 혹 노여워하기도 하셨으나, 종당에는 반드시 마음을 열고 노여움을 푸셨습니다.

더러는 조정의 신하들에게 엄히 하교하시며 자신의 단점을 바로잡아주는 의리를 행하도록 면려하기도 하셨습니다.

또한 조정의 신하 가운데 음주에 빠져서 일을 그르치는 사람에게 글을 지어 보내어 주의하도록 타이르기도 하셨습니다.

관찰사나 수령이 되어 조정을 떠나 지방으로 가게 된 사람은, 바

19) 급암汲黯 : 한나라 사람으로 직간을 많이 하여, '급직汲直'이라는 말이 쟁신諍臣의 대칭代稱으로 쓰이게 되었다. 동해태수가 되어 치적을 쌓았고, 하남지방의 재해가 극심함을 보고 황제의 명이라 속이고 곡식창고를 열어 이재민을 구제한 뒤에 스스로 죄를 청하자 황제가 용서해주고 그를 찬양하였다.

로 불러 보시고 힘쓰고 경계해야 할 일을 신신당부하고 보내었으며, 잘 다스려서 명성이 난 사람에게는 말을 하사하기도 하고 직급을 올려주기도 하셔서, 이로써 이런 기풍을 진작시키셨습니다.

근시近侍 가운데 부모의 봉양을 위하여 청하는 사람이 있으면, 해당 군읍으로 나가는 것을 허락하셔서, 원하는 바를 이룰 수 있게 해 주셨습니다.

신하였던 사람으로 나이가 7·80에 이르면 벼슬 등급을 올려주시는 특별한 은전을 베푸시니, 이 때문에 도성 안의 사민士民에 이르기까지 장수로 직급이 오른 사람이 매우 많았습니다. 나이가 특별히 많은 사람에게는 귀천이나 남녀를 가리지 않고 연초에 바로 안부를 묻고 음식을 내려서 쌀과 고기를 넉넉하게 하사하였으므로, 한 사람도 스스로 극진한 예우를 받았다고 여기지 않는 사람이 없게 되었습니다. 신하나 백성을 대할 때에는 반드시 의관을 정제하고 대하셨고, 대신을 맞이해 접대할 때에는 더욱 특별히 예를 갖추셨습니다.

국가에 중대한 일이 있게 되면 널리 여론을 물으신 후 그 가부를 결정하셨고, 비록 여러 견해로 갑론을박하며 의견이 일치하지 않는 경우가 있다 해도, 한결같이 의리에 맞게 재결을 하셔서 의혹과 혼란을 야기한 바가 없으십니다.

진실로 인륜의 의리에 관계된 일이면, 이를 바로 세우시고 환하게 밝히셔서, 더욱 원한이 남아있지 않게 하셨습니다.

충절을 장려하고 포상하여 정려를 많이 세우고 이들에게 작위와 시호를 내리고 자손에게 벼슬을 준 일은 그 수를 헤아릴 수도 없으며, 또한 사우祠宇를 세우고 제사를 올리도록 하여 그 소문이 미치는 곳의 백성들이 모두 감동하여 분기하도록 하셨습니다.

여러 대 동안 충효와 인의예지를 숭상했던 문치를 이어받으셔서 유학을 높이 받들고 도학을 밝게 드러내시기를, 한 시대의 나아갈 방향을 바르게 하는 데에 핵심을 두셨습니다. 그렇게 되자 산림에 있다가 조정에 발탁된 사람 가운데도 또한 그 적임자가 많았고, 초야에 숨어 있던 선비들도 모두 좋은 관작에 이르게 하셨으며, 그들을 부지런히 불러들이시고 그들이 건의하는 바가 있으면 바로 모두 가상히 여기고 받아들이셨습니다.

글을 읽고 강론하실 때에는 정자程子와 주자의 명을 휘諱하시고, 또한 강관들에게도 이를 휘하도록 명하셨으며, 경서의 의리를 해석할 때에는 반드시 주자의 학설을 준수하도록 하여, 이를 반드시 지켜야 할 기준으로 삼으시고, 조금이라도 주자의 학설에 위배되는 것이 있으면 엄하게 배척하시며 이를 끊으셔서, 이에 어긋난 방자한 주장을 하지 못하도록 하셨습니다.

여러 차례 성균관에 납시어서 선성들을 배알하시고, 몸소 교서를 지으셔서 학생들을 가르쳐 타이르시며 바른 학문에 힘쓰고 이록利祿을 바라는 사심을 버리도록 하셨으며, 이어서 교육을 담당한 신하에게 명하셔서 정학正學을 이룰 수 있는 방안을 강구하도록 하셨습니다.

왕께서 배우기를 좋아하시고 정사에 부지런하셨음은 천성에서 우러나온 것으로, 짧은 여름밤에도 독서를 하시며 삼경에 이르러야 비로소 그치셨으므로, 경연에서 신하가 과로를 경계하시도록 진언을 함에 이르렀습니다. 보고를 받고 결단을 내리시다가 틈이 나면 오직 경전과 사서史書 읽기를 즐기셨고, 그 사이에 전인의 설을 논술하거나 새로운 설을 짓기도 하셨는데, 모두 교훈이 될 말씀이었고, 매 글자마다 모두 인도人道의 가르침에 합당한 것이었습니다. 항상 경연의 강설에 참석하심에 그치지 않으시고, 소대召對를 하시거나 야대夜對를 하시며 경서와 사서에 대한 토론에 부지런히 힘쓰기를 싫증내지 않으시면서, 고금의 치란에 대해 그 의의를 정밀하게 분석하심이 노련한 스승이나 학식과 덕망이 높은 선비라 해도 미칠 수가 없는 경지에 이르셨습니다.

신료를 불러보심에 시간에 얽매이지 않으셨고, 군사와 국정에 관한 일과 민생의 질고에 대하여 그 이해를 따져보시며 거듭거듭 자상하게 살펴보시기를 한낮이 지나 저녁에 이르도록 피곤해하시며 싫증은 내신 일이 없으십니다. 비록 궁중에 계실 때라 해도 문서를 살피시며 한가히 쉬실 겨를이 없으셨고, 해가 기울도록 식사도 잊으시고 한밤이 되어야 취침하시며, 전념을 다해 부지런히 살피시고, 이에 싫증을 내지 않으셨습니다.

혹 어떤 이유 때문에 정사를 살피지 못하셨으면, 며칠 후에 해당 신하들에게 모두 들어와 보고하도록 하시고, 비록 문서가 상에 가득 쌓여 있어도 잠깐사이에 빠짐없이 결재를 하시기를 각기 그 이치에 합당하게 하셨습니다.

재위하신 40여 년 사이에 국정을 총괄하시고 만기를 총람하시면서 일찍이 하루도 평안히 지낸 일이 없으셨으니, 국가와 백성을 근심하시며 부지런히 애쓰신 인덕仁德이 지극하셨다고 이를 수 있습니다.

그 때문에 피로가 쌓여 옥체를 손상함에 이르러, 열병이 일어나서 여러 해를 고생하셨고, 효험을 낼 약이 없어서, 끝내 경자년 6월 초팔일에 경덕궁慶德宮 정침正寢에서 홍서薨逝하셨으니, 춘추가 60이셨습니다.

임종시에 대신들과 예관들이 입시하였으니 예를 따른 것입니다. 염습殮襲과 수의를 모두 궁중에서 조달하고, 능에 모실 때에 쓰인 모든 물자도 또한 모두 궁중에서 내려준 비용으로 갖추어서, 터럭만큼도 백성에게 부담이 미치지 않도록 하였으니, 이는 모두 왕께서 평소에 민폐를 없애려 하신 지극하신 뜻을 궁중에서 따른 것입니다. 이에 도성 안의 일반 백성들부터 궁벽한 시골의 부인이나 어린아이들까지 비통하게 크게 울어서 목이 세어 소리가 나지 않는 지경에 이르기를 부모를 잃은 것처럼 하지 않은 사람이 없었습니다.

왕께서는 일찍이 삼대 이후 군신의 의복제도가 옛 제도로 돌아가지 않고 있음을 개탄하시며, 예관에게 명하여 반드시 주자께서 정해놓은 규정에 맞추어 단행하도록 명하시고 이로써 준수할 법도로 삼으셨습니다. 그렇게 하셨기 때문에 이때에 이르러 모든 신하들이 모두 3년의 참최복斬衰服을 입게 되었으며, 상복과 수질首絰과 요질腰絰에 대한 규정을 모두 성인이 정한 예법에 맞출 수 있게 되어, 오랫동안 내려온 누습이 단번에 모두 깨끗하게 쇄신되었습니다.

왕비 김金씨는 일찍 홍서하셨고, 계비 민民씨는 영돈녕부사 여양부원군驪陽府院君 유중維重의 따님이었는데 또한 홍서하셨고, 계비 김씨는 영돈녕부사 경은부원군慶恩府院君 주신柱臣의 따님입니다.

아아! 왕께서는 총명하고 현명하고 슬기로우신 자품資品으로, 정대하고 강건한 덕을 지니신 데다가, 학문에 힘쓰는 노력을 더하셔서, 의로움과 이로움을 분별함과 왕도와 패도를 구별하심에 있어서 진실로 이미 그 핵심을 파악하여 그 큰 근원을 꿰뚫어 보셨습니다.

그러므로 평소에 행하신 일이 오직 정도正道에 맞도록 도를 밝힘에 있으셔서, 이로써 자신을 수양하시고 이로써 아랫사람들을 통솔하셨으며, 마음에 두신 것이 바로 국운을 길이 보존할 근본을 하늘에 비는 것이었고, 하시는 일로 드러낸 것이 모두 모범을 남겨 후대를 넉넉하게 하는 도였습니다.

사직이 장원長遠할 수 있게 된 것이 마침내 그에 힘입어서였고, 이로써 선치와 교화가 널리 미치기에 이르러서 온 나라가 평안을 누린 것이 50년이 되었습니다.

이러하셨으니 의당 하늘의 도움을 받아 만년토록 장수를 하셔야 하는데, 황천이 돌보아주지 않고 갑자기 많은 희생을 잡아야 할 일을 주시니, 이에 온 나라의 신민들이 깊이 애통해하며 길이길이 그 뜻을 생각함이 있게 한 것입니다.

오직 그 다스려 바로잡는 일을 보좌했던 신하들이 모든 의식을 갖추게 되었고, 아름다운 법도와 웅대한 규범으로 조종에 광채를 더하게 하셨으며, 융성하신 인덕과 큰 업적으로 역사에 기록되어 길이 빛나게 하셨음은, 천지를 바로 세우고 백세를 이어가기에 족하셨으니, 하찮은 이 문장으로는 그 만분의 일도 비슷하게나마 표현할 수도 없나이다.

아아, 위대하셨도다! 아아, 애통하도다!

《玉吾齋集》 권15

4) 숙종대왕肅宗大王 시책문諡冊文

이관명李觀命

해설 | 시책문은 왕이나 후비의 시호를 정하기 위한 조정의 명을 받고 생존시의 업적과 덕행을 적은 글로, 이에 앞서 지은 시장을 참고하여 짓는 것이 관행이었다. 이에 이관명이 지은 이 시책문에 밝힌 대로 공경들을 대표하여 영의정 김창집金昌集이 제례의식을 행하면서, '의를 드러내고 윤리를 빛내었고, 지혜롭고 성스러우시고 큰 공적을 이루었고, 문文과 무武에 모범이 되고 예의바르고 지혜가 밝으며 효에 으뜸이 되시는 대왕'임을 뜻하는 '현의광륜예성영렬장문헌무경명원효대왕顯義光倫睿聖英烈章文憲武敬明元孝大王'이라는 시호를 올린 것인데, 이 시책문에는 앞부분 8자가 생략되어 있다.

백성이 의지할 곳이 없게 근심스럽게도 병환으로 홍서薨逝하시니, 슬픔을 극진히 드러내는 정성이 깊었나이다.

드넓고 성대하심에 맞는 칭호를 지어 표현하기가 어려우나, 시호를 지어 올릴 문장을 이에 짓게 되었나이다.

어찌 태양 같은 은덕을 그림으로 그릴 수 있으리오, 다만 하늘을 우러러 호곡할 뿐이옵니다.

삼가 생각하옵건대 덕德은 백왕의 으뜸이셨고, 도道는 천성을 이어받으셨나이다.

빛나는 은덕 온 나라가 혜택을 입음이, 해와 달이 굽어 비추듯이 하셨나이다.

모든 생령들에게 입히신 흡족한 혜택은, 하늘과 땅이 은혜를 베풀 듯이 하셨나이다.

이 훌륭하신 공적의 드높고 빛남은, 은혜를 베풀어 잘 살도록 하시기를 일삼지 않음이 없으셨나이다.

한가히 깊숙한 궁중에 계실 때에도, 천지신명에게 도와주기를 간절히 비셨나이다.

이에 조치를 하시게 되면, 강하江河처럼 성대하게 이루셨나이다.

정성을 다해 예를 지키시기를, 군주이시면서 증자曾子와 민자건閔子騫[1]처럼 행하셨나이다.

궁실 안을 합당하게 다스리기를, 이남二南[2]에 드러낸 교화의 근원을 바르게 이어받으셨나이다.

종묘의 제사를 경건히 지내셔서, 선조를 받들며 효를 행하셨나이다.

환과고독鰥寡孤獨을 구휼하시는, 어진 정치를 베푸셨나이다.

전야田野에 은둔한 현자들에게 예를 갖추어 나라 일에 참여하도록 하셨고, 경연에서는 성리의 학문을 강설하셨나이다.

수주水舟의 훌륭한 가르침을 그림으로 게시하시고, 함께 적어놓으신 말씀은 아름다운 그림과 환하게 조화를 이루셨나이다.[3]

---

1) 증자曾子와 민자건閔子騫 : 두 사람 모두 공자의 제자로 효행으로 유명하였다.

2) 이남二南 : ≪시경≫ 〈국풍國風〉의 '주남周南'과 '소남召南'을 말한 것으로, 성인인 주공周公과 소공召公의 관할지역의 노래이다. 15국풍 가운데 이것만을 정풍正風으로 보았다.

3) 수주水舟의……이루셨도다 : 당 태종이 태자에게 일러준 말, 즉 배를 군주에 물을 백성에 비유하면서, "물은 배를 띄우기도 하나 엎어버리기도 한다." 한 것을 그림으로 그리고, 그 위에 이를 교훈으로 삼고자 하는

농사일의 어려움을 유념하시고, 옛 성현의 가르침을 병풍에 써 놓으셨나이다.

요역徭役을 경감해주시고, 조세를 줄이셨으니, 중히 여기신 것이 백성들의 먹고사는 것이었나이다.

수라의 음식을 줄이고 음악을 중단시키신 것은, 재앙을 만나 근신하신 것이옵나이다.

검소하심을 궁중에서 모범을 보이신 것이, 우禹 임금과 같으셨나이다.

덕德은 선善에 참여하기를 그보다 성盛하게 하실 수가 없었으니, 순임금처럼 성대하셨나이다.

어찌 다만 한때의 고식지계姑息之計에 맞게만 다스리셨으리오, 또한 삼대의 지치至治에 비교할 수 있었나이다.

돌이켜보건대 우리 동방에 여섯 일곱 분의 성인이 군주가 되셨지만, 아직도 제도에 돌볼 겨를이 없었던 것이 많았는데,

재위하셨던 50년 사이에, 드디어 의식과 제도가 크게 갖추어짐을 보게 되었나이다.

태조太祖라는 존호를 올릴만하셨으니, 주도周道를 높이시고 명明나라에 의리를 지키셨나이다.

먼 조상의 신주神主를 모실 사당의 이름이 이루어졌으니, 먼 조상을 추념하신 덕이 두터우셨나이다.

크게 결단을 내리셔서 단종端宗의 왕위를 회복시켜 드렸고, 중의衆議를 받아들여 신비愼妃(중종비)의 사당을 세워드리셨나이다.

말을 써 놓은 후에, 이를 벽에 걸어놓고 날마다 반성했던 사실을 찬양한 것이다.

이에 핍박받으셨던 아름다운 분이 다시 광채를 발함과 같게 되었으니, 진실로 역사에 드물게 보이는 사례였나이다.

지켜야 할 도리가 다시 바로잡혔으니, 성인이 일어나 파격적인 일을 하신 것이옵나이다.

아름다운 명으로 오직 새롭게 하셔서, 사직의 혼령들께서 의지하실 곳이 있게 되었나이다.

성현을 받들고 도를 지키셔서, 옳고 그름을 우리 유도를 기준으로 하여 정하셨나이다.

절의와 충성을 지킨 사람들을 표창해 정려를 세워주시니, 덕으로 교화하심이 타락했던 기풍을 새롭게 진작시키셨나이다.

뚜렷하게 본보기를 보여주심은 고금의 역사에 우뚝하시고, 대의를 춘추필법에 맞게 천명하셨나이다.

한 언덕에 명나라 은공에 보답하는 대보단大報壇을 세워, 몸소 옥그릇에 술을 따라 올리셨나이다.

이에 우리 동국만이 만세토록 삼강오상三綱五常을 지키게 되었나이다.

쉼이 없이 굳건하게 천명을 이행하시고자, 얼마나 부지런히 아침부터 저녁 늦게까지 고생하셨나이까.

까닭 없이 당하신 재앙으로 질병을 얻어, 오랜 세월동안 병환을 앓으셨나이다.

말년에 이르도록 병환을 다스리시며, 큰 국사를 주관하셨나이다.

북극성이 머물고 있으면 뭇 별들이 옹위하듯이, 지극하신 교화가 온 영역에 퍼졌나이다.

남극성이 상서로움을 드러내니, 이를 이어받아 고관으로 노퇴한 사람들에게 혜택이 먼저 미치게 하셨나이다.

산이 무너지고 봉우리가 기울어졌지만, 슬기로운 계책은 만년을 축원할 만하였는데,

땅이 갈라지고 하늘이 무너지듯, 마음 아프게 국상國喪을 당하게 되었나이다.

어찌하여 저 하늘은 이런 혹독한 슬픔을 내리시는가, 큰 덕을 지닌 분은 반드시 장수한다는 것을 믿을 수 없게 되어 마음이 아프나이다.

장례葬禮를 간소하게 치르라는 명이 간절하셔서, 주공이 정한 합장 규정을 준수하였나이다.

상복을 입을 신하의 복식을 정하신 뜻을 받들고, 한漢 문제文帝가 상기를 짧게 하라 했던 그릇됨을 따르지 않았나이다.

이는 곧 예禮를 지극하게 행하려 하는 뜻에 합당하였으니, 아아, 이는 전무후무한 일이었나이다.

우리 이 하찮은 몸들이, 이렇게 군주와 사별하는 일을 만나 마음이 아프나이다.

용안을 길이 뵐 수 없게 되어, 남겨놓으신 궁검弓劍을 안고[4] 가슴을 치며 슬퍼하나이다.

크셨던 업적을 받들어 드날리려 하나, 어찌 문자로 이루 다 형용할 수 있으리이까.

감히 장차 아름다우신 명예를 드릴 정성으로, 존귀한 시호諡號를

4) 남겨놓으신……안고 : 죽은 군주에 대한 애달픈 그리움을 이르는 말이다. 황제黃帝가 용을 타고 하늘로 갈 때에 신하들이 따라가려 서로 매달리자 황제의 활이 땅으로 떨어졌다 하고, 일설에는 황제를 교산橋山에 안장했는데 산이 무너진 뒤에 보니 시신은 없고 칼 한 자루만 있었다는 고사에서 나온 말이다.

법에 따라 올리고자 하나이다.

이에 삼가 유신遺臣인 의정부 영의정 김창집을 보내어, 옥책玉冊[5]을 받들고 받들어 모실 시호를 장문헌무경명원효대왕章文憲武敬明元孝大王이라 하고, 묘호를 숙종肅宗이라 지어 올리나이다.

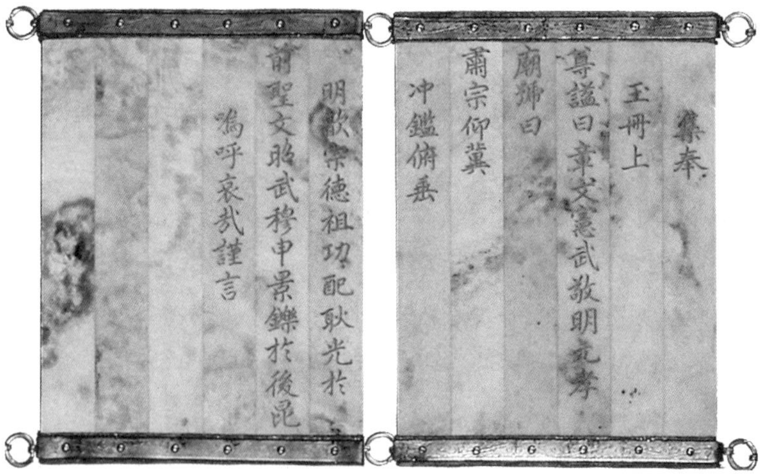

숙종肅宗 상시호上諡號 옥책玉冊

우러러 살피시기를 바라옵고, 굽어 밝게 받아들이시기를 바라옵나이다.

덕이 높으시면 묘호에 종宗을 넣고 공이 높으시면 조祖를 넣는 법에 맞게 덕과 공을 이루셔서, 전성前聖들의 빛남과 짝을 이루셨나이다.

문文에 밝으시고 무武에 조화를 이루셨으므로, 거듭 후손들에게 빛나는 감화를 끼치고 계시나이다. 《屛山集》 권8

---

5) 옥책玉冊 : 옥玉으로 만든 간책簡冊이다. 제사를 지내 고하면서 제왕에게 시호를 올릴 때나, 태자나 후비를 책봉할 때에 썼다.

부 록

조선조 역대왕의 칭호
작자 소개
도판 목록 및 원색 도판

〔부록1〕

조선조 역대왕의 칭호

姓名	字	號	年號	廟號	諡號	陵號
李成桂 (改名 旦)	仲潔 (改字 君晉)	松軒		太祖	康憲至仁啓運聖文神武	健元陵
李芳果	光遠			定宗	恭靖	厚陵
李芳遠	遺德			太宗	恭定聖德神功文武光孝	獻陵
李祹	元正			世宗	莊憲英文睿武仁聖明孝	英陵
李珦	輝之			文宗	恭順欽明仁肅光文聖孝	顯陵
李弘暐				端宗	惠莊承天體道烈文英武至德	莊陵
李瑈	粹之			世祖	惠莊承天體道烈文英武至德隆功聖神明睿欽肅仁孝	光陵
李晄	明照			睿宗	襄悼欽文聖武懿仁昭孝	昌陵
李娎				成宗	康靖仁文聖武欽聖恭孝	宣陵
李㦕				燕山君		
李懌	樂天			中宗	恭僖徽文昭武欽仁誠孝	靖陵

姓名	字	號	年號	廟號	謚號	陵號
李皓	天胤			仁宗	榮靖獻文懿武章肅欽孝	孝陵
李峘	對陽			明宗	恭憲	康陵
李鈞				宣祖	昭敬正倫立極盛德洪烈至誠大義格天照運顯文毅武聖睿達孝	穆陵
李琿				光海君		
李倧	和伯	松窓		仁祖	憲文烈武明肅純孝	張陵
李淏	靜淵	竹梧		孝宗	宣文長武神聖顯仁	寧陵
李棩	景直			顯宗	純文肅武敬仁彰孝	崇陵
李焞	明普			肅宗	顯義光倫睿聖英烈章文憲武敬明元孝	明陵
李昀	輝瑞			景宗	德文翼武純仁宣孝	懿陵
李昑	光叔	養性軒		英祖	至行純德英謨毅烈章義弘倫光仁敦僖體天建極聖功神化大成廣運開泰基永堯明舜哲坤寧翼文宣武熙景顯孝	懿陵
李祘	亨運	弘齋		正祖	文成武烈聖仁莊孝	健陵
李玜	公寶	純齋		純祖	淵德顯道景仁純禧文安武靖憲敬成孝	仁陵
李奐	文應	元軒		憲宗	經文緯武明仁哲孝	景陵

姓名	字	號	年號	廟號	諡號	陵號
李元範 (改名 昪)	道升	大勇齋		哲宗	熙倫正極粹德純聖文 顯武成獻仁英孝	睿陵
李載晃 (改名 熙)	明夫 聖臨	誠軒 珠淵	建陽 光武	高宗	純天隆運肇極敦倫正 聖光義名功大德堯峻 舜徽禹謨湯敬應命立 紀至化神烈巍勳洪業 啓基宣曆乾行坤定英 毅弘休壽康文憲武章 仁翼貞孝	洪陵
李拓	君邦	正軒	隆熙	純宗	文溫武寧敦仁誠敬孝	裕陵

〔부록2〕

작자 소개

*권근權近〔1352(공민왕 1)~1409(태종 9)〕: 조선 전기의 문신으로 자는 가원可遠·사숙思叔, 호는 양촌陽村·소오자小烏子이다. 중추원사中樞院使, 정당문학政堂文學, 대사헌大司憲을 역임하고, ≪양촌집陽村集≫, ≪오경천견록(五經淺見錄)≫, ≪사서오경구결(四書五經口訣)≫, ≪동현사략(東賢事略)≫ 등을 남겼다.

*김수온金守溫〔1410(태종 10)~1481(성종 12)〕: 조선 전기의 문신으로 자는 문량文良, 호는 괴애乖崖·식우拭疣이다. 좌리공신佐理功臣에 책훈策勳되고 영산부원군永山府院君에 봉해졌으며, ≪치평요람治平要覽≫, ≪의방류취醫方類聚≫ 등의 편찬에 참여하였고, 문집으로 ≪식우집拭疣集≫을 남겼다.

*김안국金安國〔1478(성종 9)~1543(중종 38)〕: 조선 중기의 문신·학자로, 자는 국경國卿, 호는 모재慕齋이다. 경상도 관찰사로 있을 때에 ≪농서언해農書諺解≫,≪잠서언해蠶書諺解≫,≪이륜행실도언해二倫行實圖諺解≫,≪여씨향약언해呂氏鄕約諺解≫,≪정속언해正俗諺解≫ 등의 언해서와 ≪벽온방辟瘟方≫,≪창진방瘡疹方≫ 등을 간행하여 널리 보급하였다. 기묘명현己卯名賢의 한 사람으로, 저서로는 ≪모재집慕齋集≫,≪모재가훈慕齋家訓≫ 등이 있다.

*박팽년朴彭年〔1417(태종 17)~1456(세조 2)〕: 조선 전기의 문신으로 자는 인수仁叟, 호는 취금헌醉琴軒으로, 세조世祖의 찬위簒位에 반대하고 단종端宗의 복위復位를 추진하다가 발각되어 처형당

한 사육신死六臣의 한 사람이다. 문집으로 ≪박선생유고朴先生遺稿≫가 전해온다.

*백문보白文寶〔?~1374(공민왕 23)〕: 고려 말기의 문신으로 자는 화부和夫, 호는 담암淡庵, 동재動齋이다. 태자사부太子師傅와 정당문학政黨文學을 역임하였고, 청렴결백하고 문장에 뛰어났으며, 저서로 ≪담암집淡庵集≫을 남겼다.

*서거정徐居正〔1420(세종 2)~1488(성종 19)〕: 조선 전기의 문신·학자로 자는 강중剛中, 호는 사가정四佳亭·정정정亭亭亭이다. 박학다식하였고 시문에 능통하였다. 문집으로 ≪사가집四佳集≫을 남겼고, ≪동문선東文選≫, ≪삼국사절요三國史節要≫, ≪동인시화東人詩話≫, ≪필원잡기筆苑雜記≫, ≪동국여지승람東國輿地勝覽≫ 등을 편찬하였다.

*소세양蘇世讓〔1486(성종 17)~1562(명종 17)〕: 조선 중기의 문신으로, 자는 언겸彦謙, 호는 양곡퇴재陽谷退齋·퇴휴당退休堂이다. 송설체松雪體의 글씨에 능했고, 문집으로 ≪양곡집陽谷集≫을 남겼다.

*송상기宋相琦〔1657(효종 8)~1723(경종 3)〕: 조선 후기의 문신으로 자는 옥여玉汝, 호는 옥오재玉吾齋이다. 문장에 능하고 학식이 풍부하였으며, 저서로 ≪옥오재집玉吾齋集≫이 있다.

*신광한申光漢〔1484(성종 15)~1555(명종 10)〕: 조선 중기의 문신으로 자는 한지漢之, 호는 낙봉駱峯·기재企齋·석선재石仙齋·청성동주靑城洞主 등을 썼다. 영의정 신숙주申叔舟의 손자로 대제

학大提學을 역임하였고, 저서로 ≪기재집企齋集≫을 남겼다.

*왕기王沂 : 원나라 사람이다. 자는 사로思魯이고 연우년간延祐年間(1314~1320)의 도사로 예부상서를 지냈으며 저서로 ≪이빈집伊濱集≫이 남아있다.

*유방선柳方善〔1388(우왕 14)~1443(세종 25)〕 : 조선 초기의 학자로 자는 자계子繼, 호는 태재泰齋이다. 참소를 당하여 영천永川과 원주原州에서 유배생활을 하면서 후학의 양성에 힘썼고, 저서로 ≪태재집泰齋集≫을 남겼다.

*이곡李穀〔1298(충렬왕 24)~1351(충정왕 3)〕 : 고려말의 학자로 자는 중부仲父, 호는 가정稼亭이며 목은牧隱 이색李穡의 부친이다. 원元나라 전시殿試에 차석으로 급제하여 원나라에서 문명을 떨쳤고, 저서로 ≪가정집稼亭集≫을 남겼다.

*이관명李觀命〔1661(현종 2)~1733(영조 9)〕 : 조선 후기의 문신으로, 자는 자빈子賓, 호는 병산屛山이다. 홍문관 대제학을 지냈고, 문장에 뛰어나 응제문應製文·반교문頒敎文·시책문諡冊文을 많이 지었으며, 저서로 병산집屛山集이 있다. 시호는 문정文靖이다.

*이달충李達衷〔?~1385(우왕 11)〕 : 고려 말의 유학자·문신으로, 자는 지중止中이고 호는 제정霽亭이다. 계림부원군鷄林府院君에 봉해졌고, 저서로 ≪제정집霽亭集≫이 있다.

*이민구李敏求〔1589(선조 22)~1670(현종 11)〕 : 조선 중기의 문신으로, 자는 자시子時, 호는 동주東州·관해觀海이다. 문장이 뛰어나고 사부詞賦에 능했으며, 저술을 좋아하여 평생 쓴 책이 4천여

권이었다 하나 병화에 모두 타버리고, ≪동주집東州集≫, ≪독사수필讀史隨筆≫, ≪간언귀감諫言龜鑑≫, ≪당율광선唐律廣選≫ 등만이 남아있다.

*이색李穡〔1382(충숙왕 15)~1396(태조 5)〕: 고려말의 문신 학자로 자는 영숙穎叔 호는 목은牧隱이다. 가정稼亭 이곡李穀의 아들로 원나라 회시會試에 장원壯元 전시殿試에 이등二等으로 급제하였으며, 성리학 발전에 기여하였고, 문집으로 ≪목은문고牧隱文藁≫와 ≪목은시고牧隱詩藁≫를 남겼다.

*이수광李睟光〔1563(명종 18)~1628(인조 6)〕: 조선 중기의 문신·학자로, 자는 윤경潤卿, 호는 지봉芝峯이다. 조선 실학의 선구적 역할을 하였고, ≪고경주역古經周易≫과 ≪사기史記≫ 등을 편찬할 때에 이를 교정하였으며, 저술로 ≪지봉유설芝峯類說≫과 ≪지봉집芝峯集≫이 있다.

*이식李植〔1584(선조17)~1647(인조 25)〕: 조선 중기의 문신으로 자는 여고汝固, 호는 택당澤堂·남궁외사南宮外史·택구거사澤癯居士이다. 신흠申欽·이정귀李廷龜·장유張維와 함께 한문사대가漢文四大家로 꼽혔고, 저서로 ≪택당집澤堂集≫, ≪초학자훈증집初學字訓增輯≫, ≪두시비해杜詩批解≫가 있으며, ≪수성지水城志≫와 ≪야사초본野史初本≫ 등을 편찬하였다.

*이인로李仁老〔1152(의종 6)~1220(고종 7)〕: 고려 무신집권기의 문신으로 자는 미수眉壽, 호는 와도헌臥陶軒이다. ≪은대집銀臺集≫과 ≪파한집破閑集≫을 짓고 ≪쌍명재집雙明齋集≫을 찬했으나, 현재

는 ≪파한집≫만이 전해온다. 그의 호가 쌍명재로 전해져오고 있는 것은 잘못 알려진 것이다.

*이정귀李廷龜〔1564(명종 19)~1635(인조 13)〕: 조선 중기 한문사대가漢文四大家 중의 한 사람으로, 자는 성징聖徵, 호는 월사月沙·보만당保晩堂·치암癡庵·추애秋崖·습정習靜 등을 썼다. 치군택민致君澤民과 이문화국以文華國에 모범을 보였고, 문집으로 ≪월사집月沙集≫을 남겼다.

*이행李荇〔1478(성종 9)~1534(중종 29)〕: 조선 중기의 문신으로 자는 택지擇之, 호는 용재容齋·창택어수滄澤漁水·청학도인青鶴道人이다. ≪성종실록成宗實錄≫ 편찬에 참여했고, ≪신증동국여지승람新增東國輿地勝覽≫을 편찬했으며, 저서로 ≪용재집容齋集≫이 있다.

*임숙영任叔英〔1576(선조 9)~1623(인조 1)〕: 조선 중기의 문신으로, 자는 무숙茂叔, 호는 소암疎菴이다. 기억력이 뛰어났고, 시와 병문騈文에 능하였으며, 저서로 ≪소암집疎菴集≫이 있다.

*장현광張顯光〔1554(명종 9)~1637(인조 15)〕: 조선 중기의 학자로, 자는 덕회德晦, 호는 여헌旅軒이다. 일생을 학문과 교육에 종사하였고, 저서로 ≪여헌집旅軒集≫ ≪성리설性理說≫ ≪역학도설易學圖說≫ ≪용사일기龍蛇日記≫등을 남겼다.

*정극인丁克仁〔1401(태종 1)~1481(성종 12)〕: 조선 전기의 문신·학자로, 자는 가택可宅, 호는 불우헌不憂軒·다헌茶軒·다각茶角이다. 문학에 특출한 재능을 보여 최초의 가사歌辭작품으로 알

려진 〈상춘곡賞春曲〉과 〈불우헌가不憂軒歌〉를 지었고, 한림별곡체翰林別曲體의 〈불우헌곡不憂軒曲〉을 지어 시가사상詩歌史上 큰 업적을 남겼으며, 문집으로 ≪불우헌집不憂軒集≫이 전해온다.

*정도전鄭道傳〔1342(충혜왕 복위 3)~1398(조선 태조 7)〕: 여말선초麗末鮮初의 정치가 학자로 자는 종지宗之, 호는 삼봉三峯이다. 조선왕조 개국의 일등공신이었고, 문집으로 ≪삼봉집三峯集≫이 있다.

*조익趙翼〔1579(선조 12)~1655(효종 6)〕: 조선 중기의 문신으로, 자는 비경飛卿, 호는 포저浦渚 · 존재存齋이다. 경학經學과 예학禮學에 밝았고, 저서로 ≪곤지록困知錄≫, ≪중용주해中庸註解≫, ≪대학주해大學註解≫, ≪서경천설書經淺說≫, ≪역상개략易象槪略≫ 등과 문집으로 ≪포저집浦渚集≫을 남겼다.

*홍귀달洪貴達〔1438(세종 20)~1504(연산군 10)〕: 조선 전기의 문신으로, 자는 겸선兼善, 호는 허백당虛白堂 · 함허정涵虛亭이다. ≪세조실록世祖實錄≫ 편찬에 참여하였고, ≪속국조보감續國朝寶鑑≫과 ≪역대명감歷代名鑑≫을 편찬하였으며, 저서로 ≪허백정문집虛白亭文集≫이 있다.

〔부록3〕

도판 목록 및 원색 도판 QR

11) 〈안회顔回〉, 전기田琦(조선朝鮮) 화畵, ≪만고제회도상萬古際會圖像≫ / 133

12) 〈원헌原憲〉, 가노 츠네노부狩野常信(江戶時代) 화畵, ≪현철초상賢哲肖像≫, 동경국립박물관 소장 / 133

13) 〈두斗〉, 왕기王圻(명明) 찬撰, ≪삼재도회三才圖會≫ / 170

14) 〈동춘당同春堂 송준길宋浚吉 선생先生 필筆 서첩書帖〉, 국립중앙박물관 소장(덕수 4173) / 182

15) 〈해인사海印寺〉, 정선鄭敾 화畵, 국립중앙박물관 소장(덕수 2370-37) / 191

16) 〈충무공忠武公 영정影幀〉, 장우성張遇聖 화畵, 현충사 소장(현충사 · 덕수이씨 대종회 제공) / 197

17) 〈고산구곡도高山九曲圖〉, 국립중앙박물관 소장(신수 18158) / 233

18) 〈숙종肅宗 상시호上諡號 옥책玉冊〉, 국립고궁박물관 소장(종묘 13271) / 316